JN291400

スポーツで地域をつくる

堀 繁／木田 悟／薄井充裕［編］

東京大学出版会

Community Building Using Sports

Shigeru HORI, Satoru KIDA and Mitsuhiro USUI, Editors
University of Tokyo Press, 2007
ISBN 978-4-13-053015-6

はしがき

　本書は，平成15年度に国土交通省が実施した「国際的イベント等がもたらす資産を活用した地域活性化に関する調査」における検討委員会のメンバーが中心となって執筆したものである．この調査は，オリンピックやサッカーのワールドカップなどの国際的スポーツイベントの開催によって形成された資産，すなわち一過性の経済的効果ではない，経験することによって形成された人材や社会的な効果を活用したまちづくり，地域づくりについて検討を行ったものである．

　しかしながら，国からの委託調査では，十分に述べることができない内容や検討不足の内容などがあったことから，それらを取りまとめたスポーツとまちづくり・地域づくりに関する本を出版してはどうか，という話が座長であった薄井氏から起こり，平成16年の秋から自主的な研究会を開催して執筆内容について検討を始めた．その後，昨年6月のドイツでのワールドカップ開催に併せて出版していこう，ということになり，筆者の友人である韓国の全北大学校の蔡教授とソウル市政開発研究院の韓氏を執筆者に加え，それぞれ執筆作業を行ってきた．しかしながら，執筆者はそれぞれの分野の要職におられることから，多忙であった．このようなことから昨年の出版は難しくなったため，2002年の日本でのワールドカップの5周年を記念して今年の夏を目処に出版していこう，ということとなったのである．

　このような経緯から，当初の調査検討委員会メンバーに韓国の開催地における地域活性化にかかわる活動を実践したメンバー2名を追加するとともに，著者の論文やスポーツとまちづくり関連の調査を手伝ってもらっていた岩住氏を加えたメンバーによる執筆で出版することとなった．

以上のような背景のもとに，調査の検討委員会メンバーにこの調査を企画し，実施した筆者などが協働して本書を執筆したわけであるが，各執筆者のベースとなっているのは，今から13年前に行った「スポーツを核とした地域活性化に関する調査――スポーツフロンティアシティ21」（検討委員会座長は，故渡辺貴介東京工業大学教授）における考え方，すなわち経済的効果は一過性であるが，社会的効果はスポーツイベント開催後に継続して残る，すなわち地域の資産として継続されてくるという考え方である．

　したがって，本書は，昨今のスポーツビジネスとしての視点から書かれたものではなく，まちづくりや地域，あるいは人，住民参加などの視点から書かれた本で，行政，NPOや各種の市民講座などで幅広く興味を持ってもらえる内容としようということを基本的なコンセプトとしている．そこには，「スポーツによるまちづくりとはどのようなことか」，「なぜ，スポーツによるまちづくりが重要なのか」について，広範な角度から取り上げている．その根底には，①地域づくりの戦略性や地域密着型スポーツイベントのもつ意味，②「高齢者が元気になった」，「子どもたちが活き活きしている」など高齢者や子どもとスポーツとの関係，③主体としてのボランティアやNPOの重要性，④スポーツイベントを通じての観光開発や街の賑わい創出などの波及効果など，こうした問題を考える読者の方々に少しでも参考になればという思いがある．

　第Ⅰ部の「地域を変え，社会を変えるスポーツ」では，東京大学の堀教授が，これまでの概念ではなく21世紀のわが国におけるスポーツの有する可能性を活かしたまちづくり・地域づくりの方向性を述べ，その具体事例としての浦和レッズと浦和市民とのかかわりについての詳細を，サッカーの日本代表選手であった藤口氏が述べている．また，社会環境が変化するなかで，スポーツはどのような役割を果たすことが可能なのかを，総務省という中央行政の立場とともにJAWOCの業務局長でもあった御園氏と筆者が述べている．

　第Ⅱ部の「スポーツイベントの効果」については，スポーツイベントがまちや地域づくりに与える意義や意味を筆者が述べたうえで，効果を経

済的効果と社会的効果に分けて考えることとし，経済的効果については，渡辺氏がスポーツイベントに関する波及効果の可能性と限界について述べている．また，筆者が，本書のベースとなっているスポーツイベントがもたらす具体的な社会的効果とその定義を国内外の文献の分析から明らかにしている．

第Ⅲ部の「スポーツを活かす多様な試み」では，筆者がワールドカップフランス大会の主としてキャンプ地における地域づくりへの活用実態を述べ，追跡調査などをふまえ，キャンプ地においてはどのような社会的効果が発揮されてきているのかについて述べている．また，同じくわが国と韓国との共催で行われた2002年のワールドカップにおけるわが国のキャンプ地での効果について，キャンプ候補地であった時とキャンプが終了した時点では，キャンプ地となったことへの期待が異なっていたことなどから，社会的効果重視のまちづくり・地域づくりへの分析と提言を行っている．さらに，キャンプ地となったことを地域の活性化に資するような活動を行っていた新潟県の十日町市での具体的活動実態を当時の担当責任者であった上村氏が述べ，開催地ではあるが，地方の「小さな県の大きな挑戦」として，開催地大分県の詳細を当時の担当責任者であった斉藤氏が述べ渡辺氏が補足している．

一方，2002年のワールドカップは，「近くて遠い国」と言われてきた韓国との関係が，開催後には「近くて近い国」と言われるようになっただけでなく，今も続く韓流ブームのきっかけとなったことは周知のごとくである．この韓国の開催地でのワールドカップ開催とまちづくり・地域づくりの実態を把握する意味で，首都ソウルでの多様な試みをソウル市政開発研究院の韓氏が述べ筆者が補足し，地方都市におけるまちづくり・地域づくりを全羅北道の道都である全州市の状況を全北大学校の蔡教授が，その歴史的町並み保存の活用とワールドカップ開催とを関連づけて述べている．

以上のようなスポーツイベントを活用した地域づくりを社会的効果，すなわちスポーツの振興，青少年をはじめとした人材の育成，地域アイデンティティの醸成，地域コミュニティの形成，各種の交流促進および情報の

発信などの効果を活用した方策について，具体的事例などを背景に取りまとめたものが，本書である．

しかしながら，スポーツを活かした地域づくりを語るうえで，未だ十分な検討や事例提示ができたとは言えない．例えば，オリンピックやワールドカップなどの国際的スポーツイベントが開催された都市において，まちづくりや地域づくりにどのような影響を与えてきているのか，あるいはスポーツやスポーツイベントを活かした地域づくりの組織，すなわちキャンプ地などでのキャンプを活かした地域づくりを実行する組織などが必要ではないのか，さらにはスポーツイベント開催がもたらす社会的効果とは具体的にどのような効果を示すのか等々，今後の検討課題は多い．

スポーツは，世界共通の言語といわれ，今後の少子・高齢社会の進展のなかで，老若男女，健常者や障害者のだれでもが参加でき，観戦でき，支援も行っていくことが可能であることから，ますます盛んとなってくる．

そうしたなかでスポーツやスポーツイベントを活用したまちづくり・地域づくりは，今後さらに重要な役割を担ってくると考えられる．本書をふまえたより一層の調査・研究が求められてこよう．

2007年7月

編者を代表して

木田　悟

目　次

はしがき

第Ⅰ部　地域を変え，社会を変えるスポーツ

第1章　スポーツのもつ可能性とまちづくり　　　　　堀　繁　3

1. はじめに―――――――――――――――――――――3
2. 「まちづくり」とは――――――――――――――――4
3. これまでの地域整備の特徴―――――――――――――6
4. 豊かな生活実感が希薄な日本――――――――――――8
5. きめ細かな「まちづくり」――――――――――――10
6. 今後の「まちづくり」――――――――――――――12
7. 自ら行う「まちづくり」―――――――――――――14
8. なぜ「まちづくり」にスポーツか――――――――――17
9. スポーツによる「まちづくり」―――――――――――19
10. 地域意識とスポーツ―――――――――――――――22
11. おわりに―――――――――――――――――――24

第2章　理念実現への創造プロセス：Ｊリーグの挑戦
　　　　　　　　　　　　　　　　　　　　　　　藤口光紀　27

1. スポーツでもっと幸せな国へ――――――――――――27
   - 1.1　Ｊリーグ開会宣言　27
   - 1.2　Ｊリーグの理念　28
   - 1.3　Ｊリーグ百年構想　30
2. 日本サッカーの昨日，今日そして未来へ―――――――32
   - 2.1　暗黒の時代　32
   - 2.2　環境整備　33

2.3　ワールドカップ開催　35
　3.　Jリーグの挑戦─────────────────────────36
　　3.1　Jリーグ10年目のワールドカップ　36
　　3.2　Jクラブの自立　38
　　3.3　浦和レッズの試み　40

第3章　地域のもつ力を活かすスポーツ　　御園慎一郎・木田　悟　49
　1.　はじめに──────────────────────────────49
　2.　社会環境の変化とスポーツ─────────────────────50
　　2.1　少子・高齢社会の到来　50
　　2.2　産業構造の変化　52
　　2.3　国際化の進展　53
　　2.4　加速する情報社会　54
　　2.5　バリアフリーの推進　55
　　2.6　地方への分権化　56
　　2.7　自由時間の増大　58
　　2.8　価値観・ライフスタイルの変化　58
　3.　わが国におけるスポーツの状況────────────────────59
　　3.1　スポーツの概況　59
　　3.2　体育・スポーツ施設の現状　61
　4.　自治体におけるスポーツ導入タイプ区分──────────────62
　　4.1　スポーツの導入タイプ　62
　　4.2　スポーツ導入タイプ別地域活性化効果　64
　5.　スポーツを活かした地域再生に向けて────────────────68
　　5.1　地方自治体によるワールドカップの開催　68
　　5.2　スポーツ活動の欲求に応えるシステムの形成　69
　　5.3　地域再生システム（特区）の活用　70
　　5.4　スポーツを支える核となる施設等の運営のあり方　70

第Ⅱ部　スポーツイベントの効果

第4章　スポーツイベントのもつ意味　　木田　悟　77
　1.　スポーツ発展の経緯────────────────────────77
　　1.1　スポーツとは？　77
　　1.2　日本におけるスポーツの経緯　80

1.3　スポーツにおけるプロとアマチュアリズム　81
　　［コラム］戦略なき国家の悲劇（木田　悟）　84
　2. スポーツイベントの経緯―――――――――――――――85
　　2.1　近代オリンピックの形成　85
　　2.2　サッカーワールドカップ開催の経緯　87
　　2.3　スポーツイベント開催目的の変遷　88
　　2.4　日本におけるスポーツイベントの意義　91
　3. スポーツイベントを活用した地域活性化―――――――――92
　　3.1　スポーツイベント開催における問題点の整理　92
　　3.2　地域活性化を重視したスポーツイベント開催に向けて　93
　　3.3　地域活性化を目的としたスポーツイベント開催の留意点　93
　　［コラム］ヴェブレンの指摘（薄井充裕）　95

第5章　経済波及効果の可能性と限界　　　　　　渡辺　均　97
　1. スポーツと地域振興―――――――――――――――――97
　　1.1　スポーツを活かした地域振興と行政対応の変化　97
　　1.2　経済的効果は二次効果，次期オリンピック開催誘致の目論見　98
　2. 経済波及効果の実態――――――――――――――――99
　　2.1　経済効果測定の考え方と方法　99
　　2.2　サッカーワールドカップの開催と地域経済効果　100
　3. 地域振興に資するスポーツイベントの取り組み方――――108
　　3.1　経済効果の高め方　108
　　3.2　実績をあげるスポーツイベントの開催方法を探る　110

第6章　世代を超える社会的効果の意味　木田　悟・岩住希能　115
　1. スポーツイベントにおける社会的効果とは―――――――115
　　1.1　社会的効果とは　116
　　1.2　社会的効果の定義　117
　　［コラム］2002 FIFA ワールドカップ™コリア・ジャパン（木田　悟）　118
　2. スポーツイベントの社会的効果に関する研究事例―――119
　　2.1　諸外国における研究事例　119
　　2.2　日本における研究事例　125
　3. 社会的効果発揮に向けた取組み――――――――――128

第Ⅲ部　スポーツを活かす多様な試み

第7章　スポーツにおけるボランティアの役割　　木田　悟　133

1. スポーツにおけるボランティア活動について―――――134
   - 1.1　スポーツ・ボランティアの定義　134
   - 1.2　スポーツ・ボランティアの実施状況　135
2. スポーツイベントにおける住民参加（ボランティア活動）―――139
   - 2.1　住民参加の重要性　139
   - 2.2　住民参加の状況　140
3. スポーツイベントにおける住民参加の課題―――――149
   - 3.1　運営側の住民参加への対応の現状　149
   - 3.2　住民参加の課題と解決方向　150

第8章　地域のアイデンティティをつくる：フランスから学ぶ
　　　　　　　　　　　　　　　　　　　　　　木田　悟　153

1. はじめに――――――153
2. 開催地の動向――――――155
   - 2.1　概　要　155
   - 2.2　ナント　156
   - 2.3　サンテティエンヌ　159
3. キャンプ地の動向――――――160
   - 3.1　アンケート調査結果　161
   - 3.2　ヒアリング調査結果　166
4. キャンプ地における社会的効果――――――170
5. キャンプ地における活動と効果――――――172
6. 考　察――――――173

第9章　ワールドカップが導いた未来：
　　　　　新たに開けた地域活性化への道筋　　木田　悟　175

1. はじめに――――――175
   - 1.1　日本大会の概要　176
   - 1.2　日本大会キャンプ地の概要　179
2. 日本大会キャンプ地における社会的効果――――――181

        2.1　調査の方法と対象　182
        2.2　アンケート調査の実施　183
        2.3　アンケート調査結果　184
        2.4　アンケート調査結果のまとめ　186
    3.　日本大会の開催と効果 ―――――――――――――――― 187
        3.1　日本大会キャンプ地における効果発揮の方向　187
        3.2　今後のキャンプ地等における地域活性化に向けて　188

第10章　持てる力をいかに活かすか：十日町市の試み　上村良一　191

   1.　国際イベントの誘致における既存施設の有効利用とその効果 ―― 191
        1.1　既存施設とは　191
        1.2　ワールドカップ・キャンプ地としてのねらい　192
        1.3　キャンプの誘致　194
        1.4　既存の地元資産の有効活用による効果　197
   2.　イベント終了後の活動継続とその仕掛けの必要性 ―――――― 199
        2.1　イベント終了後の活動継続は事業の仕掛けが重要　199
        2.2　キャンプ期間中に熱くなった市民の組織化への誘導とイベントの開催　201
        2.3　活動の継続と本物の施設づくりの大切さ　204
   3.　行政の役割とスタンス ―――――――――――――――― 205
        3.1　行政の役割とその反対側にあるもの　205
        3.2　求められる行政の基本的なスタンス　205
   4.　おわりに ――――――――――――――――――――― 206

第11章　小さな県の大きな挑戦：大分県の試み
                                        斉藤　哲・渡辺　均　207

   1.　大分はなぜワールドカップを誘致したのか ――――――――― 207
        1.1　一村一品の地域戦略　207
        1.2　ローカルにしてグローバル　208
        1.3　ワールドカップ　208
   2.　ワールドカップ開催の意味するもの ――――――――――― 209
        2.1　"国際"戦略の習得　209
        2.2　県民意識の発揚と地域の誇り　210
        2.3　大分トリニータ　211

3. 大分のワールドカップ─────────────────────212
　3.1　交通・輸送対策　212
　3.2　ボランティア　213
　3.3　県民の交流と参加　213
4. 小さな村の大きな試み─────────────────215
　4.1　"何もないこと"が資源　215
　4.2　合併前の一工夫　216
　4.3　経済基盤の確保　216
　4.4　地域振興のあり方　217
5. 大分スピリッツ─────────────────────218

第12章　スポーツを利用した都市再生戦略：ソウル市の事例

韓　泳　奏・木田　悟　221

1. はじめに────────────────────────221
2. ワールドカップを活用した地域の活性化─────────222
　2.1　場所的特性と地域混合型戦略　222
　2.2　地域活性化の段階別過程　223
　2.3　持続的発展段階　234
3. まとめ─────────────────────────241

第13章　「伝統文化都市」の復活へ：地方都市・全州市の事例

蔡　秉　善　245

1. 全州ワールドカップにかけた期待───────────245
　1.1　全州ワールドカップ開催の背景　245
　1.2　全州市におけるワールドカップへの対応の方向　246
2. 全州の現在：ワールドカップは全州の都市問題解決の契機──248
　2.1　都市空間の変化と都市問題　248
　2.2　中心街の衰退対策とワールドカップ　249
3. ワールドカップによってもたらされた都市整備事例と効果──250
　3.1　ワールドカップ競技場建設とその効果　250
　3.2　ワールドカップを活かした韓屋マウル保存とその効果　256
　3.3　ワールドカップを活かした都心の活性化の事例と効果　261
4. ワールドカップに関わる国際交流───────────264

5. 全州のワールドカップでは何を得て，何を失ったか―――――266
　5.1　ワールドカップが地域社会にもたらした効果とは　266
　5.2　ワールドカップが地域社会にもたらした効果と課題　266
　5.3　効果がなかったことは失われたことと同じ　270

あとがき　273
執筆者一覧

第 I 部
地域を変え，社会を変えるスポーツ

第1章
スポーツのもつ可能性とまちづくり

堀 繁

1. はじめに

　本書のテーマは,「スポーツとまちづくり」です.大要は,「地域が行うスポーツやスポーツイベントの企画・運営の検討時には,まちづくり・地域づくりを視野に入れて行うことが大事だ」ということになります.以前のスポーツやスポーツイベントでは,このような考え方が十分ではありませんでした.「スポーツができるように場を整備する」,「スポーツイベントが成功するように運営する」といったように,スポーツの枠内に留まってきました.「スポーツの場の整備の際に,スポーツをしている様子が通りからよく見えるようにしてまちとスポーツを一体化し,まちが活き活きとしているように工夫します」とか,「大会のようなスポーツイベント時には,地域をうまくPRして観光振興や企業誘致もセットで行う」といったように,まちづくり・地域づくりをスポーツに組み込んで戦略的に行うということがほとんどありませんでした.
　しかし,魅力的なまちづくり・豊かな地域づくりが重要課題になるなか,スポーツをもまちづくりに組み込むことが求められています.実際に,そのようなことが起ってきています.
　スポーツイベントを地域活性化・まちづくりと強く結びつけて行った最初の例は,1998年サッカーワールドカップフランス大会でしょう.開催

地やキャンプ地の多くが「サッカーのイベント」を「まちのイベント」として，まちの発展につながるさまざまな活動を行いました．また，それを参考にして，2002年の日韓共催のワールドカップでもいくつかの地域・都市で「ワールドカップをまちづくりの手段として使おう」という試みがなされました．

本書では，これらの「まちづくりの視点を持って行っているスポーツやスポーツイベント」の紹介を中心に，スポーツをまちづくりに結びつける考え方・ポイントを示しています．

大部分が「スポーツ」を中心に語られることになりますので，第1章の本章は，それらの前提として，「まちづくり」を中心に述べていきたいと思います．

2.「まちづくり」とは

まちづくりとは，文字通り「まちをつくる」ということですが，当然のことながら，良くつくらないと意味がありませんから，まちづくりは，「まちを良くつくっていく」ということです．

その場合の「まち」というのは，もちろん街，都市のなかということはありますが，それよりも広く，エリアや地区というように考えてよく，まちに該当しないところは人が住んでいない場所です．つまり，人が住んでいるところにおいて，そこを良くすることはすべて「まちづくり」と言ってよいでしょう．

「良く」はなかなか難しいのですが，「今いる人だけでなく，長き将来にわたってそこに住むであろう人」を含め，さらには来訪者など住んでいない人も含め，多くの人にとって良いということが大事なところでしょう．

「まちを良くつくる」の最後の「つくる」ですが，「つくる」には，当然のことながら，ハードとソフト，両方があります．よく，「もうハードはいい．ソフトが大事だ」という声を聞きますが，どちらか一方だけで，まちが良くつくれるということはありえません．

ハードとは何でしょう．ハードとは，「形」です．「ハードのまちづく

り」は「形をつくること」ですが，その場合の「形」とは，何も「ハコモノ」に代表されるような公共のものだけではありません．目に見えるものすべてがハードです．家並みはもちろん，看板，店の前の花の鉢など，形を持つものすべてが，まちづくりのハードと言えます．形を持つものは見ることができます．あるいは見えてしまいますが，ある場所に対する私たちの印象は，まず見た目で決まりますから，このハードは常に重要です．「ハードはもういい」というのは，形の重要性が理解できていないということで，それではまちづくりの成功は危いのです．

　ハードが形であるのに対し，一方のソフトとは，通常，人材育成とか商店振興といったように，施策のメニューに載るもので，ハード以外のものを言う場合が多いようです．しかし，「ハード」を「形」とした場合，「ソフト」は形でないもの，つまり「ハード」以外のものすべてと捉えるべきです．

　「形」以外のもので最も大事なものは何でしょうか．メニューがたくさんあっても，一つ一つがアイデアと工夫に溢れて，確かな技術（スキル）のもと丁寧に作られていないとレストランはやらないように，形以外のメニューがたくさんあっても，そのメニューを活かすアイデアや工夫，技術がないと，メニューの一つ一つは効果を発揮しません．このアイデア，工夫，技術，これらは一言で「ノウハウ」と言ってよいでしょう．そうです，ソフトで最も大事なのは技術・工夫・アイデアなどのノウハウなのです．つまり，形でない「ソフト」には，ハード類似の「メニューソフト」といったものと，知恵などの「ノウハウソフト」とがあるのです．

　そう考えると，「もういらない」と地域から言われてしまう「ハコモノ」も，実は「ハード」だから駄目なのではなく，ノウハウがないまま作られた，「ノウハウソフトのないハード」だから駄目なのだと理解されると思いますし，「メニューを並べただけのソフト」では，やはり役に立たないこともわかっていただけるかと思います．ソフトは，失敗してもハードと違って残らないので，失敗が気付きにくいだけなのです．「ハード」も「メニューソフト」も，「ノウハウソフト」があって初めて本当に機能していきます．「ハードはいらない，これからはソフトだ」という声は，その

あたりを誤解しているのではないでしょうか.

　ハードとソフトの両方の施策によってまち・地域を良くつくっていくのが行政の目標ですから,そのハード・ソフトを良いものにする「ノウハウ」こそが最も大事で,実は「都市整備・地域施策」に抜けていた,高いレベルのノウハウ,知恵,丁寧な工夫,の重要性を強調しているのが,「まちづくり」の大きな特徴と言ってよいと思います.

3. これまでの地域整備の特徴

　では,行政は今まで「まちづくり」に相当すること,地域のハードとソフトの整備をどのように行ってきたのでしょうか,その特徴を簡単にまとめてみましょう.

　行政は,都市・地域をよくするためのハード整備やソフト運営を長年やってきました.道路をつくり,上下水道を整備し,ルールを作り,地域の歴史を編み,イベントを行いというように.それら行政がやってきたことと,ハード・ソフトすべてを含むまちづくりとは,実はほとんど重なるわけです.ではなぜ従来の「都市整備」,「地域行政」ではなく,わざわざ「まちづくり」というように言うのか.そこが,非常に重要なところです.そこをしっかりと理解することが,今後の地域運営に欠かせません.今や「まちづくりの時代」といってよいと思いますが,なぜ「まちづくり」なのか,しっかり理解することが欠かせないと思います.

　従来の行政がやってきた,人が住むところを良くつくっていくという作業は,どのようなことであったか,ということを改めて考えると,その特徴の1点めは,機能的,画一的,効率的であることです.地域の問題を機能で整理し,その対応を考える.これは当然,人口や人口密度で分けるなど,画一的に行われることが多いのですが,それは,大変やりやすい.つまり効率的に,行政を運営しやすく全体のレベルを同じように上げるのにたいへん効果的であった.しかし,画一的に対応すること,機能で分けるということは,切り捨てる部分も非常に多いということです.例えば,「5万人住んでいる」という言い方は,その5万人の1人ひとりの生活の思い

や気持ちを考えないということであり，5万人はどこであっても5万人でしかない，という考え方になります．つまり，機能的な考え方です．沖縄も北海道も5万人は5万人で同じだという考え方です．これまでの行政の地域整備はそのような特徴を持っています．このような画一的，機能的対応は成功し，全国の整備がたいへん進んだものの，1人ひとりの人間の気持ちを勘案するというところはなかなかできなかった．そういうことは，非常に苦手なやり方でした．

　機能と効率の重視は両輪ですが，行政を効率的に運営するにはどのようなシステムが必要だったかというと，ご存知のように縦割りだったのです．それが2つめの特徴です．川を担当する部署はひたすら川のことを考え川を整備し，下水道を整備する部署はひたすら下水道を考える，学校教育を考える部署は学校教育だけを考える．1つのことだけ考えるのは，いろいろなことを考えるのと比べればはるかに素早くものごとが進むのは当然ですから，そのような縦割りで思考することが先ほど言った全国一律，画一的というものとセットになることによって，行政が非常にスムーズに進んだのです．

　ですから，縦割りが必ずしも悪いとは思いません．しかし，「縦割り」が，どういう不都合，不具合を起こすかというと，他との関係を考えないことです．例えば道路を整備する場合，その道路の通る場所が山の中なのか，平地なのか，都市内か郊外かで，相当違うはずですが，交通量から大小を決め，周りとの関係はあまり考えない．あたかも道路が中空を飛んでいるというように考えるのです．そのようにしないと，地域の事情をいちいち考えていたら，当然効率的な運営はできません．もちろん，その場合道路も，車を主体とした交通装置という機能として捉えることが前提となっています．実際には街路は人がたむろしたり，街並を見る際の「引き」の役割を持っているなどさまざまであるのにです．機能・効率を重視するための手段としては，縦割りで物事を考えざるをえず，たくさんのことを一度に丁寧に考えるということには眼をつぶってきたのです．それぞれの地域には川も道も森もあって，それらが混然一体となって落着いた佇いの地域を作っているので，川は川だけ，道は道だけのことを考えて作られる

と，それらの一体の関係が簡単に壊されてしまうのです．

次に，行政全体を効率的に運営するために，中央集権的に，中央官庁主導で，中央が全体を眺め，上から見て号令を下すというやり方を取ってきました．それが3つめの特徴です．属地的に，地域から発想するのではなくて，霞ヶ関，真ん中から発想して，真ん中から号令を下していく．つまりバードアイという視点で，上から全体を見て，どこに問題があるのかを分析し，それで指示を出していくという手法です．これは全体の運営には非常に良いやり方ですが，地域密着ではありません．地域の痛みなどは上から見ているから，あまり感じないという特徴があります．いちいち各地の住んでいる人の痛みなどを感じ取ってしまうと効率的な行政運営はできないということです．これは，全体を効率よく運営する際には都合よいのですが，痛みが強くなってくると人びとの不満は大きくなります．そのような特徴を持っていました．

このような行政システムでうまくいっていた時には，「まちづくり」という言葉はありませんでした．「まちづくりの時代」と先ほど言いましたが，まちづくりという言葉が盛んに言われるようになったのは，今言ったような，機能，効率，縦割り，バードアイの行政がうまくいかなくなったということとイコールなのです．それは，そのような機能，効率，縦割り，バードアイによって，地域にいろいろな問題が起こってきたからです．

4. 豊かな生活実感が希薄な日本

今の日本に一番欠落しているものを考えてみましょう．それは「良いところで生活しているな」という実感が乏しいことです．すなわち，生活実感がないことです．住んでいるところとは，仕事をしている人間にとっては，寝に帰るだけのところであって，地域に住んでいる他の人と一緒になって，何かの共同の目標に向かって，事を運ぶような時間もあまりありません．ゆっくりくつろいで，「私たちが住んでいるところは良いな」としみじみ眺めるような時間も空間もほとんど取れません．日本人はものすごく働いて，世界の先進国のなかでもまだまだ労働時間が長くて，休暇日数

も少ない．しかも，自分の「まち」に住んでいながら，自分の居場所があまりありません．あるいは「自分の住んでいるまちって良いところだな」と思うような居住実感が持てていません．もちろん「生活実感」のなかには，例えば商店街で商売をしている場合の「収入」なども入ります．全部含めての高い満足度がない．

人間というのは贅沢なもので，実現された満足よりも実現されていない不満足のほうに目がいきます．非常に強く地域の人たちが思っているのは，自分の一生を賭けるに足るような地域ができていないということです．自分の住んでいる街や地域が，いいところと思えるような実感が欲しい．それが全国の人が思っていることであり，その思いが急速に強くなった．

そのことの背景はいくつかあります．1つは，他のいいところをみんなが知ってしまったことです．今，年間2,000万人くらいの人が海外に出かけていますが，海外に行くと，「楽しいな」，「こういうところに住めたらいいなあ」としばしば思います．あるいは，そこが居住実感の良さそうなことは，住んでみなくともわかります．ヨーロッパなどはどこに行っても良いと思うでしょう．片田舎でも良いと思います．「いい所だな」という，来訪実感がある．こうして，他にとても良いところがあると，翻って自分の地域をみて，自分のまちに来た人は来訪実感を持ってくれるだろうか，いいところだと言ってくれるだろうか，そういうことを考えてみると暗澹たる気持ちになります．「海外から日本に戻ってくると，今までそれほど気にならなかったことがとても気になる．おかしなことがたくさん見えてくる」という話もよく聞きます．まちづくりの時代になった理由の1点めは，本当にいいまちをみんなが知るようになってきて，自分たちの，日本のまちが物足りないと思うようになってきたことにあると思います．

2点めは，今まで行政を担ってきた国，県，市町村は，今後頼りにならないことが明白となってしまったということです．現状に問題があるにしても，「いずれなんとかしてくれる」という信頼があれば，自分たちはやらなくてもよいわけです．でも，もう行政はやってくれそうもないことがわかったのです．国家財政，公共財政が逼迫し，全体で70兆円もの借金も抱えている．もう，無い袖は振れないというところが近づいている．護

送船団方式での，地域が努力しても努力しなくても，何でも作ってあげますよという時代が終わったのです．それがわかったこと．面倒は見てくれない．自分のところをなんとかするのは自分たちしかいないとなったのです．国もはっきりと言っているように，「自ら助けるものしか助けない」というモデル事業が多くなり，全国一律の事業は減っています．自分で考え，自分から手を挙げないと予算がつかなくなってきています．ぼうっとしていると何もしてくれず，何もできないことになってきた．つまり，行政は当てにならない時代になっているのです．これが2点めです．さらには，「省益」に代表されるように，行政はどうやら地域や人びとのくらしを良くすることよりも，自分たちのために仕事をしていることがわかってきた．それらによって，急速に今までやってきた行政による地域整備，地域振興策といったものが不信感を持たれて，まちづくりを自分たちの手でなんとかしないといけないと思うようになってきたわけです．

5. きめ細かな「まちづくり」

さて，改めてこれからのまちづくりを考えてみると，先ほど言ったように，ハードとソフトの両方にわたって地域やまちをつくっていくことは変わりませんが，それを達成するためのやり方が，今までの都市整備とか地域振興というものと，ずいぶん大きく異なります．究極の目的は，いいところに生活しているという居住実感，あるいはいいところに来たなと思う来訪実感をみんなが持つということです．そうすると，当然ですが地域密着で，高いノウハウを持って，丁寧に工夫して，ハードとソフトの両方を一体的に整備していかないといけません．雑駁ではなく，きめ細かに．例えば道端に道祖神が収まり良くあるとか，そういうことは従来の行政ではやってこなかった．道路の機能的整備には「道祖神の収まり」などはありませんから，道祖神は道路整備にとって邪魔な存在であったわけです．道祖神のことを考えていたら効率よい行政はできない．道祖神の収まりはきめ細かに丁寧にやらないと達成し得ません．効率とは違う行政目標になります．また，それができるのは，縦割りではなくて，横割りです．横割り

は，河川とか道路とか，学校とか，病院とか，産業振興というように地域の機能や装置を一つ一つ取り出して，それらを単独でやるのではなく，地域を細かく割った場所ごとに，そこのすべてを同時に考えていくことです．集落を考えるとわかり易いと思いますが，集落にあるものすべてを一緒に考える．道が川を横切るとしたら川も同時に考える．その場合，横割りはできるだけ小さい単位でやるのが好ましい．大きくすれば雑になる．

　このように考えると，少し外れるかもしれませんが，今の平成の市町村大合併は，まちづくりの時代に逆行しているように感じられます．今回の合併の一番の目標は行政効率のアップにありますが，先ほど言ったように効率では多くのことがうまくいかない時代ですから，これは，地域のニーズにあっていません．例えばフランスは，人口6,000万人に対して，コミューンという自治体は3万を数えます．これは，歴史もありますが，小さな単位でみていかないとうまくいかないと考えているからで，効率だけで合併を行ってはいません．効率よりも地域をどうするかということを重視し，空いている手でカバーしようと考えています．例えば，議員はほぼ無償のボランティアで，議会は仕事の終わったアフター5に開催するなどの対応によってカバーし，きめ細かに地域を考えることを維持しようとしています．やはり，まちづくりの1つの特徴は，対象の単位を細かく切って，そこで発生する問題は縦割りに関係なく，全部やるということです．接する道と公園はバラバラではなく一体的に，住宅地と川も一体的でという姿になるのです．

　従来の中央官庁主導型の行政が細かいことは気にならない上からみるバードアイであるのに対して，まちづくりは，ヒューマンアイが特徴です．そこに住んでいる人間の見ているままの感覚で問題を捉えますから，細かいことを大いに気にします．このような地域の捉え方はエリアが広くなると不可能です．人がみえる範囲を超える大きい場合は，エリアを細かく切っていく．横割りに地域を細かく分ける．小さな範囲であれば，ヒューマンアイで，どこでどういう問題が発生しているのかを発見することができます．その問題というのは，当然地域個別の問題です．地域によって違います．中央主導の画一的把握法ではなかなか拾えないものです．機能，効

率重視の都市整備では切り捨てなければうまくいかなかった．しかし，その切り捨ててきた個別の問題こそが重要だという考え方が必要で，それがヒューマンアイの物事の捉え方であると思います．

そうなると，1人ひとりの人間が持っているニーズや考え方をまちづくりは重視するようになります．ただし，誤解のないように確認しておきますと，それは「何々が欲しい」といった地域エゴ的なニーズではありません．潜在的なニーズ，本人も意識していないかもしれないニーズです．「理想の地域像」といってもよいでしょう．また，目先のことだけを考えるものでもありません．5年，10年，50年先を想定して，まちをつくるということです．それには，まだ生まれていない人間のニーズも汲み取らないといけません．今そこにいる人だけのニーズはまちづくりが汲み取るべきニーズのごく一部です．現状のまちづくり運動，ワークショップなどでは，今住んでいる人のニーズと考えられることが多いのですが，そうではなくて，住むことになるかもしれない人の潜在的なニーズも含めて，さらには他の人が「ぜひ行ってみたい」と思うようなニーズも含めて，きめ細かにニーズを汲み取ることがまちづくりでの大事な作業といえましょう．

6. 今後の「まちづくり」

ハードとソフトが一体で，しかも横割りのヒューマンアイで丁寧にうまく作られた，「まちづくり」された「まち」がどのような特徴を持つかと言うと，1つは活性化しているということです．活性化していない，ということがどういうことかと言えば，魅力がなくて，元気がなくて，したがって，人が流出してしまって，まちとして維持しえない状態です．一方で，魅力があって，皆がいいところで生活しているという感覚を持つところは，誰もがいいなと思って，たくさん来訪者が来て，「住んでみたい」と思うまちであって，お金が落ちて，商売も順調に回転しているような状態になります．そのようなことが，まちづくりが達成された「まち」です．さらに，そのような状態が達成されても，それが一瞬ではしょうがない．サスティナブルであり，長く続くことも必要でしょう．ある一時だけ脚光を浴

びても，すぐ誰も振りむかなくなってしまうというのではだめです．そういうまちです．ハードとソフトが十分練られて，両方ともレベルと質が高く行われている．そういうまちでの生活を考えて欲しいのです．

　サスティナブル，持続的ということの一番の本質は，金がまわるということです．常に金が入ってこないとまちは持続しません．従来は国の補助金や誘致した企業の落とす金などが中心でしたが，それらが伸びないであろう今後は来訪者が地域の個店で直接使う金が主力となると思われます．そのためには，誰もが「行ってみたい」と思うような，賑やかなところ，繁華街，商店街とか，レストラン街とか，そういう楽しそうなところが不可欠です．近年の大規模な商業施設づくりブームは，そういうところが金になることを端的に物語っています．規模はもちろんまちによって異なるでしょうが，楽しそうなところがあることは必須です．この「楽しさ」は中途半端なものでは集客しませんから，相当のノウハウソフトを持って，丁寧に工夫していかないと達成できません．

　今の日本のまちの大きな特徴は，機能を重視してまちをつくった結果，街路，まちなかの道が車優先となっていることです．それは人間にとって楽しくありませんから，決定的なマイナスポイントとなります．近年の欧州のまちづくりの特徴は，人間中心のまちを目指しているところにありますが，人間中心のまちというのは人間主役の道があるということが重要です．まちを単純に捉えると，「まち」は「道」と「沿道の建物」とでできています．「楽しいまち」とは，道が楽しくて，沿道の建物が楽しいまちのことです．それゆえ，道が人間のためにできていて楽しいかどうかが，まちの魅力があるかどうかにつながります．きちんとまちづくりが行われたまちは，人間中心で，商店街など，賑やかなところがあって，居心地の良い住宅地があって，それらが一体性になっていて，そのうえで道が人間中心で車に追い立てられることがないことが重要です．もちろん車を使わないまちというのはありえませんから，全部がそうではないけれども，少なくとも人間中心の道が適所にあることです．道に面したところで，オープンカフェでお茶を飲んでいる時に，目の前を，車ががんがん通ることがないまちです．そういう空間があることで，まちを楽しんでいる自分がい

る，まちを楽しんでいる他人をみる自分がいる，他人からまちを楽しんでいる自分がうらやましげに見られている自分を意識することができる．そういったことが豊かな生活実感を形成していきます．

　まちを楽しんでいる人が至るところにいることはまちにとって大事なことです．来訪者，居住者の両方が混じりあってオープンカフェなどでワイワイ楽しくやっている，レストランが賑わい住んでいる人が集まってくる，自分が楽しむだけでなく，まちを楽しんでいる他の人をみることも楽しい，ということです．オープンカフェ，レストランは1つの例であって，スポーツを楽しんでいる人たちがまちのなかで自然と目に入ってくるといったことも，生活実感が豊かで魅力あるまちなわけです．

7. 自ら行う「まちづくり」

　では，そうしたまちづくりは，いかに行っていったらいいのでしょうか．それは，きめ細かく，丁寧に，横割りで，ヒューマンアイでやっていくしかないから，従来の行政ではできません．エリアを小さく絞ってきめ細かくみていくと，行政効率は悪くなる．ですから，効率重視の今の行政では根本思想的にうまくいかない．つまり，まちづくりでは行政はあてにできません．

　では，誰が担い手になるのでしょうか．それは地域の実情に詳しい人です．なぜなら，まちづくりにはきめ細かくニーズや地域の歴史，経緯，事情を汲み取らなければいけません．今抱えている問題にも，過去のことにも，未来のことにも精通していなければなりません．地域のことを一番よく知っているのは言うまでもなく地域の人です．ですから，当り前ですが，地域の人がまちづくりの一番の担い手になる必要がある．

　しかし，「地域の人」なら，誰でもそのまままちづくりの担い手になれるかというと，そうではありません．「地域のさまざまな問題やニーズに精通」していなければならないのです．そういう，地域の人です．つまりまちづくりというのは，結局，地域の人が自分たちの住んでいるまちを良く理解して，良くつくっていくことに他なりません．

地域のことに精通するには，地域の人であっても相当な努力が必要ですが，しかし他の人よりも地域の人の方が当該地域に精通するでしょう．しかし，「地域に精通」しているだけではまちづくりは実は，できません．なぜか．もうおわかりでしょう．まちづくりには高いレベルでのさまざまなノウハウが必要だからです．公園を整備しようとしても，公園づくりのノウハウがなければできません．いくら自分たちのニーズが整理できても，ではどうやって公園を造ったらよいのか，そのノウハウがなければ地域の人たちのニーズに合ったものは実現できません．

ノウハウを地域が獲得するには，2つの方法があります．1つは，「人づくり」といわれる，地域の人に力を付けさせていく，ノウハウを身に付けさせるということです．しかし，現代ではハード・ソフト両方とも非常に深く進化しており，江戸時代のまちづくりと違って，橋ひとつとっても木の柱を立てれば済むという時代ではなく，専門性のレベルが高い知識が必要であり，日本全国各地域の人が，個別にそれぞれそのようなノウハウを獲得するのは，現実的ではありません．もう1つは，高いノウハウを持つ専門家を協力させることです．これが現実的ですが，ノウハウを持たない地域の人びとは，誰が高いノウハウを持っているのか見分けるのがなかなか困難です．「まちづくりの時代」になって，たくさんの「専門家」がまちづくりを指導し，コンサルティングをしていますが，その人たちが真のノウハウを持っていないとしたら，その地域は悲劇です．したがって，地域の人は自ら高いノウハウを持つ人を見極める眼を持たなければいけません，見極めるコツはあるのですが，本書の本題から外れるので，話を戻します．

個別の高いノウハウは必ずしも必要ではないとして，それよりも地域の人に求められるものがあります．それはまちづくりの強い動機（モチベーション）を持つことです．自分のまちをよくしたいと思う情熱です．モチベーションさえあれば，ノウハウは自然に後からついてきます．つまり，地域を何とかしたいと強く思えば，今抱えている懸案事項に関係する専門家を見つけて，連れてきて，何としてでも限界までその能力を搾り出してもらう．そのための動機付けをその専門家に与えるべく働きかけるといっ

たことが可能になります．専門家も人間ですから，動機付けがないとノウハウを出しきって，完璧な工夫をすることをしません．この動機付けはほとんどの場合金ですが，金よりも地域の人びとの誠意や情熱である場合もたくさんあります．

　しかし，その自分のまちを良くしようというモチベーションが残念ながら，多くの地域で希薄です．理由はいろいろありますが，戦後の長い間，行政が護送船団方式で，モチベーションや地域をよくしたいという思いはいらないよ，としてきたことが大きいと思います．ノーアイディアで何も考えていなくても，黙っていても，知らないうちに道路を整備してくれる，川を整備してくれる，学校がどんどんできるということをやってきたわけで，何でもやってくれて，「自分たちのまちは自分たちでつくらないとたいへんなことになる」という意識が必要なかったのです．急に，「自分のことは自分でやれ」と放り出されても，とまどうばかりで情熱の持ちようがないのでしょう．むしろ，戦前や江戸時代のほうがモチベーションや情熱は強かったと言えます．官がやってくれるわけではなく，自分たちでやらなければならなかったためです．

　戦後，護送船団方式で，中央官庁主導型で，補助金行政で，画一的・効率的に地域・まちが整えられるうちに，地域の人びとの，自分たちの地域を何とかしたいという情熱を奪ったと言えるのです．どういうふうにまちづくりに関わっていけばよいのか，そのやり方さえわからなくなった，というわけです．これは非常に大きな問題です．

　地域の人びとの手でやっていかないといけないことはわかりました．行政では担えきれません．しかし，地域の人はやり方もわからないし，それだけでなく，モチベーションさえ失っています．「自分たちのまちは自分たちで守るしかない」という認識，「自分たちが頑張ればよくなる」という確信，「自分たちのまちを自分たちでよくしよう」という熱意，「子・孫のためにも自分たちがしっかりしないと」という使命感．こういうものが，官主導の地域施策が長く続く間に希薄となってしまった．これらのモチベーションがないとなかなか「自分たちのまちづくり」は難しい．したがって，「まちづくりの時代」と言われますが事態はそんなに甘くないのです．

やらなければいけないことは見えてきました．しかし今までのやり方ではうまくいかない．はい，皆さんの出番ですよ，ワークショップやりますよ，と地域の人がいやおうなしに参加させられ，主役として舞台に登らされてきました．しかし，地域の人は主役という意識は持ち得ていません．自分で望んで主役になったわけではなく，世の中がそうなってしまったのです．モチベーションもなく，ノウハウもない．でも，やらなければならない．これが今の日本の「まちづくり」の姿であろうかと思います．

つまり，こういうことです．今までおんぶにだっこで，地域が何も考えなくても行政は何でもやってくれた．それによって，確かに量は足りたが，質は地域の求めるものと違っていた．地域の求めるもの，特に自分たちの生活の豊かさの実感の達成には，地域の人たちが自ら考えていかねばならない．また，行政も面倒を見切れなくなり，「さあ，自分たちのところは自分たちで何とかしなさい」と放り出しにかかっている．しかし，自ら考え，自ら何とかするには，ノウハウもなければ，そもそもモチベーションも失っている．

そういうなかで「まちづくり」を行わねばならない．そのためには，早くモチベーションを上げて，人びとが，「他人任せにできない．自分で地域をつくっていく」という意識を持つことが必要でしょう．

8. なぜ「まちづくり」にスポーツか

以上のように，「まちづくり」とは，バードアイ，縦割り，中央の発想による諸問題を克服し，それぞれの地域がそれぞれに発想して，自分たちの生活と人生を豊かにする場を作っていく作業ですが，その「まちづくり」のテーマの1つにスポーツが重要な位置を占めると考えています．その理由を述べたいと思います．

1番めの理由は，スポーツが健康と結びついていることです．「する」スポーツは体を動かします．そのスポーツの特徴は「健康」という人びとのニーズにつながります．

生活や人生の豊かさのなかには，当然健康が含まれます．自分の生活よ

りも会社や社会の発展が大事だった時代に比べ，格段に自分の健康を考えるようになった．健康を考えないことはありえなくなったのです．「猛烈サラリーマン」のように命をすり減らして仕事をすることは，「まちづくりの時代」には合いません．自分や家族の生活を大事にすることが「まちづくり」の根底にあり，そこでは健康増進のウェイトが高くなっている，ということです．その健康増進に，スポーツは欠かせないのです．「健康増進」は，「薬やサプリメントを飲む」，「医者にかかる」といったことでも達成されるかもしれませんが，「楽しい」という生活・人生の豊かさが伴っているという点でスポーツの方がまさっています．

　2番めには，スポーツの普遍性の高さが挙げられます．ルールに基づくスポーツは，言葉と違って全世界共通で，多くの人とコミュニケーションが取りやすい．生活・人生の豊かさのなかには，人との豊かなコミュニケーションが入りますので，これも大事なことです．また，まちづくりでは居住者の生活実感を高めることが究極の目標ですが，まちを楽しむ自分を見てくれる他人がいることや，まちを楽しむ他人を見る自分がいることが大切で，他者との交流はまちづくりに欠かせません．サスティナビリティ，地域の活性化の観点からも一人のまちづくりはありえないのです．他の人が楽しそうにしているのを見るのがまちの楽しみになるわけで，そうであれば普遍性が高く他者との交流が容易なスポーツは，コミュニケーションの手段として非常に重要になります．しかも，全世界の人とのコミュニケーションまで視野に入るのですから，俳句や将棋などと比べて，コミュニケーションツールとしてのスポーツの可能性が高いことがわかります．

　3つめの特徴は，スポーツが「する」だけでなく，「観る」ことも楽しい点にあります．他の趣味も「する」は必ず入ります．しかし，「観る」ということはなかなか入っていません．たとえば，俳句を「する」楽しみはありますが，俳句をする人を「観る」楽しみというのはどうでしょう，あまりありません．バードウォッチングでも詩吟でも，「する」はあるが「する人を観る」はありません．スポーツの，自分がしなくても観る楽しみがある，観るだけでも楽しめるという特徴は，まちを楽しんでいる他人をみて自分も楽しいという状況が大事な，「まちづくり」には，ジャスト

フィットするのです.

　このように，①体を動かし，②ルールによって普遍性を持ち，③見ることも楽しい，というスポーツの特徴は，①健康につながり，②地域住民同士はもちろん，世界規模での他者とのコミュニケーション手段となり，③まちのなかに持ち込みやすく，しかもまちを楽しそうに見せる道具立てとなりやすい，という「まちづくり」のツールとしての特徴となるのです.

　お気づきのとおり，①健康は個人のことであり，②コミュニケーションは他者との関係のことであり，③まちのなかに持ち込みやすいというのは地域・まちのことであって，個々人の人生・生活の充実のため，他者との関係をも大事にしながら，場である地域・まちをも魅力的にしていく，個人，他者との関係（人びと），まち，という「まち」の3構成要素をカバーしたまちづくりの戦略が立てやすい，ツールということができます．これらの意味で，これからのまちづくりのなかに非常にフィットしやすいというのがスポーツであるといえます．

9. スポーツによる「まちづくり」

　健康につながり，「する」，「観る」あるいはボランティアなどいろいろな参加のあり方が可能で，人とのコミュニケーションが取りやすく，まちにも収まりやすいという特徴を持つスポーツを，具体的にまちづくりにどのように活かしていったらよいのか，考えてみましょう．

　健康につながるスポーツということですから，一部の人だけでなく，大勢の人が何らかのスポーツをすることが可能な状況をつくることが必要です．高い能力や体力がないと楽しめないスポーツばかりでは，多くの人が「する」わけにはいきません．誰でも参加できるスポーツが含まれる必要があります．しかも，したいときにいつでもできるのが理想です．

　一人でするスポーツももちろんよいのですが，他者，まちの仲間とのコミュニケーションを取るために，そこに行けば他の人がやっていて，いつでも参加できるということも必要になります．そうすると，「クラブ」という形になってきますが，ビジネスとしての民間スポーツクラブが成立し

ていない地域やスポーツをカバーして，地域自らがそのような，みんなが集まってスポーツを行う場をつくっていくことも大事でしょう．

また，スポーツによるコミュニケーションには他地域との交流もあります．他者との交わりはそれ自体人生を豊かにしますし，他との交流戦・対抗戦はコミュニティの結束を強化し，アイデンティティ（自分が何ものであるか）を確認するのにたいへん効果がありますので，他地域との交流を盛んにすることもまちづくりの観点からは大事なことです．

もう1つ，「まち」という場・空間を魅力的にするという観点からの，スポーツを用いた「まちづくり」ですが，それはまちのなかに，スポーツをすることができる空間・場所をつくるということです．ただし，そのポイントは，従来の「総合運動公園」などとはまったく違うものです．

今までのスポーツは，まちと一体であるということを求めていません．スポーツをスポーツとして独立させていました．スポーツはスポーツであって，まちと一体であるとか，まちに生活している人の身近な存在である必要はない．だから，スポーツの行われる「場」も，独立していてよい．「まち」のなかにあっても，「まちと一体」である必要はない．総合運動公園がその典型で，この大きな施設は，たいていまち外れにあります．大きなスペースが取れるまち外れで，大きな空間のなかに，テニス，サッカー，野球，剣道場などなんでも押し込む．そして，その大きなスペースの周りには植栽を施して，地域との縁を切る．地方の運動場は，すぐ横の国道を通っても，そこで何をやっているのか，わからない場合が非常に多い．森のなかに隠して，まちと縁を切る．

つまり，まちの住民の生活にスポーツが密着していない．スポーツが生活空間と乖離しています．それは，最初に述べた日本の縦割りの機能重視の視点から派生した必然である，と言えますが，「まちづくり」としては問題です．スポーツの場所は，市民の日常生活に密着している必要がないと考えられてきたのです．そういう従来のスポーツの場所の設定の仕方，つくり方を見直し，生活の場の一部としてスポーツの場があるようにしていくことが，スポーツの「まちづくり」です．散歩コースがテニスコートの横にあり，カフェの前に相撲の土俵があるといったように，スポーツの

場が，歩道や店，公園といったまちを構成する要素と同じように人目につ
いて，それらと混然となっている．このように，スポーツの場が地域から
乖離している状況を打破することが，「まちづくりの時代」のスポーツの
方向です．そのためには，スポーツの場の一つ一つは必ずしも大きい必要
はありません．大きい場はそのままとして小さい場も必要で，その小さい
場所に応じて行えるスポーツを考えていけばよいのです．

　例えば，米国の街角のバスケットが挙げられます．スリーオンスリーな
ど，まちのなかでできるのであれば，正式なコートをとらなくてもそれで
よいという感覚に立っています．しかし，従来の日本のスポーツ行政は，
そのように捉えることがほとんどなかったのです．正式な競技スポーツを
振興することがスポーツのあり方である，という考えです．例えばゴルフ
でも，正式なコースでは18ホール必要，ということです．しかし，ゴル
フは元々，余った場所で楽しむためのものであったので，6ホールでも8
ホールでも全くかまわなかったのです．スポーツは，楽しみだから，それ
で良いはずです．つまり，これからのまちづくり時代のスポーツというの
は，必ずしも正式である必要はなくて，むしろ日常生活に密着していくこ
とが大事なのです．だから，サッカーをやるためにはこれだけのスペース
が必要という発想は，従来の考え方で，それを否定するものではないので
すが，まちのなかで，「このスペースでできるスポーツ」ということを考
えていくことが重要，ということです．スポーツの楽しみ方は多様化し，
プロを頂点にした試合形式のスポーツも重要ですが，末端のほうではむし
ろ生活に密着しているということが重要なのです．そうあってこそ，健康
やコミュニケーションの役に立っていくと思うのです．

　ですから，道路に面している場所や商店街の真ん中，レストランやカフ
ェと一体になっているなど，周りとの関係のつくり方がスポーツの場づく
りで重要になってくると強調しておきたいところです．例えば，東京・浅
草の映画館街・繁華街のなかにフットサル場があります．たくさん人が集
まるところにあることで，楽しそうにスポーツをする自分が輝き，その輝
く人びとを見た人が元気をもらう．こういうことが「まちづくり」として
のスポーツの1つの形なのです．

ですから、このような場所性を重視することが、施設が完備されていることよりもある意味重要です。生活に密着した場所を考えることが必要で、まちづくり時代のスポーツは、それによってスポーツを身近に引き寄せることになります。そうした場所がまちのなかにたくさんあって、しかもそこで行われるスポーツはバラエティに富んでいるし、楽しみ方も試合、練習、初心者のもの、ベテランのもの、子どものものなど、多様です。こうしたまちや人びととの一体化は、まちづくりの方向となじみます。つまり、地域住民に近寄るというスポーツの方向です。欧米に行くと、そうなっていることを強く実感します。道路のすぐ脇にテニスコートがある。道を散歩しているだけでよく見える。日本では、逆にスポーツの場が道と乖離していて、道を歩いてもスポーツがよく見えない。「スポーツ」を機能的に捉えると、「どこでやっても同じ。場所よりも規格に合っているかが重要」となりますが、それだけではまちづくりの時代のスポーツとしては不十分です。

　要するに、まちづくりの観点からはどこをスポーツの場としていくかが重要であり、人びとの目に付きやすく、楽しくなりそうな場を見極めることが大事だ、と言えます。バードアイではなく、縦割りではなく、機能性ではなく、画一的ではないようにしてしか、それは実現できないでしょう。

10. 地域意識とスポーツ

　スポーツとまちづくりを一体で考えていくうえで大事な方策は人づくりです。人づくりで大事なのは、地域を良くしていこうというモチベーションであると先に述べましたが、実は、スポーツというのは人びとに地域を大事にするモチベーションを訓練させるのに向いています。ワールドカップでも多くみられましたが、「愛国心を持て」と言わなくても、他国との対戦となれば、自然と国歌を歌うなど、国や地域への強い帰属意識を持ちます。国対抗でなくても、地域対抗でも、言葉で教えなくてもスポーツという場を与えるだけで、実は帰属意識が強く意識されるものです。日本人は地域への帰属意識が重要だという考えが希薄ですが、欧州では非常に真

剣にこれに取り組んでいます．例えば，フランスでは，前述したコミューンは，構成員の数が非常に少ない．コミューンはパリなども含まれますが，地方にいくと数百人規模のコミューンが数多くあります．小さい規模のコミューンでは，構成員の帰属意識が薄れると崩壊の危機に直結するのです．したがって，子どもに対して自分の生まれ育った地域を意識させる訓練を大変重視し，実践しているわけです．

　地域に対する帰属意識の醸成は，地域の存続に不可欠なものです．しかし，日本では逆に，近年父親が子どもに地域を出るように勧めることがありますが，それは父親にもアイデンティティの自覚が欠如しているわけで，これが拡大されれば各コミュニティは崩壊の危険にさらされます．まちづくりの前提には今後長期にわたってまちが存在することがあります．その存在のためには，そのまち・地域に対する帰属意識や地域に対する愛着心が不可欠です．しかし，それらは言葉で教えて醸成させられるものではありません．いろいろな活動によって，自分が地域に属していることを強烈に実感させる場を創っていくしかありません．そうした地域への強い帰属意識が，人材育成のモチベーションの核となるものであり，その帰属意識を醸成するためには，地域の人びとが一緒に行う，あるいは他の地域と対抗するスポーツが，適しているのです．高校野球で地元のチームを応援するということの延長を考えてもらえばよいのです．

　まちづくりには人びとのモチベーションを高めることが必要です．モチベーションを高めるには，「モチベーションを高めなさい」と言ったところで無理で，その人の意識を活性化して，意識を社会に向けさせていくことが重要です．自分のことだけが大事という思考から外れて，地域が大事，他の人が大事というふうに意識を向けさせていくことがポイントである，と言えます．考えてみて下さい，「自分が大事」と思えば，当然他の人も「自分が大事」と思うであろうことに思い至るはずですから，自分を大事にすることは，他者を大事にすることにつながっていき，さらには自分を育んでくれた地域を大事にすることにつながっていきます．そのように発展していかない「自分が大事」は不健全で，単なるエゴです．

　スポーツを通じて，地域を大事にするモチベーションがあがること，あ

るいは地域の一員としての自覚を持つような訓練は，1つには「する」スポーツに直接参加することによって達成されます．地域を代表する「選手」にすることなどによってです．ですから，サッカーや野球だけでなく，さまざまなスポーツの，さまざまなレベルでのスポーツ交流が大事です．それによって，「地域の代表」をたくさんつくる．

しかし，スポーツをすることだけがスポーツに関わることではありません．スポーツを支えるボランティアや父兄などとして，直接参加しなくても関わるだけで，まちの一員としての自覚が容易に訓練されます．これは他の趣味にはなかなかみられない，スポーツならではの大きな特徴の1つであると思います．スポーツが「する」以外の楽しみを持っているゆえでしょう．つまり，相手があって，他の地域を意識することで，自分の地域が強く意識される，その意味でスポーツは重要であり，スポーツは「する」という直接参加でなくても，スポーツに関係するだけで，つまりボランティアであれ，父兄であれ，どんな形でも参加するだけで，ひとりでに訓練が行われてしまうというのが非常に重要な特徴であるのです．

スポーツは，特に子どもたちや若者にまちの一員としての自覚を持たせる訓練の場となり，同時にさまざまな活動や経験を与えます．また一方，前述したまちづくりに必要なノウハウや知恵を持っている中高年やリタイヤ層に対して，まちづくりへの参加を促す動機付けになり得，それによって知恵がまちづくりに投入されていきます．

11. おわりに

スポーツは，自分の生活を豊かにし，健康を増進する効果がありますから，まちづくりの時代には，人びとはスポーツを受け入れやすいのです．また，同時にスポーツは帰属意識を持たせやすいので，地域を担う子どもたちにアイデンティティを醸成し，ノウハウを持っている大人をまちづくりに参加させる契機を作りやすいのです．さらに，「まちづくり」の1つの大きな目標である「楽しそうに見えるまち」にとって，楽しくスポーツを行っている人たちがいる状況を作ることはたいへん効果的で，そのよう

な「スポーツのまち」のビジュアル化はまちの活性化にもつながっていくものです．

　このように，スポーツは「まちづくり」にたいへんしっくりと収まりやすいのです．そのため，スポーツを振興し，スポーツの場を増やしていくことが，今後のまちづくり戦略で重要になっていくと言えるのではないのでしょうか．もちろん，「まちづくり」のスポーツですから，従来の「スポーツ振興」と異なることはもうお分かりいただけたと思います．

　この「スポーツを用いたまちづくり」では，地域の人びとが主体となって，自分たちの生活を豊かにするために何がどうなっているべきかをヒューマンアイで丁寧に考えていくことが求められていると思います．

　今後，スポーツやスポーツイベントが有する効果をいかにうまく活用してまちづくりや地域づくりに展開していくかが求められていますが，以降の章でそれぞれの執筆者に具体的に経験したことや考えを語っていただきたいと思います．

第2章
理念実現への創造プロセス
Jリーグの挑戦

藤口光紀

1. スポーツでもっと幸せな国へ

1.1 Jリーグ開会宣言

「スポーツを愛する多くのファンの皆様に支えられまして，Jリーグは今日ここに大きな夢の実現に向けてその第一歩を踏み出します.」

これは1993年5月15日Jリーグが開幕したときの，開会式での川淵三郎チェアマン（当時）の開会宣言である．
　この開会宣言は短い言葉のなかにもさまざまな意味，思いが込められており，後世にもきっと語り継がれる素晴らしいものである．緑の芝生の上で，小さな子どもたちから高齢の方まで老若男女が好きなスポーツを楽しめるドイツのスポーツクラブのような「地域に根差したスポーツクラブ」づくりを目ざすことと，世界に通用する選手を育てるという夢を実現するためにJリーグがスタートしたこと，サッカーの発展はもとより，わが国におけるスポーツ文化の振興を強く願い，Jリーグを通じてその実現を図ろうという強い気持ちが表れている開会宣言であった．
　Jリーグは，すべてにおいてサッカーの発展だけを考えているのではなく，スポーツ全般の繁栄を考え，さまざまなメッセージを発信しているの

である．

Jリーグのキャッチコピーにもなっている「スポーツでもっと幸せな国へ」もその1つである．サ・ッ・カ・ー・でもっと幸せな国へではなく，ス・ポ・ー・ツ・でもっと幸せな国へとあるところに意味がある．それまでの一競技団体の体質では出てこない発想である．

世界中どこに行ってもプレーされ，常に世界を相手にしているサッカー界ならではの発想と言えるだろう．このことはJリーグの理念にも反映されている．

1.2　Jリーグの理念

Jリーグは1991年11月に下記の3つの理念を掲げて誕生した．（開幕は93年）

1. 日本サッカーの水準向上及びサッカーの普及促進
1. 豊かなスポーツ文化の振興及び国民の心身の健全な発達への寄与
1. 国際社会における交流及び親善への貢献

1つめの「日本サッカーの水準向上及びサッカーの普及促進」については，1993年にJリーグが開幕してサッカーを取り巻く環境は飛躍的によくなり，日本代表チームがフランス大会，日韓共催大会，ドイツ大会とワールドカップに3大会連続出場できるほどレベルが上がり，ヨーロッパ各国のリーグにも多くの日本人選手が行き，活躍していることからも，Jリーグは日本サッカーの発展に大いに貢献していることが窺える．

そして，Jクラブの各地域でのホームタウン活動，Jリーグアカデミーの地道な活動等サッカー・スポーツの普及が図られ，全国各地のグラウンドで，小さな子どもたちから高齢者までがボールを蹴っている姿を見ることが多くなった．メディアの取り上げ方からJリーグもプロ野球と肩を並べる日本のプロスポーツの1つとなったことが窺える．

2つめの「豊かなスポーツ文化の振興及び国民の心身の健全な発達への寄与」は最も重要であり，スポーツとまちづくりには欠かせない要件であ

るので，後述することにする．
　3つめの「国際社会における交流及び親善への貢献」については，日本代表チームが強化され，世界各国の代表チームとも試合が行えるようになり，アルゼンチンやドイツなどサッカー強豪国と言われる国の代表チームも日本にやってきて，親善試合を行うようになった．もちろん日本代表チームが遠征すれば，遠征先で快く対戦してくれる．
　Jリーグのクラブチームも，シーズン前や途中でバルセロナやレアルマドリード（スペイン），マンチェスターユナイテッド（イングランド），バイエルンミュンヘン（ドイツ）等世界のビッグクラブと交流試合を毎年のようにできるようになったことからも，国際交流・国際親善にJリーグが果たした役割は大きい．
　日本代表チームに限らずJリーグのクラブチームが海外で試合をするときも，多くのサポーターが現地を訪れ，試合会場での応援はもとより異国の文化に触れ，帰ってくる．
　外国のチームを招聘して開催する国内の試合でも，相手チームの受け入れについては滞在するホテル，食事，練習会場，移動手段等さまざまな要件を満たさなければならず，相手国の文化，特徴等を把握して対応しなければならない．
　アジアでの活動も，サッカー後進国へのボール等用具類の提供から指導者の派遣，選手の受け入れ等さまざまな協力，支援を行っている．
　2005年11月30日にマレーシアのクアラルンプールで開催された「2005年AFCアワード」において，アジアのサッカーの発展と振興のために多大なる貢献をしたことにより，財団法人日本サッカー協会会長である川淵キャプテンがAFC（アジアサッカー連盟）の表彰として最も価値のある第1回「ダイヤモンド・オブ・アジア」を受賞したことも，アジアにおける日本の活動が評価された証でもある．
　Jリーグの理念のなかで，最も重要であり，永遠の課題とも言えるミッションは2つめの「豊かなスポーツ文化の振興及び国民の心身の健全な発達への寄与」である．
　ひと言でスポーツ文化の振興といっても簡単にできるものではない．お

そらくゴールはないのだろう．Ｊリーグ各クラブの日々の取り組み，積み重ねによって構築されるものであり，14 年経過したＪリーグでもまだまだ緒に着いたばかりと言わざるを得ない．

　このミッションの具現化は，Ｊリーグ各クラブの地域での活動によるところが大きいのである．Ｊリーグでは，Ｊクラブの本拠地を「ホームタウン」と呼んでいる．Ｊリーグ規約には，Ｊクラブはホームタウンと定めた地域で，その地域社会と一体となったクラブづくりを行いながらサッカーの普及，振興に努めなければならないと記されている．Ｊリーグで言うホームタウンとは，「本拠地占有権」や「興行権」の意味合いの強い「フランチャイズ」とは異なり，「Ｊクラブと地域社会が一体となって実現する，スポーツが生活に溶け込み，人々が心身の健康と生活の楽しみを享受することができる町」を意味している．

　Ｊリーグの各クラブは，ホームタウンを中心にサッカークリニックを開催したり，小学校・中学校の授業に指導者を派遣したり，地域の指導者を集めて指導者講習会を定期的に開催したりしている．また，地域の自治体や他の競技団体と協力してバレーボール・バスケットボール・テニス教室，さらには，車椅子サッカー等の障害者スポーツ大会も開催している．Ｊリーグは「地域に根差したスポーツクラブ」を核として，誰もが生涯を通じてスポーツを楽しめる環境づくりを行うことにより，理念の具現化を図ろうとしているのである．

1.3　Ｊリーグ百年構想

　Ｊリーグは 1993 年 5 月に開幕し，3 年が経過したあとの 4 年目を迎える 1996 年 3 月に「スポーツ文化の振興」という設立趣旨を多くの人びとに理解してもらうことと，Ｊリーグ・Ｊクラブが一丸となってより一層の活動の促進を図ることを目的に「Ｊリーグ百年構想」をキーワードにしたプロモーション活動を展開し始めた．展開当初は「抽象的で意味が分からない」「100 年後のことを言っても意味がない．今が大事だ」「5 年後，10 年後に何をするのか．明確に示されていない」といった批判的な意見が多かったように思う．

写真1　サッカーを楽しむ子どもたち

　しかし，現在「Jリーグ百年構想」はJリーグの設立理念の具現化を図りながら，多くの人びとにスポーツを楽しむことの大切さと，Jリーグが目ざす方向を理解してもらう活動のキーワードとして，欠かせない重要なスローガンになっている．

　Jリーグは，単に日本サッカーを強化し，サッカーを普及させることだけを目標にしているのではなく，日本中に1つでも多くの芝生に覆われた広場やスポーツ施設ができ，地域の人びとがスポーツを通じて交流を深めることが，日常の生活のなかであたり前にできるような環境をつくっていくことを目標としているのである．そのためには自治体，市民，企業はもとより，地域の体育協会や各種スポーツ団体の方々の理解と協力が必要であることは言うまでもないことである．

　この壮大な目標を達成し，新しいスポーツ文化を確立するには30年，50年，100年の長い歳月がかかるだろうが，「どうしてもやり遂げる」という確固たる意志が「Jリーグ百年構想」という言葉に込められているのである．

2. 日本サッカーの昨日，今日そして未来へ

2.1 暗黒の時代

　わが国におけるサッカーは，今でこそメジャースポーツの1つとしてメディアにも大きく取り上げられるようになったが，ここに来るまでに幾多の苦難があったことはあまり知られていない．特に若い世代においては，日本にプロサッカー（Jリーグ）があるのがあたり前と捉えている人たちが多い（このことは逆に言えばJリーグの成果なのかもしれないが）．

　そこで日本サッカーの歴史を半世紀ほど遡り振り返ってみよう．

　1964年に東京オリンピックが開催されたことが大きな出来事で，日本サッカー界にとっても重要なイベントであったことは確かである．ご承知のとおり，開催国は全競技に参加，エントリーする権利があり，サッカーも参加するからには無様な試合はできないことから，必然的に強化を迫られた．そこで，1960年にドイツからデッドマール・クラマー氏を日本代表のコーチとして招聘し，強化を図った．この成果として，オリンピックで強豪アルゼンチンを破りベストエイトに進出したことがサッカーがこの世に存在することを知らしめるきっかけになったのである．

　オリンピックでベストエイトになったことは特筆すべきことであるが，それ以上に重要なことがその時決断された．日本代表の特別コーチであるクラマー氏は日本サッカーを発展させるためのアイデアをいくつか残していってくれたのである．

　その1つに「選手は試合を通じてレベルアップするものであるから，もっと試合数を増やし，常に試合ができる環境をつくること」という提案があり，日本サッカー界はオリンピック翌年の1965年に実業団のサッカー部8チームで構成される初の全国リーグを設立した．それが現在のJリーグの前身である「日本サッカーリーグ（JSL）」である．提案されたクラマー氏の偉大さは言うまでもないが，それをただちに実行に移したサッカーの先輩たちの英断と実行力に敬服するとともに，深く感謝の意を表したい．

第 2 章 理念実現への創造プロセス

日本サッカーリーグの発足により，日本サッカーのレベルは上がり，1968 年のメキシコオリンピックで銅メダルを獲得．日本中にサッカーブームを巻き起こし，各地でサッカー少年団が誕生し，サッカーの底辺拡大に大いに貢献したことは事実である．

しかし，日本代表チームの弱体化と共に，日本サッカーリーグの盛り上がりも沈静化し，空っぽのスタジアムでの試合と揶揄される日本サッカーリーグが暫く続いたのである．御茶ノ水の JFA ハウスのなかにある日本サッカーミュージアムには，数多くの記念品，資料，映像等が展示されてあるが，1970 年代については写真が数点あるだけの寂しい限りである．真に暗黒の時代であったことが分かる．

ただし，その当時の反省をふまえて日本代表の強化，若年層の育成，指導者養成を三本柱とした日本サッカーの活動プランが練り上げられて今がある．また，日本サッカーリーグ時代の寂しいスタジアムでの試合はもうしたくないという反骨精神がベースになり，J リーグが発足したことも事実である．

2.2 環境整備

1983 年「日本サッカーを何とかしたい．日本代表チームを強くしたい．そのためにも日本サッカーリーグを生まれ変わらせたい」という思いを同じくした日本サッカーリーグの若手運営委員たちが集まり茶話会と称し，連日サッカー談義に花を咲かせ，日本にもプロサッカーリーグの必要性を確認していた．ヨーロッパや南米のプロリーグについての勉強会や日本国内の各種競技団体の現状把握，情報収集を実施．日本ではプロリーグは無理だというネガティブ論者は沢山いたが，勝手に「10 年後プロサッカー」宣言をして闇雲に前に突き進んで行った若者たちがいたことはあまり知られていない．

最初に計画したことが，日本サッカーリーグの存在を世の中にいかに知らしめるかという課題への対応で，日本サッカーリーグ 20 周年（1984年）にあたり，20 周年記念パーティーをホテルで大々的に開催し，メディアに取り上げてもらおうという企画であった．今ではあたり前のことで

あるが，その当時としては大胆な企画であったのである．現日本サッカー協会副会長である釜本邦茂氏にお願いしてまさにひと肌脱いでもらったポスターは注目を集め，20周年イベントとしては成功だったと言うことができるだろう．

そして，さらに重要な事項は，日本サッカーリーグの自主運営化である．それまでのリーグ運営はプログラム，チケットの作成からチケット収入の管理，試合会場の使用料等運営経費の精算をすべてリーグ事務局がハンドリングし，各チームはチケット販売の代行，試合会場での会場補助員の手配等運営のサポート役をしていたに過ぎない．そのために人気チームが多くの観客を集め，チケットを多く売って収入を上げても，そのチームに何のメリットもないという矛盾が生じていたことから，努力して数多くの観客を集め，チケット収入を増やせば，それに応じて遠征経費の補助額が増えるようにして，努力したチームに手厚く，努力をしないチームには薄くなるよう傾斜配分を導入した．そのことにより，各チームは自主的に選手のプロフィール入りパンフレットを作成し入場者に配布することや，試合日程を刷り込んだチラシを持ってチケットを売り歩く等，試合を開催するチームが自分たちの手で運営し，スタジアムに足を運んでくれる人たちを増やす努力をするようになったことからも，自主運営の導入が間違っていなかったと言える．現在のJリーグのホームアンドアウェイ方式による試合運営は，この時に培われた自主運営方式がベースになっているのである．自主運営方式の導入なくしてプロ化はありえなかったものと思う．

昨今，他の競技団体でプロリーグ発足を試みる傾向があるが，まず，試合運営をそれぞれのホームチームに任せる自主運営方式を採用することがプロリーグ成功への道であろう．まだ，どの競技団体も自主運営化したとは聞いていない．

そして，何よりも大切な要件は運営のプロが存在するかどうかという問題である．選手，監督，コーチ等現場サイドについては，プロになりたいと考えている人が多いことが予想されるので，仕組みさえ作ってしまえばプロ化はそれほど難しいことではないだろう．しかし，いくら現場がプロになっても，クラブ運営のプロがいないと，しっかりしたクラブづくりが

できず，経営が安定したクラブはできない．クラブ運営のよき人材を集めることが，まず第一である．そして，クラブを運営しながら人材を育成していくことを忘れてはならない．

日本サッカーリーグは1988年3月，リーグを盛り上げ，日本サッカーのレベルアップを図ることを目的に「活性化委員会」を設置．翌89年3月，同委員会は日本サッカー協会に「日本サッカーリーグの活性化案」を提案．90年8月，日本サッカー協会は新たに「プロリーグ検討委員会」をつくり，プロリーグ設立に向け具体的に取り組み始めた．91年3月川淵室長のもとプロリーグ設立準備室を開設．91年11月「社団法人日本プロサッカーリーグ」設立．初代チェアマンに川淵三郎氏が就任．92年Jリーグヤマザキナビスコカップ開催．そして1993年5月15日，新しいスポーツ文化Jリーグの開幕となったわけである．

【プロリーグ参加条件】
①参加団体の法人化，②ホームタウン制の確立，③スタジアムの確保，④チーム組織（トップ・サテライト・1種・2種・3種・4種チームの保持）注，⑤選手・指導者のライセンス，⑥分担金の拠出，⑦日本サッカー協会の指示，決定に従うこと

　　注）現在は，4種について，その年代に対するサッカースクール，クリニック等の活動を行っていることで足るとしている．

2.3　ワールドカップ開催

1993年にJリーグが開幕し，10年目の2002年にスポーツの祭典，世界の祭典ワールドカップが日本と韓国の共同で開催された．自国単独開催でお互い誘致合戦を繰り広げていた両国が，協力し合い共同で開催したサッカー至上初のワールドカップ共同開催となった．

2002年の大会はさまざまな意味で新しい試み，初物が多かった大会であった．21世紀初，アジアで初，そして初めての日本・韓国2ヵ国での共同開催というものである．4年に1度開催される世界の祭典ワールドカップは，南米とヨーロッパ大陸で交互に開催されてきた大会であった．それが，20世紀の終盤1994年にサッカー未開発国と言われたアメリカ合衆

国で開催され，初めて南米・ヨーロッパ大陸から離れた．

そして，21世紀最初の大会で初めてアジアに会場が移ったのだった．さらに，ワールドカップは進化し，2010年にはこれもまた初めてのアフリカ大陸の南アフリカでの開催が予定されている．2002年アジアでの大会が成功裡に終わったことにより，FIFA（国際サッカー連盟）はサッカーの普及を第一に掲げ，アフリカでの開催を決断したのだった．2002年のアジアでの大会が成功しなかったら，再び，南米とヨーロッパのサッカー先進国開催に逆戻りしたことだろう．サッカーの発展にとっても，2002年日本・韓国共同開催の成功は大きな出来事であった．

また，お互い単独開催のために，時間・資金・労力を注ぎ込んでいた両国が，共同で開催することについては，当初疑問視されていたが，成功裡に終わった今となってみては杞憂であった．昨日までのライバルが今日の友になることはサッカー界ではよくあることだが，まさにそれを実行した大会だったと言える．サッカー関係者は言うに及ばず，市民レベルのサポーター・ファンの交流等友好的日韓関係づくりに果たした役割は大きい．

最初から「できない」と決めつけていては何もできないし，何も生まれない．目標を持ち，できることを信じて実行に移せば何とかなることを教えてくれた大会であった．人間の力は何と偉大なものか．

3. Jリーグの挑戦

3.1 Jリーグ10年目のワールドカップ

1965年にそれまでの短期間でのノックアウト方式のトーナメント主体の大会形式から，年間を通じて定期的にゲームができるリーグ戦方式を導入し，日本サッカーリーグ（JSL）を開催したことが，全国の子どもたちにサッカーの存在を知らしめ，ブラジルからやって来たセルジオ越後氏のサッカークリニックをはじめとし，全国各地でサッカー教室が開催され，多くの子どもたちがサッカーの面白さ，魅力に触れ，ボールを蹴り始め，サッカー少年団が各地にでき，サッカーの普及に大いに役立った．

第2章 理念実現への創造プロセス

　そして，27年間の日本サッカーリーグの実績をふまえて，1993年に新しいスポーツ文化「Jリーグ」がスタートし，サッカーを取り巻く環境が一変した．一年中緑々とした芝生のピッチが全国各地にでき，サッカー少年たちの目標が明確になり，世界にも目が向けられ，夢が大きく広がったことは非常に重要なことである．

　スポーツ施設面への影響も計り知れないものがある．まず，芝生に対する認識（芝生は冬になると枯れるもの，芝生のなかには入ってはいけないもの等）を大きく変えた．今では，日本中のスタジアムの芝生は，世界中で最も素晴らしい芝生の1つだろう．

　ワールドカップ前年の2001年に開催されたコンフェデレーションズカップにおいて，豪雨のなかでの試合で全く水溜りができず，緑々とした芝生の横浜国際総合競技場（現日産スタジアム）は，FIFAのブラッター会長から絶賛され，日本サッカー協会に感謝状が届いたことからも日本の芝生の素晴らしさが窺える．もちろん，2002年のワールドカップ本大会でも各会場とも，素晴らしいピッチが準備されていたことは，ご承知のとおりである．その後も国際親善試合で日本を訪れる海外のチームの監督，コーチ，選手たちは皆，芝生のコンディションの良さに素直に喜ぶのである．

　また，2002年にワールドカップが開催されたことにより，キャパシティの大きいスタジアムが数多くできたこともJリーグの発展に大きく貢献している．ただ大きければいいものではないが，多くの人たちにスタジアムに足を運んでもらい，サッカーの面白さ，素晴らしさに触れてもらうことがサッカーの普及には欠かせないものである．ワールドカップの会場になったスタジアムは世界仕様であり，大きさだけではなく，ビューボックス，レストラン，トイレ，ロッカールーム，メディア対応ルーム等々付帯設備面でも世界基準になり来場者へのサービス向上につながっている．

　一番大きな違いとして，それまでの使用者（競技者）主体の競技場から，お客様のことを考えたスタジアムになったことは大きな変化である．それについても，Jリーグ開催により数多くのファン，サポーターがスタジアムに足を運び，Jリーグの試合には多くの観客が集まることが習慣化し，必然的にお客様対応を考えさせられたことも大きな要因の1つである．

ハード面の整備とそれに伴ってホスピタリティが重要になってくる．なかでもホームスタジアムの質が，クラブ経営に大きく影響を及ぼす要因になっているのである．

3.2 Jクラブの自立

1993年にJリーグがスタートしてサッカー文化が芽生え，10年目の2002年にワールドカップが開催され，サッカーがわが国国民の生活の一部になったというのは少し大袈裟かもしれないが，日本におけるメジャースポーツの1つになったことは明らかである．

ワールドカップを開催するとその国のサッカー文化の伸展を10年早めるというが，それもまた真実である．Jリーグ開幕，10年後にワールドカップ開催と，日本サッカー界のシナリオはでき過ぎと思えるほど上手く書けている．これまで順調に来ただけに，今後の10年が非常に重要になってくる．

人間の体で言えば中学生，高校生にあたる．この時代をいかに過ごすかによって，20年後，30年後が違ってくるだろう．「ポストワールドカップ」である．

一方，2005年，日本サッカー協会は新たなメッセージを発信した．「DREAM　夢があるから強くなる」JFA 2005年宣言である．

そのメッセージのなかで注目すべき点は，

- 2050年には，世界でトップ10の組織となり，日本代表チームは世界でトップ10のチームとなる．
- 2050年までに，FIFAワールドカップを日本で開催し，日本代表チームはその大会で優勝チームとなる．

というものである．

「ワールドカップ優勝」？アジアの小国日本が？

誰もが夢のまた夢と思うかもしれない．しかし，今は夢であっても，近い将来それが明確な目標となり，現実のものとなっていくのである．Jリ

第2章 理念実現への創造プロセス

ーグが生まれたように.

　ただ夢を見ているだけでは何も起こらない.まず今できることをしっかり実行していくことだろう.日本代表チームの強化はもちろんのこと,グラスルーツに目を向けた普及活動も重要なことである.

　そのためには日本最高峰のJリーグがしっかり根付き,多くの国民から支持され,愛されなければならない.1993年に開幕したときは10クラブだったのが,13年目の2005年シーズンではJ1で18,J2で12クラブ.合わせて30クラブになり,2006年シーズンはさらにJ2に愛媛FCが加わり13クラブになり,全31クラブがJリーグの仲間となったわけである.まだまだJリーグは成長し続けている.

　2005年,「将来Jリーグ入りを目ざしているか?」というアンケート調査を全国のサッカー協会を通じて行ったところ,40を超える団体が手を挙げた.すべての団体が現時点でJリーグのクラブと同じような環境にあるかと言えば答えはNOである.しかし,熱いハートを持った人たちがいれば環境を整えることは可能であるので,大いに期待したい.全国各地にクラブが存在し,各地域でのリーグ戦が活発に実施され,それぞれのホームタウンで「マイチーム」を応援できる環境が整ったとき,日本にもサッカー文化が真に根付いたことになるのだろう.

　身近なところにスポーツクラブがあり,子どもから高齢者まで老若男女が緑の芝生の上でボールを中心としたコミュニティをつくり,誰もがいい汗をかき,その後いろいろな人とコミュニケーションがとれ,心豊かな生活を送れる,そんな世の中であって欲しい.

　クラブのなかにはトップチームからユース年代のチーム,子どものチームとさまざまなものがあるが,チームを持てば強くしたいと思うのは自然である.例えば,トップチームを強化して,県内リーグで勝ち,地域リーグを勝ち抜きステップアップしてJリーグ入りを目ざそうとすること自体が間違っているわけではない.Jリーグという夢を抱いて,取り組むべき夢に向かって挑戦して欲しい.

　しかし,上部リーグ昇格のみを目標にして,チーム強化だけを考えていたのでは必ず失敗する.チーム強化だけではクラブづくりはできないので

ある．もちろん，Jリーグの一員になるにはトップチームが強くなり，現状では日本フットボールリーグ（JFL）の上位2位以内に入ることが条件となっているが，トップチームが強いことは1つの条件にすぎない．Jリーグに加盟するには，先にも述べたがさまざまな条件がある．（p.35参照）

　強いチームを保持し続けるにはしっかりしたクラブの存在が重要になってくる．トップチームを維持するためには資金が必要であり，環境も整えなければならない．よい選手を育てる下部組織を充実させなければならない等々，実施しなければならないことがたくさんある．Jリーグを目ざしているクラブで一番陥りやすいことが，目先の勝利，チーム強化ばかりに必要以上に資金を投入し，負債を抱えてクラブ経営が成り立たなくなることである．

　チームを持ち活動を続けるためには，そのチームを支えるクラブとしての組織がしっかりしていることが絶対的な条件になってくる．地域から愛され，多くの人たちから支援してもらえるクラブづくりが必要なのである．大事なことは，核になる地域がどこなのかを考えることである．村，町，市と核になる場所が大きくなればなるほど，広ければ広いほど難しくなる．最初は小さなところからスタートし，徐々に大きくなっていくほうがよい．Jリーグのなかでもホームタウンの広域化の動きはあるが，できることなら広げないほうがよいと思う．広げれば広げるほどホームタウンに見合ったサービスの提供ができなくなるからである．クラブの持っているパワーをよく考えて対応しなければならない．

3.3　浦和レッズの試み

　浦和レッドダイヤモンズ，すなわち浦和レッズの誕生は，サッカーによって結ばれた純愛物語である．1990年代に入り日本サッカー界は，プロリーグ設立に向け具体的に取り組み始めた．三菱FCもプロ化を検討していた．元々チーム本体は東京にあり，日々の練習場も東京（調布市）にあったことから，ホームタウンを東京として活動していきたかったわけである．JSL時代は，よく国立競技場を使用していたが，国立は日本代表チー

ムの試合も開催し，ナショナルスタジアムとして中立的な機能が強く，一クラブのホームスタジアムにはなりえないし，駒沢競技場はナイター設備がなく，西が丘サッカー場や江戸川陸上競技場はキャパシティが足らず，ホームスタジアムとして使用できるスタジアムが東京にはなかった．このホームをどこにするか探していたときに，浦和の熱心な人たちとの出会いが始まるのであるが，実は，浦和サイドもホンダとの話が白紙になったところでタイミングが非常によかったのである．

クラブとしてのホームタウン活動をしていく上で，それまでの（JSL時代）活動拠点をベースとして展開していくほうが一般的にはやりやすいように思えるが，三菱FCと浦和は全く縁もゆかりもなく，本当にゼロからのスタートだったわけである．振り返ってみると，何のしがらみもないことがよかった面もあるように思う．JSL時代からの関係を引きずっていると，逆にプロ集団として活動しにくい面もあったかもしれない．

1993年にJリーグが開幕し，いたるところで「J, J, J, J……」とJリーグの名前が連呼され，異常な盛り上がりを見せていた．そのなかで，浦和レッズは「歌を忘れたカナリヤ」ならぬ「勝ちを忘れた浦和レッズ」と揶揄されるほど負けが込み，「なぜこんな弱いチームが浦和に来たのだ．浦和は強くなければならないのに」といった言葉を連日聞かされ，大変耳が痛く心苦しかった．

その反面，連敗中の一勝の喜びは非常に大きく，その場面だけを見ているとあたかも優勝したかのように見えるほど皆喜びを素直に表していた．その時ほど「本当に勝つことっていいな」と思ったことはない．浦和レッズは残念ながら1993〜94年と常に順位表の底のほうに名を連ね，負け組の代表のように言われていた弱小チームだったのである．

しかしながら，負けても負けても熱心に応援をしてくれるサポーターもいたし，自治体の人や心温かい浦和の人たちも「ここは我慢のしどころ．何とか強くして欲しい」と言ってくれた．本当にありがたい言葉であった．クラブがチーム強化を怠っていたわけではないが，結果が出せなかったということは，チーム強化の方向性，方法に問題があったかもしれない．しかし，その当時の辛い体験が現在の強い浦和レッズを支えているものと思

う。最初にボトムを体験したサポーターたちもクラブスタッフも鍛えられ，忍耐強くなり，ちょっとやそっとではへこたれない気持ちが自然に養われたのではないだろうか。

今現在，日本一のサポーターと称されるレッズサポーターの心には，厳しい時代を自分たちで克服してきたという自負があり，それが今のサポーターたちの固い絆になり，スタジアム中が心一つになる素晴らしい応援になっているものと思う。

ミッション

縁もゆかりもない浦和にいかに根付くか，埼玉都民と言われる市民・県民に地域の誇りを持ってもらえるのだろうか等々，最初は難問，不安山積であったが，難しければ難しいほど解決した時の喜びは大きく，その後の成果は絶大であった。

三菱FCから浦和レッズへの移行は，Jリーグになってまずしなければならないことである。そのためには「浦和レッズ」の存在を皆に知ってもらい，「サッカーでまちづくり」の中心に浦和レッズがあり，なぜ浦和レッズがまちづくりに必要なのかを認識してもらわなければならないのである。

そこで重要なのがクラブのミッションである。何のためにクラブがあり，どのような活動をしていくのかを明確に表したものでなければならない。一クラブ，一企業の活動ととられてはその後の発展はなくなるので，社会性・公共性をアピールする必要があった。

【浦和レッドダイヤモンズの活動理念】
- ・浦和レッドダイヤモンズは社会の一員として青少年の健全な発育に寄与します
- ・浦和レッドダイヤモンズは地域社会に健全なレクリエーションの場を提供します
- ・浦和レッドダイヤモンズはさいたま市から世界に向けて開かれた窓となります

上記活動理念はクラブ設立時から変わっていない（合併に伴い浦和市からさいたま市への表記の変更あり）．
　Ｊリーグに理念があるように，クラブのミッションは重要である．このミッションなくしてＪクラブの存在はない．ただ単にサッカーの試合を興業してお金を稼いでいるだけではＪクラブの存在価値はない．もちろんプロである以上収益を上げなければクラブとして成り立っていかないが，ただの興業であってはならないのである．
　トップチームは強いほうがいいが，強ければいいというものではない．強くてもチーム，選手，クラブに魅力がなければ，何度もスタジアムに足を運ぶことはないだろうし，クラブハウスに行きトレーニングを見ることもないだろう．選手，チームが繰り広げる試合，パフォーマンスから，夢・勇気・頑張り・思いやり・チームワーク・フェアープレー等を感じ，試合に勝って喜び，負けて悔しがり，皆で大きな声で応援し，ストレスを発散させることも試合観戦のあり方の１つである．
　ファン・サポーターの１人ひとりがそれぞれの考え，思いを持ってスタジアムに足を運び，ひいきチームの勝利に向けて心を１つにして応援し，選手と一緒に戦う．素晴らしい光景である．
　しかし，勝負の世界には勝者があれば必ず敗者がいるのである．大事なのは負けた試合をファン・サポーターがどう受け止めるかである．勝ち負けだけに興味を示す人たちばかりだと，勝ち続けないとスタジアムに来てくれないことになる．勝負である以上勝利することは大事な要素であるが，１つの要素であることも事実である．試合を観に来る目的にはさまざまな要因があり，勝利できなかった試合でも「また応援に来よう」という気持ちにさせてくれる試合内容はある．「プロだから勝たなければならない．勝つことがすべてだ」と言う人がいるが，本当にそうであろうか．勝つことによって得られるものは多くあるが，負けることから得られるものも数多くあると思う．「何が何でも勝てばいい」と言う人もいれば，勝っても内容が伴わないと満足いかない人もいるのである．だからといって負けてもいいと言っているわけではない．

重要なことは，1つの目的に向かって皆で協力して努力する．結果は素直に受け止める．反省し，悪かったところは修正し，次へ向かうことだろう．問題は結果を素直に受け止めず，悪いところを修正もせず同じ過ちを犯し続けることである．

浦和レッズのホームゲームを観戦した人は，非日常空間レッズワンダーランドを体感してくれていると思うが，まだの方は是非レッズワンダーランドに一度足を運んでみて欲しい．たかがサッカーの試合かもしれないが，そこには「もう一度行ってみたい」という気にさせる何かがあるのである．

家をどこに，どのように建てるのか

浦和レッズは，1992年2月に（株）三菱自動車フットボールクラブとして法人登記したが，活動拠点は，初めの頃はまだ三菱FC時代の東京の調布グランドで，事務所も田町にあった．一刻も早くホームタウンである浦和に拠点を構えなければならなかったが，全くゼロからのスタートであり，ハード面の環境整備に時間を要し，暫く間借り状態が続いた．チームの活動を浦和ですることにより，選手たちと浦和市民のふれあいの場が生まれ浦和に早く溶け込めることから，事務所の移転前にチーム活動を浦和に移した．半ば強引に移ったこともあり，トレーニングは市や大学の河川敷のグランドを借り歩き，クラブハウスもないので，まちなかの小さなホテルを全館借り上げ，トレーニング前後のロッカールームでありクラブハウス代わりにして活動を始めたのである．アマチュアからプロへの移行期であってもチーム関係者にとっては辛い時期だったものと思う．アマチュア時代より環境が悪くなったのは事実である．1992年の年末にやっとホームタウンである浦和市内に事務所を構えることができ，1993年1月から浦和レッズとして活動できるようになったのである．

Jリーグ開幕の1993年で一番こだわったことは，浦和レッズのホームスタジアムは「駒場競技場（当時，現駒場スタジアム）」であることを浦和市民，埼玉県民に周知徹底することであった．ホームゲーム18試合（10チームのホーム・アンド・アウェイ方式で2シリーズ制）のなか，17試合を駒場で開催し，浦和レッズのホームは駒場であることを強く訴えた

第 2 章　理念実現への創造プロセス

写真 2　埼玉スタジアムでの浦和レッズのホームゲーム

（1 試合だけ国立）．駒場競技場は，J リーグ開幕にあたって浦和市（当時）が 17 億円かけて改修してくれたが，J リーグの定めた 1 万 5 千人収容のスタジアムにはなっていなかった．芝生席があり，実際には 1 万人入ると満杯になってしまうことから，入場チケットの発券も 1 万枚でとめざるを得なかったのである．

　国立競技場を使用すれば収容 5 万 5 千人で，入場料収入も駒場開催の 5 倍以上になることもあり，単年度の収益を考えれば国立競技場を使用したほうがいいわけであるが，我々の家は駒場であることを知らしめることを優先したのである．その後多くの市民からの「レッズのチケットがとれないので駒場をもっと大きくしてくれ」という要請に，浦和市も素早く対応し，さらに 45 億円をかけて改修され，21,500 人収容の現在の駒場スタジアムになったのである．収容人数が倍になったにもかかわらず，試合を観ることができない人たちのために，年に 2〜3 試合を国立競技場で開催していたが，ワールドカップ大会会場である 6 万 3 千人収容の埼玉スタジアム 2002 の完成に伴い，ホームタウン外の国立競技場を借りなくてもよく

なった．大家族になったレッズを受け入れてくれる新しい家「埼玉スタジアム 2002」ができ，世界に通用するクラブになるためにも環境が整ってきたと言える．

継続は力

　浦和レッズになりプロとして初めての公式戦は，1992 年 9 月のナビスコカップグループリーグ大宮サッカー場での対ジェフ市原（当時）戦であったが，その試合からホームゲームには欠かせないマッチデープログラム（MDP）を発刊している．今ではどこの会場に行ってもホームチームの紹介パンフレットも含め，プログラムが出されているが，最初の試合から一度も休むことなく発刊されているのはレッズの MDP だけである．第 1 号を発刊するに当たって，クラブ内の了解を取り付けるのに苦労したことを覚えている．

　まだサッカー文化が根付いておらず，マッチデープログラムが何を意味するのか，採算に合うのか等々，いろいろ解決しなければならなかったが，最後の決め手は「最初の試合から始めることに意味があり，10 年後になったら発刊の意味が分かりますよ」というものであった．

　今では，試合会場に行けなくても，MDP を楽しみにしている購読者もいる．クラブ，チーム，選手からのメッセージ，サポーターからのコメント等 MDP を通じての仲間が増え，サッカー，レッズがますます好きになった人もいる．確実にクラブとファン，サポーターとのコミュニケーションツールになっている．

　発刊物では，シーズン開幕前にそのシーズンのオフィシャルハンドブックを出している．この一冊があれば，クラブ・チーム・選手のこと，スケジュール・チケット・下部組織のこと，サポーターズクラブ・後援会・ショップのこと等浦和レッズのことならすべてが分かるというものである．そして，シーズン終了後には，チームの写真集浦和レッズオフィシャル・イヤーブックを発刊し，選手の表情，プレー振り，試合会場の情景，監督の喜ぶ姿等の写真を見ながらシーズンを振り返ってもらおうと考えている．シーズン前のハンドブック，シーズン中のマッチデープログラム，シーズ

ン終了後のイヤーブック，これが浦和レッズ三部作である．最初のシーズンから持っていれば浦和レッズのことならばすべてが分かることだろう．

　また，サポーターズクラブ，後援会の活動も活発に行われている．レッズサポーターの応援はチーム力より一足先に世界の仲間入りをしており，後援会のアウェイツアーも工夫を凝らし毎年楽しみにしている家族もたくさんいる．

　浦和レッズは，試合や日々の活動を通じて地域に共通の話題を提供し，観戦，応援の楽しみをもたらしている．そして，世界の各都市は，それぞれ自分のまちのサッカークラブを持ち，市民もそのチームを応援することを誇りとしているが，浦和レッズも世界に向けてのさいたま市の顔となるよう努力し続けている．

第3章

地域のもつ力を活かすスポーツ

御園慎一郎・木田 悟

1. はじめに

　わが国を取り巻く社会環境は近年大きく変化してきている．すなわち，国のあり方としての地方分権化が推進される一方で，国民一人ひとりの生活やその考え方なども変化し，都市での生活のみならず地方・地域での潤いある生活が意識されてきている．

　このような社会環境の変化のなかで，スポーツは地域再生の手段となりえるのかについて，本章では，

1. 少子・高齢社会の到来，産業構造の変化，国際化の進展，加速する情報社会，バリアフリーの推進，地方への分権化，自由時間の増大および価値観・ライフスタイルの変化などの社会環境の変化とスポーツとの関わりを整理する．
2. スポーツを活かした地域再生のベースとなるスポーツの意義および体育・スポーツ施設，スポーツクラブなどの現状について示す（これら以外の要素であるスポーツイベントについては第4章を，スポーツボランティアについては第7章をそれぞれ参照）．
3. スポーツによる地域再生の基本として，スポーツの自治体への導入タイプ区分を行い，そのタイプ区分別の地域の再生への効果を取りま

とめる．
4. 以上の結果を受け，スポーツを活かした地域再生に向けた考察を行う．

このようなスポーツによる地域再生の理論的背景としては，「近代スポーツの発展は，近代社会の文明度を表す指標となる」という社会学者などの主張があることを忘れてはならない[1]．

なお本章では「社会的効果」という言葉がキーワードになるが，ここではそれを，「スポーツの振興，青少年の人材育成，地域アイデンティティの醸成，地域コミュニティの形成，交流の促進，あるいは地域情報の発信に関わる効果」と定義する．

2. 社会環境の変化とスポーツ

2.1 少子・高齢社会の到来

わが国では 1989 年に合計特殊出生率が急落し，1.57 ショックという言葉が生まれた．それをきっかけに政府は，少子化対策に取り組んできてはいるが，2005 年には 1.26 にまで落ち込み，その低下傾向は続いている．

一方，戦後の団塊世代の高齢化とともにわが国全体の高齢化は進展しつつあり，2005 年には高齢化率（65 歳以上の人口が総人口に占める割合）が 26.04％ という高齢社会となり，これもさらに進展して，2015 年には 26.0％，2050 年には 35.7％ にもなるものと想定されている．また，高齢化の進展とともに人口も 2005 年には，有史以来戦争などによる人口減少を除くと初めて前年の人口を下回る，という人口減少社会が到来してきている．

このようななかで，青少年の健全なる育成のみならず，老若男女を問わ

---

1) ノーバート・エリアスが著名である．N. Elias and E. Dunning, *Quest for Excitement : Sport and Leisure in the Civilizing Process*, Oxford, U. K. : Blackwell, 1986.

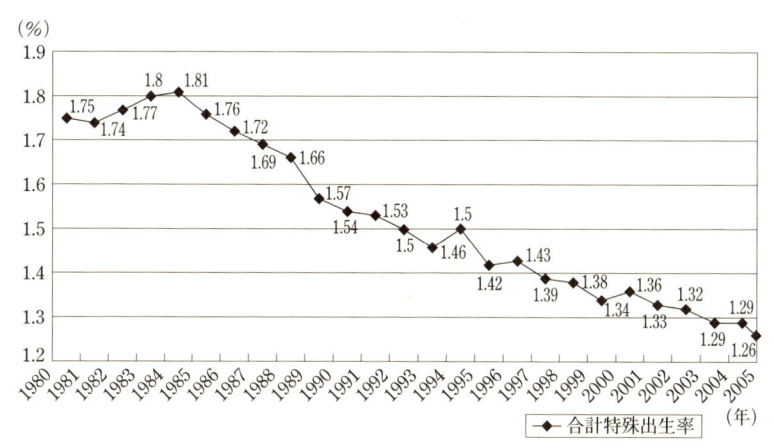

図1　合計特殊出生率の変化

資料：厚生労働省「人口動態調査」より作成．

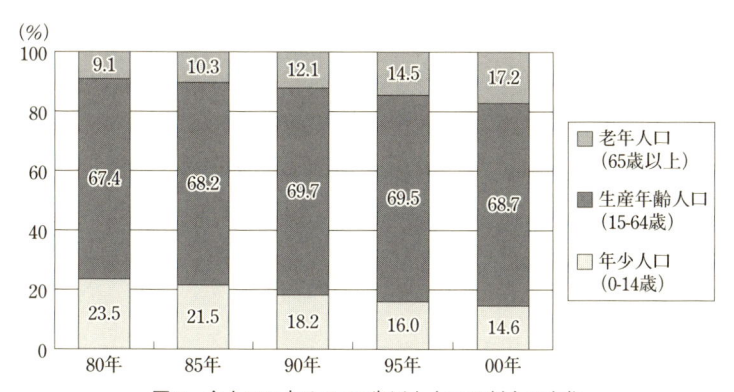

図2　全人口に占める65歳以上人口の割合の変化

資料：総務省「国勢調査」より作成．

ず健康増進の手段，あるいは生きがいなどとして楽しみながら行えるという特性を有するスポーツは，今後の少子・高齢社会においてその果たす役割がより重要となってくるものと想定される．また，スポーツを通した子どもと高齢者のふれあいなどが子どもの健全育成と高齢者の生きがいなどを創出してきているケースなどもあり，スポーツの果たす役割は増大してくると考えられる．

　しかしながら，これら子どもや高齢者がスポーツを気軽に行える環境は

十分とは言えず，施設整備のみならずスポーツ促進に関わる地域スポーツクラブの整備をはじめとしたシステムなどの充実も望まれてきている．

2.2 産業構造の変化

わが国の産業は，重厚長大産業による経済の高度化を十数年前に達成し，現在ではIT産業をはじめとする情報産業やサービス産業が主流になりつつある．また，製造業などの既存の産業においてもその産業の高度化などにより，物そのものがIT化するとともに，その製造過程におけるシステムやネットワーク形成などのいわゆるソフトな仕組みなどが中心となってきている．

一方，スポーツとそれを取り巻く産業は，スポーツの有する機能の拡大などから，徐々にその産業規模が拡大してきている[2]．すなわち，これまでのスポーツに関わる用具・器具，道具，ウェアなどの身近な物の製造・販売から，競技場などのスポーツ関連施設をはじめとして，健康づくりとしてのスポーツの重要性の増大，あるいはスポーツイベントの需要拡大などにより，地域スポーツクラブ関連産業，健康器具関連産業，スポーツイベントの開催・運営に関わる産業など，幅広い産業に展開し，その規模も拡大傾向にある．また，アマチュアのみならず，競技のプロ化，あるいはプロ競技の興行という側面から捉えると，スポーツは商業化と極めて密接な関係を持つようになってきている．

特に，スポーツイベントは，国威発揚，国力誇示などから経済的な視点が欠如していたが，1984年のロスアンゼルスオリンピック以降は多様なスポンサーを得た商業化したイベントとして世界各地で開催されるようになってきている[3]．

---

[2] 『レジャー白書2006』（社会経済生産性本部，2006年）によると，2005年のスポーツ部門の市場規模は，4兆2,970億円となっている．

[3] ロスアンゼルスオリンピックは，運営にかかる経費の大部分を企業がPR経費等として支出した資金によってまかなわれ，経済的に成功した大会と言われている．

(百万人)

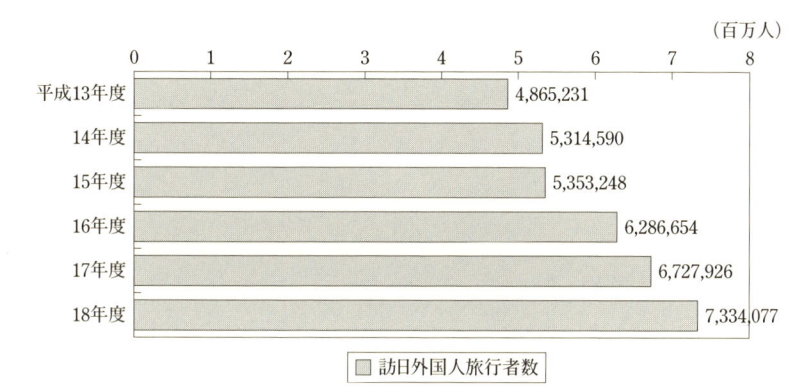

年度	訪日外国人旅行者数
平成13年度	4,865,231
14年度	5,314,590
15年度	5,353,248
16年度	6,286,654
17年度	6,727,926
18年度	7,334,077

図3　訪日外国人旅行者の推移

資料：国際観光振興会（JNTO）資料をもとに作成．

2.3　国際化の進展

　20世紀後半以降，世界的規模での情報通信や交通手段などの利便性が格段に向上し，企業活動のみならず，人々の観光をはじめとした交流活動なども盛んとなり，世界のボーダレス化や国際交流がよりいっそう進展してきている．

　このような状況を背景に，国際的なイベントは世界のいたるところで開催が可能となるとともに，スポーツイベントも情報伝達手段の進展やマスメディアの発達などから世界中で開催が可能となり，国内で開催されるスポーツイベントにおいても海外からの選手が数多く参加する状況になってきている．また，国際化の進展をふまえ，アスリートの練習環境も変化し，世界各地から練習環境に適した場所を選択する，あるいはスポーツイベントへの参加も世界を見据えて行うという状況になりつつある．

　また一方で，観戦する側からの視点として，国際試合等が増加することで，地元出身者や自国の応援などで地域アイデンティティを意識する機会が増えてきている．さらに，スポーツイベントの開催においては，開催地における国際交流が促進され，結果として地域のアイデンティティの醸成や新たな地域コミュニティが形成されるケースもみられてきている．

表1　2002 FIFA ワールドカップ大分大会開催関連の首都圏新聞報道

区　　分	報　道　記　事　数
開催試合報道（3試合）	35件　（13.9%）
中津江村関連報道	162件　（64.5%）
その他	54件　（21.5%）
合　　計	251件　（100.0%）

出典：『明日を拓く「大分スピリッツ」ワールドカップ大分大会開催成果を継承した地域づくり施策の提言』（ワールドカップ大分大会開催成果継承委員会・2002年FIFAワールドカップ大分推進委員会, 2003年3月).
注：2002年5月24日〜7月31日.

2.4　加速する情報社会

　IT化の進展などによるマスメディアの発達と多様化，あるいはインターネットや携帯電話をはじめとする近年の情報通信手段の急速な発展は，国や地域の情報が一瞬にして世界中に伝達されることを可能としたばかりでなく，誰もが，何時でも情報を発信することが可能となる環境が整備され，加速的に情報社会が到来してきている．

　このような情報社会の到来は，スポーツにも大きな影響を与えることとなった．すなわち，単に国際的スポーツイベントが数多く開催されるようになっただけでなく，スポーツそのものの情報をはじめ，スポーツ選手に関わる情報，スポーツのファン・サポーターに関わる情報，あるいはスポーツ支援に関わる活動情報など，さまざまな情報が世界各地で受発信が可能となり，何時でも，どこでも，誰とでも，参加したり，観たり，あるいは支援したりすることが可能となってきている．

　特に，スポーツイベントは，リアルタイムで映像が伝達されるため，国際的なイベントが世界中で開催されるようになり，かつその規模も拡大するとともに，開催国の情報のみならず，これまであまり情報が世界に発信されなかった「地域情報」も大いに発信されるようになってきている．

　表1は，2002年にわが国と韓国との共催で行われたワールドカップにおいて開催地となった大分市の情報と出場国カメルーンのキャンプ地となった人口1,400人弱の中津江村（現在大分県日田市）の首都圏における新

聞報道の件数である．

2.5 バリアフリーの推進

現在，団塊の世代が定年を迎えるといういわゆる「2007年問題」があり，高齢者の今後の就業や生活，あるいは生きがいなどの問題が浮かびあがってきている．しかし，それ以前の問題として，身体および知的障害を有する人びとへの生活環境整備などに如何にして対応していくかという問題がある．この障害者への対策は，1993年に障害者基本法が，94年にはいわゆるハートビル法[4]（2003年4月改正）が，95年に高齢社会対策基本法が，そして2000年にいわゆる交通バリアフリー法[5]がそれぞれ制定され，建築物に関するバリアフリーや移動手段に対する対策が進んできているものの，未だ十分なものとは言えない状況である．

このようななかでスポーツは，健常者にとっては，楽しくスポーツを行うことが健康につながるなど，大いに高齢化対策としても貢献してきている．しかしながら，身体障害者や知的障害者などにとってスポーツは，元々健常者用にルールが整備されていたこともあり，健常者のように取り組みやすいものではない，と言わざるを得ない．また，近年における国際的スポーツでは，健常者を対象とした近代オリンピック大会（以下，オリンピック）の開催のみならず，大会終了後のパラリンピックの開催が制度化されたり，精神障害者を対象としたオリンピック並みの大会として，スペシャルオリンピックス[6]などが開催されている．

このような障害者を対象としたスポーツイベントは，それを支援する人びと，すなわち数多くのボランティア（場合によっては選手以上の人数の）の協力なしには開催することはできない，ということを忘れてはなら

---

4)　ハートビル法：高齢者，身体障害者等が円滑に利用できる特定建築物の建築の促進に関する法律．

5)　交通バリアフリー法：高齢者，身体障害者等の公共交通機関を利用した移動の円滑化の促進に関する法律．

6)　1968年に米国において組織化され，1969年のシカゴでの全米大会から夏季世界大会が，1977年から冬季世界大会がそれぞれ4年に一度開催されてきている．2005年2月には冬季世界大会が長野市を中心として開催された．

表2 平成の大合併の状況

年	市	町	村	合計
2002年4月	675	1,981	562	3,218
2007年3月	782	827	195	1,804
差	+107	−1,154	−367	−1,414

資料：総務省資料を基に作成．

ない．

2.6 地方への分権化

　現在，わが国では地方分権化と併せて市町村合併が進行しつつある．2002年4月時点で3,218あった市町村が1,804（2007年3月末時点）と56％程度にまで減少してきている．反面，市町村規模は大きくなり，表面的には今後の少子高齢社会に対応できる体力のある地方自治体が形成されつつある．

　しかしながら，長年の上意下達的な関係であった国，都道府県，市町村という関係に慣れてしまっている行政関係者や地域住民にとっては，地域住民が自ら考え，自らがさまざまな施策を展開していく，という地方分権の考えを遂行していくことには困難が伴う，と考えられる．特に，これまでは国の省庁に準じて地方自治体の組織が形成されていたが，今後は，ひとつの課題に対して，地元のニーズに基づいて多方面からの対策や施策を展開していくことが望まれてくる．また，これまで以上に地域が特色を持って地域の運営を行っていくことが求められ，そのためには一方で住民の地域への帰属意識や誇りなどもしっかりと構築していくことが必要となってくる．

　また，同時並行的に進められているいわゆる平成の大合併（表2参照）は，市町村規模を拡大することにより，各種課題を解決していこうというものであるが，反面，地域の有する特色や地域意識，あるいは誇りなどが薄まり，結果的に大都市へ流出していく若者を増大させる可能性も秘めている．

　このようななかでスポーツは，近年の情報伝達手段の発展とマスメディ

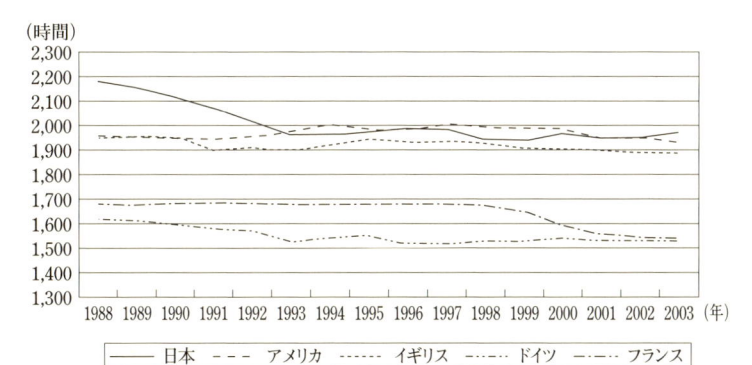

第3章　地域のもつ力を活かすスポーツ

図4　年間総労働時間の国際比較

出典：労働経済白書．
注1)　フランスおよびドイツは総労働時間である．
　2)　事業所規模は日本5人以上，アメリカ全規模，その他は10人以上．
　3)　常用パートタイム労働者を含む．

アの発達などから，多様な機能を有するようになってきたとともに，さまざまな効果を発揮してきている．特に，世界規模の紛争が絶えて久しい近年では，オリンピックやサッカーのワールドカップなどの国際規模のスポーツイベントが，これまでの国威発揚手段としてではなく，国や地域を意識させる手段として活用されている．また，これらの国際的スポーツイベントは，その開催地やキャンプ地（選手などが練習し，宿泊するところ）において地域アイデンティティの醸成，地域コミュニティの形成，国際交流をはじめとした各種交流の機会増大，あるいは地域の情報発信などにも大いに資するものとなっている[7][8]．

このように，今やスポーツやスポーツイベントは，地方分権化社会において地域を意識させ，地域でのまとまりを形成する有効な手段となっている．無論，スポーツは「体育」とは異なり，その基本は楽しみながら行う，

---

[7]　国土庁大都市圏整備局・(財)日本システム開発研究所「スポーツを核とした地域活性化に関する調査——スポーツフロンティアシティ21」1995年（著者：木田が中心となって実施）．

[8]　国土交通省「国際的イベント等がもたらす資産を活用した地域活性化に関する調査」2004年（著者：木田が中心となって実施）．

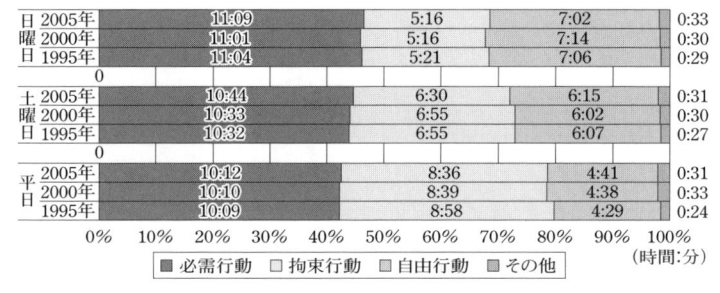

日曜日 2005年	11:09	5:16	7:02	0:33
2000年	11:01	5:16	7:14	0:30
1995年	11:04	5:21	7:06	0:29
土曜日 2005年	10:44	6:30	6:15	0:31
2000年	10:33	6:55	6:02	0:30
1995年	10:32	6:55	6:07	0:27
平日 2005年	10:12	8:36	4:41	0:31
2000年	10:10	8:39	4:38	0:33
1995年	10:09	8:58	4:29	0:24

■必需行動　□拘束行動　□自由行動　□その他　（時間:分）

図5　増加する自由時間

出典：「2005年国民生活時間調査」．

ということであるから，地域住民一人ひとりが意識することなく地方分権化における地域住民の意識や地域への誇りなどを形成していくための有効な手段であると考える．

2.7　自由時間の増大

わが国における労働時間は，年々短縮傾向にあり，欧米と比較すると依然として年間の総労働時間は長いものの，短縮傾向は着実に進みつつある．この結果，自由時間は増え，現在では10年前と比較して平日で12分増加し，その自由時間を活用した活動として，スポーツをはじめとした余暇活動が健康志向と併せて盛んになりつつある．

しかしながら，スポーツを行いたい人びとの増加と比較して，スポーツを行う空間や施設などの整備は十分とは言えず，今後既存のスポーツ施設以外の体育施設などの利活用も含めた充実が望まれているのも事実である．

2.8　価値観・ライフスタイルの変化

近年，日本国民の価値観やライフスタイルは，社会を構成する中心が戦後二世，三世世代に移ってきたことなどから，これまでの仕事中心のスタイルから，生活中心のスタイルへと変わりつつある．特に，生活観については，自分の趣味にあった暮らし方をするといった考え方をもつ人びとが増大しつつある．また，レジャーや余暇生活を重視し，趣味やスポーツなどに充実感を覚える，といった傾向もみられている（図6参照）．

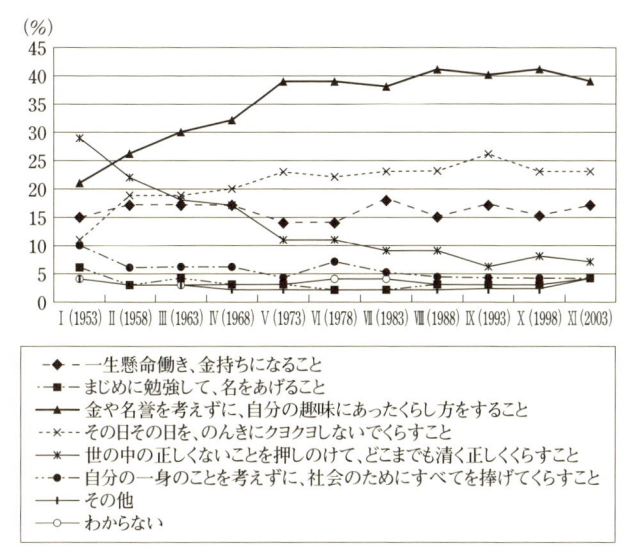

第3章　地域のもつ力を活かすスポーツ

図6　日本人の暮らし方

資料：統計数理研究所「日本人の国民性」．

このようななかでスポーツは，趣味にあった生活・ライフスタイルなどを求める若年層を中心とした層から健康を意識した高齢者まで，幅広い人びとからその活用が要請されている．また，スポーツは，これまでの自ら「参加するスポーツ」や「観るスポーツ」だけでなく，障害者をはじめとした「参加するスポーツ」への支援などの「支援するスポーツ」も盛んになってきている．

このようにスポーツは，老若男女のみならず，健常者も障害者も参加できる活動として，あるいは個々の価値観やライフスタイルの変化にも対応した活動として，より盛んになってくると想定される．

3. わが国におけるスポーツの状況

3.1　スポーツの概況

わが国におけるスポーツは従来，学校や企業が担ってきた．わが国では

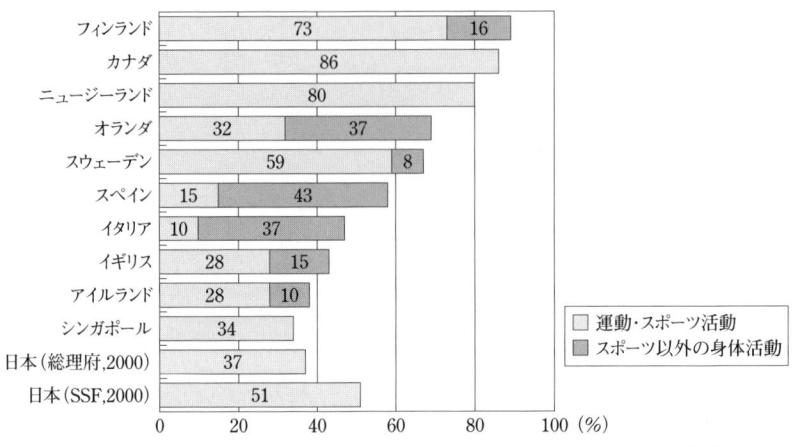

図7 運動・スポーツ人口の国際比較（成人人口の週1回以上の実施者の割合）

国	運動・スポーツ活動	スポーツ以外の身体活動
フィンランド	73	16
カナダ	86	
ニュージーランド	80	
オランダ	32	37
スウェーデン	59	8
スペイン	15	43
イタリア	10	37
イギリス	28	15
アイルランド	28	10
シンガポール	34	
日本（総理府,2000）	37	
日本（SSF,2000）	51	

資料：Canadian Fitness and Lifestyle Research Institute : Physical Activity Monitor (1999)/Hillary Commission : Sport and Physical Activity Survey (1997)/UK Sport, Comitato Olimpico Nazinale Italianno (CONI), Sport England : Sports Participation in Europe, COMPASS (1999)/Singapore Sports Council : National Sports Participation Survey (1997)/総理府「体力・スポーツに関する世論調査」(2000)/SSF「スポーツライフ・データ」(2000)．

　明治期以降，学校教育の一環としての「体育」をスポーツをとおして行ってきている．そして，スポーツはこれまで述べてきたように今後とも活発に行われていくものと想定されるが，現在現場では，指導者不足が大きな課題となっている．

　このことから，今後は学校での体育以外のスポーツ活動などは，地域のスポーツクラブがその役割を果たし，かつその展開によって生涯スポーツが進展していくものと想定される．

　こうしたスポーツ環境であるが，国民のスポーツ実施率を国際比較したものが図7であり，成人の週1回以上の運動・スポーツ実施者の割合は，欧米先進国と比較して決して高い値とは言えない状況にある．

　また，スポーツ実施率について2002年ワールドカップサッカー大会日本開催組織委員会（以下，JAWOC）が実施した調査[9]の一環としておこなわれたアンケート調査[10]によると，図8のようになり，文部科学省が

---

9) JAWOC「2002 FIFA ワールドカップ™開催により形成された資産を活用したサッカー・スポーツの振興に関する調査」2003年（著者：木田が中心となって実施）．

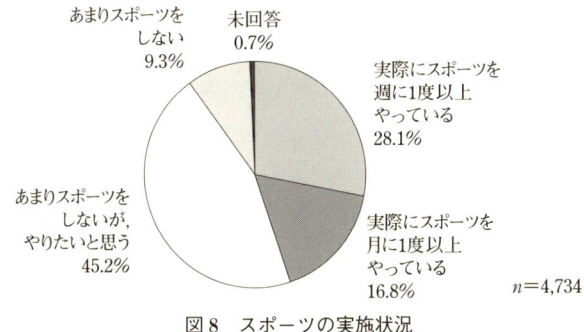

第 3 章　地域のもつ力を活かすスポーツ

図 8　スポーツの実施状況

出典：フットボール・ミュージアム（仮称）整備にかかるサッカーファンへのアンケート調査（JAWOC, 2003）．

「スポーツ振興基本計画」で掲げている週 1 回以上のスポーツ実施率の 50% には，遠く満たない現状にある．

スポーツの実施状況に関して最も多かった回答は，「あまりスポーツをしないが，やりたいと思う」の 45.2% となっているものの，スポーツをやっている人とやりたいと思う人の合計は 90.0% となり，潜在的な需要は相当ある．

このようななかで，1993 年に開幕した日本プロサッカーリーグ（以下，J リーグ）は，企業主体型のスポーツではない，わが国では新たな試みとしての地域密着型により，成功をおさめている．また，野球，ラグビー，バスケットボール，アイスホッケー，陸上競技等においても単独企業でないクラブ主体による運営の試みがなされるなど，スポーツ環境は新たな時代を迎えてきている．

3.2　体育・スポーツ施設の現状

わが国の体育・スポーツ施設は，学校体育・スポーツ施設と文部科学省

---

10)　9) の一環として実施されたアンケート調査で，サッカーの日本代表の試合が行われた 2003 年 5 月 31 日（東京・国立競技場），6 月 8 日（大阪・長居スタジアム）及び 6 月 11 日（埼玉・埼玉スタジアム 2002）の 3 ヵ所において実施し，6 万票を手渡しで配布し，郵送により 4,734 票の回答があった（回答率 7.89%）．

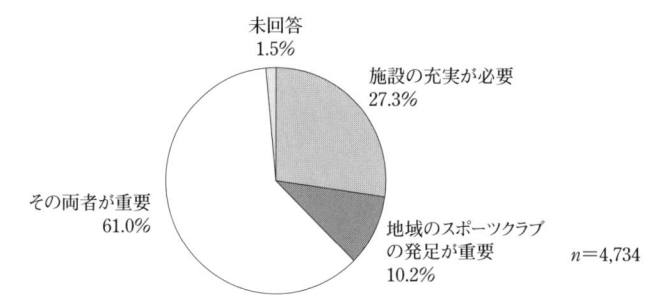

未回答 1.5%
施設の充実が必要 27.3%
その両者が重要 61.0%
地域のスポーツクラブの発足が重要 10.2%
n＝4,734

図9　スポーツをする環境への意見・要望

出典：フットボール・ミュージアム（仮称）整備にかかるサッカーファンへのアンケート調査（JAWOC, 2003）.

の「社会教育調査」[11]によって50種類に分類・定義された公共施設である社会体育施設と，民間体育施設がある．

　学校・体育施設は2002年には14万9,063ヵ所[12]となり，同じく2002年に社会体育施設[13]は4万7,321ヵ所，民間体育施設[14]は1万6,814ヵ所で，合計21万3,198ヵ所の体育・スポーツ施設があることとなっている．

　このスポーツを行う施設を含めた環境について，前述のJAWOC調査によると，回答者の「『スポーツをする』スポーツの環境」に対する意見・要望は，「施設を中心としたハードの整備」と「地域のスポーツクラブの発足」の両者が必要であるとの意見が多くなっている（図9参照）．

4. 自治体におけるスポーツ導入タイプ区分

4.1　スポーツの導入タイプ

　スポーツは，自ら行うことが主体ではあるが，社会環境の変化とそれに

---

[11]　社会教育に関する基本的事項を調査し，社会教育行政上の基礎的資料を得ることを目的に3年の一度おこなわれている調査で，最新は2005年10月1日に実施．
[12]　文部科学省「わが国の体育・スポーツ施設」2004年．
[13]　文部科学省「平成17年度　社会教育調査中間報告」2006年．
[14]　13）と同じ．

伴うマスメディアの発達と情報通信手段の進展は，スポーツイベントに「参加」して楽しむだけでなく，スポーツを「観て」楽しむ，あるいは「支援」していくという状況にまでスポーツを拡大させてきている．

　スポーツを活用した地域再生を考えるうえで，このようなスポーツの活用形態によってさまざまなタイプが考えられ，それぞれのタイプ別に地域再生の効果も異なるものと想定される．

　このようなことから，自治体へのスポーツの導入タイプ別にどのような効果があるのかについて，国土庁が実施した「スポーツを核とした地域活性化に関する調査報告書」[15]（筆者が中心となって実施）にもとづき整理し，また，スポーツを活用した地域再生を図っていくという視点から捉えると，地域に導入していくうえでのスポーツの活用形態によるタイプ区分は，以下のように考えられる．

スポーツの活用形態による分類
　スポーツを地域再生に活用していく時の形態から大きく2分類することができ，それを地域との関わりからさらに分類すると7つのタイプ区分が可能となる．
　①直接的にスポーツを活用するタイプ
　　　i. スポーツを「行う」タイプ……………………………………プレー型
　　　ii. スポーツを「観る」タイプ…試合等を直接「観る」
　　　　　　　　　　　　　　　　　　　　……………ホームタウン型
　　　iii. スポーツイベントを開催………………………………イベント型
　　　iv. スポーツを直接「支援する」タイプ……………………支援型
　②間接的にスポーツを活用するタイプ
　　　v. 自然資源等を活用するタイプ1………………スポーツリゾート型
　　　vi. 自然資源等を活用するタイプ2………………キャンプ・合宿型
　　　vii. 産業資源として活用するタイプ…………スポーツ関連産業型

---

15) 国土庁大都市圏整備局・(財)日本システム開発研究所「スポーツを核とした地域活性化に関する調査報告書——スポーツフロンティアシティ21」1995年（著者：木田が中心となって実施）．

4.2 スポーツ導入タイプ別地域活性化効果

4.1のタイプ区分に基づき，それぞれのタイプ別の地域再生効果について整理すると以下のとおりとなる．

プレー型

　地域住民がスポーツを「行う」ことは，充実した自由時間の実現や健康増進などに効果がある．さらに，地域で行うスポーツイベントなどに地域住民が参加することにより，住民意識の高揚や連帯感の強化，あるいは交流の促進などが発生するとともに，青少年の健全なる育成，人材育成などにも寄与することとなる．また，スポーツを活用した地域再生の成功例（静岡市清水区のサッカー，福井県鯖江市の体操，秋田県能代市のバスケット等）をみると，スポーツ人口の拡大が基礎的条件となっていることから，プレー型はスポーツを活用した地域再生の基礎的タイプと言えよう．このプレー型の地域再生効果は，次のとおりである．

- 地域コミュニティの形成効果
- 各種人材育成効果

ホームタウン型

　ホームタウン型の社会的効果としては，地域のチームの活躍による地域情報の発信，地域のチームを応援することによる地域住民の連携や人的ネットワークの形成，あるいは地域意識の高揚や地域イメージの向上などがある．

　一方，経済的効果としては，プロスポーツチームのホームタウンとしての試合開催などによる収入（入場料，関連グッズ販売，宿泊，飲食等）が中心となるが，試合への観戦に関連した観光効果や地域情報の発信による観光をはじめとした地域産業の振興効果もある．無論，試合会場の整備や関連道路・交通機関などのインフラ整備による経済的効果もある．

　このホームタウン型は，Jリーグチームのホームタウン（Jリーグの茨城県鹿嶋市，静岡市の清水区，あるいはさいたま市浦和区の例）やプロ野

球チームのフランチャイズ都市（札幌市，千葉市，広島市，あるいは福岡市の例）などが挙げられるが，近年ではさまざまなスポーツのホームタウン化が進みつつある（ラグビー：トップリーグのホームタウン，バスケットボール：bjリーグのホームタウン等）．

このホームタウン型の主たる地域再生効果は，次のとおりである．
- 地域アイデンティティの醸成効果
- 地域コミュニティの形成効果
- 施設・都市のインフラ等の整備による経済的効果
- 経済・産業振興効果 ─── スポーツをテーマとした商工業の振興効果
　　　　　　　　　　　└─ 入場料などの経済的効果

イベント型

スポーツが主体となったイベントは，オリンピックやサッカーのワールドカップをはじめとする世界中を対象とした国際的スポーツイベントから国民体育大会などの国内を対象としたナショナルスポーツイベント，あるいは地域の小中学校区内でのスポーツイベント，さらには新しいスポーツによるイベントなどさまざまである．

このイベント型は，その対象が地域から世界中へと幅広くなっており（福岡市などにおける国際的スポーツイベントの定期的開催など），開催に関わる施設などの整備や関連道路などの都市インフラ整備による経済的効果があるものの，国内外から訪れる人びととの交流促進効果，地域の情報が地域外へ発信される効果とそれに伴う観光振興効果，スポーツイベントを支援する地域の人びととの間に生じる地域アイデンティティの醸成や地域コミュニティの形成などの効果，関係者やイベント観戦をする青少年等の人材育成効果，さらにはスポーツそのものの振興効果などがある．無論，イベントの規模や開催方法，開催内容などで効果は異なってくると思われるが，主たる地域再生効果は，次のとおりである．
- 地域アイデンティティの醸成効果
- 地域コミュニティの形成効果
- 国内外との交流促進効果

- 施設・都市インフラ等の整備による経済的効果
- 経済・産業振興効果 ─┬─ 観光消費型産業の振興効果
　　　　　　　　　　　 └─ 入場料などの経済的効果

支援型

　地域で開催されるスポーツイベントなどにおいて，地域住民・企業・行政などが人的・物的・金銭的，あるいは情報などの支援を行うことが中心となるタイプであり，住民参加型あるいはボランティア型とも言える．

　この支援型は，地域のスポーツクラブなどの支援から発展途上国のスポーツの支援などのイベント以外の支援もあり，一般的には支援型単独で存在するスポーツ導入タイプではなく，プレー型やイベント型と一体となって展開されるタイプである（長野市の知的障害者のオリンピックと言われるスペシャルオリンピックス支援などの例）．

　この支援型の主たる地域再生効果は，次のとおりである．
- 他地域との交流促進効果
- 地域コミュニティの形成効果
- 人材育成効果

スポーツリゾート型

　地域の自然環境，気象条件などを活かしたスポーツ活動の場，宿泊・研修施設，飲食施設などを提供するタイプで，スポーツを観光資源の一部と考え，入込み客による経済的効果や関連産業の振興および雇用の確保などの効果がある．また，スポーツリゾート（北海道をはじめとした多くの雪国におけるスキーリゾートの事例）としての地域イメージの向上や来訪者と地域住民との交流などもある．

　このスポーツリゾート型の主たる地域再生効果は，次のとおりである．
- 地域アイデンティティの醸成効果
- 来訪者等との交流促進効果
- 経済・産業振興効果 ─┬─ 観光消費型産業の振興効果
　　　　　　　　　　　 └─ スポーツをテーマとした商工業の振興効果

キャンプ・合宿型

　避暑・避寒地としての気象条件や温泉などの地域資源によるスポーツでの疲労回復やスポーツリハビリ機能などを有したり，施設や関連人材等が確保できたりすることにより，プロスポーツチームのキャンプ地や合宿地となることが可能である．

　近年ではワールドカップに参加チームするチームが練習し，宿泊するキャンプ地やいくつかのチームが集まって合宿を行うケースがある（新潟県十日町市でのJリーグチーム・大学陸上競技部等の例）．

　ドイツでは，スポーツシューレとして施設が国内各地に整備されており，プロスポーツチームをはじめ青少年までさまざまな人びとが利用している例がある．

　このキャンプ・合宿型の主たる地域活再生効果は，次のとおりである．
- 地域アイデンティティの醸成効果
- 他地域の人々との交流促進効果
- 人材育成効果
- 施設・都市インフラ等の整備による経済的効果
- 経済・産業振興効果────観光消費型産業の振興効果
　　　　　　　　　　　└──スポーツをテーマとした商工業の振興効果

スポーツ関連産業型

　スポーツを地域の既存の産業に結びつけ，スポーツ関連産業の育成を図ろうとするタイプ．地域から発生したスポーツに関わる用具などの産業（北海道幕別町のパークゴルフクラブなど）の振興やスポーツと地域産業をコラボレートさせた地域（鯖江市の国際スポーツ・ファッション都市の創造など）の事例がある．

　このスポーツ関連産業型の主たる地域再生化効果は，次のとおりである．
- 経済・産業振興効果────スポーツをテーマとした商工業の振興効果

5. スポーツを活かした地域再生に向けて

5.1 地方自治体によるワールドカップの開催

　サッカーの世界一を決めるFIFAワールドカップ™は，国際サッカー連盟（以下，FIFA）が主体となって開催するスポーツイベントであるが，1930年にウルグアイで開催されて以来，開催国のサッカー協会と国が一体となって実質を取り仕切ってきていた．しかしながら，2002年にわが国と韓国との共同で開催された大会（2002 FIFAワールドカップ™コリア・ジャパン）は，韓国では韓国のサッカー協会と国が一体となって開催していたものの，わが国では，JAWOCという組織，すなわち10の開催地となった地方自治体（6県と4市）が中心に立ち上げた組織であった．すなわち，地方自治体が主体となって国際的スポーツイベントであるFIFAワールドカップ™（日本大会）を開催したのであった．

　したがって，開催地となった6県と4市では，ワールドカップという世界最大のスポーツイベント開催に向け，資金や人材を含め多様な負担を強いられたものの，ワールドカップを通して世界中に数多くの地域情報が発信された．このように，ワールドカップの開催は，サッカーを行う選手や組織，すなわちサッカー協会からみれば，大会をスムースに運営していくことがすべてであるが，多くの資金や人材を提供した自治体からみれば，大会を行うことが地域の再生に資するものとなっていくことが最も重要な課題であり，そのためのイベント開催であった．

　したがって，日本大会は，開催による地域経済への波及効果やそれ以外の社会的効果を大いに期待して開催され，効果発揮に向けた活動を行ってきたと言えるが，一部では膨大な準備作業をこなすうちに開催することが目的化して，本来の目的である「地域の再生」などの当初目標を十分に達成できなかったところも出現していた．とはいえ，10の開催地からの地域情報の発信をはじめとした社会的効果がもたらした地域再生については，十分な検討がなされてはいないものの，ワールドカップ以降の来日観光客数の増加は，地域情報発信の成果と考えてよいのではないか．

5.2 スポーツ活動の欲求に応えるシステムの形成

インフラとしてのシステム形成

　今後のスポーツのあり方については，1991年に創設されたJリーグが提言した地域密着型のホームタウン制が支持されている一方で，2004年に一部企業のためのプロ野球制度の変革の試みが批判された．これらは，プロスポーツは公共性を有するスポーツイベントであり，企業の利潤追求活動にすべてを委ねるべきではない，という考え方がわが国においても支持されるようになってきたからに他ならない．そして，プロスポーツをはじめ，スポーツイベントが公共性を有することから，「参加するスポーツ」や「観るスポーツ」，あるいは「支援するスポーツ」に関わるインフラ整備，すなわち地域スポーツクラブの整備，公共施設や学校体育施設等の利・活用の促進などを積極的に行う必要がある．しかしながら，これについては未だ十分な状態には至っていない．

ソフトとしてのシステム形成

　従来，わが国のスポーツは，学校教育主導型の環境におかれてきていたが，これはともすると卒業と同時にスポーツ選手としての活動も終えるという傾向にあった．しかしながら，スポーツを志向するのであれば，誰でも，いつでも，どこでも，誰とでもスポーツができる環境や観戦することのできる環境，あるいは支援することのできる環境が整備されていることが望まれる．すなわち，子どもから高齢者，あるいは障害者も含めて，自らの生活する身近な社会環境のなかで気軽に，誰とでもスポーツをすることが可能となる環境整備とその利・活用システムの形成が望まれるということである．これは，現在各地において整備されつつある地域スポーツクラブが充実してくると課題の解決につながってくると考えられるが，このスポーツクラブの運営や活用などのソフト手段が未だ十分ではないところに問題があると考えられる．また，単に地域にスポーツクラブが整備されればよいというのではなく，これまで学校教育で培われていたノウハウをいかに地域スポーツクラブに活用していくかも課題となろう．

5.3 地域再生システム（特区）の活用

スポーツ環境の整備についても，「民間にできることは民間に」，「国から地方へ」をキャッチフレーズとして進められてきた政府の政策の趣旨に沿って考えていくことが可能である．

例えば構造改革特区制度は，2002年12月に施行された構造改革特別区域法において，その目的を「経済社会の構造改革を推進するとともに地域の活性化を図る」と規定し，1つの象徴的な存在，壮大な社会実験のモデルとしてスタートした．この制度を活用し，「どぶろく特区」や「英語教育特区」など，これまで地域や民間が望んでも国の規制の壁にぶつかりできなかったことが実現してきている．また，株式会社による病院経営や，株式会社が農地のリース方式により農業へ参入することなども可能となってきている．そして，構造改革特区を活用した施策が展開されるなかで，地域経済の活性化，地域再生を目的とする議論が始まり，2005年4月の地域再生法の施行に至ることとなった．この地域再生法は，その目的を「地方公共団体が行う自主的かつ自立的な取り組みによる地域経済の活性化，地域における雇用機会の創出その他の地域の活力の再生を総合的かつ効果的に推進するため」としているが，基本的なスキームとして「地域からの提案による政策形成」と「計画認定による支援」という仕組みを用いるのは，構造改革特区における成果をふまえてのものである．

これらに共通するのは，地域のことは既成の制度にとらわれず，人的，あるいは物的に，自然的資源や環境などについて一番理解している地域の人たちが考えていこうということである．スポーツの分野においても，地方自治体はこの地域再生の考え方を活用すべきであろう．

5.4 スポーツを支える核となる施設等の運営のあり方

現在わが国において大きな問題となっているスタジアムの利・活用は，施設の整備当初からの計画的利・活用の視点が欠けていたことから発生した問題であり，大規模施設を整備することが必ずしも経済的負担を拡大させる，というわけではない．これは，民間主導で整備されているドーム型

のプロ野球のスタジアムをみれば明らかなように，創意工夫により負の効果ばかりでなく，正の効果も相当期待される．要は，大規模スタジアムをいかにスポーツや施設の利・活用におけるインフラとしていけるかであろう．

　このような視点から，先進的であると考えられるサッカーJリーグの鹿島アントラーズの活動状況とワールドカップフランス大会（1998年）でのメイン会場となったスタッドフランスを例として取り上げてみると，次のとおりである．

鹿島アントラーズの活動
　スポーツクラブとしての鹿島アントラーズ（㈱鹿島アントラーズ・エフ・シー）は，指定管理者制度の導入によりホームスタジアムである県立カシマサッカースタジアムの運営をも任されることとなり，これまでのクラブチームの運営のみならず，スタジアムの運営までをも行うこととなってきている．

　鹿島アントラーズは県立カシマサッカースタジアムの運営理念を「THE DREAM BOX　カシマサッカースタジアム」とし，3つのコンセプトと5つの事業テーマを掲げている．
　【3つのコンセプト】
　　①1年365日，感動体験「空間」づくり，②ユニバーサル・サービス提供，③コラボレーション型「地域コミュニティ」づくり
　【5つの事業テーマ】
　　①スポーツ振興，②健康促進，③教育，④エンタテイメント，⑤エコ推進
　さらに，この5つの事業テーマ別の具体的事業展開は，以下のとおりである．

①教育機関とのコラボレーションによる教育プログラム開発（スポーツクリニック，校外体験学習など）
②フィットネスクラブ，自治体とのコラボレーションによる，生涯スポ

ーツ・健康コミュニティ
③茨城大学とのコラボレーションによる，専門教育推進（スポーツ・環境など）
④鹿島アントラーズをシンボル化した，スポーツ・エンタテイメントコミュニティ
⑤地元と一体となった，住民参加型エコ運動推進

　以上のように鹿島アントラーズは，単に株式会社のスポーツクラブとしてではなく，地元自治体や大学，あるいは地域住民をも巻き込んだ活動を推進してきており，地域と一体化したスポーツクラブとして利益還元を図るとともに，地域との共存共栄を展開してきている．

スタッドフランス
　フランスのパリに隣接するサンドニにあるワールドカップフランス大会のメイン会場であったスタッドフランス（以下，サンドニスタジアム）は，当初より PFI 方式で整備され，民間企業により効率的に運営されているとともに，運営ノウハウを国際的スポーツイベントの開催主体に提供することなどにより，大きな収入を得ている．
　サンドニスタジアムは，PFI 方式により国 47%，民間 53% の出資で整備され，30 年間は民間企業が運営を行うこととなっているが，主要な収入に関する数値は表 3 のとおりである．
　サンドニスタジアムでは，毎年 18 から 20 の大規模イベントを開催している（ただし，サッカーのホームチームの試合は除外）．その内訳は，フランスサッカー協会主催の 5 試合（フランスナショナルチームの試合を含む），フランスラグビー協会主催の 4 試合（6 ヵ国対抗試合を含む），陸上競技大会，そして 5 から 10 の音楽やスポーツに関係したイベントである．
　また，サンドニスタジアムは，その収入の過半を他のスタジアムでは提供できない種類のビジネス，すなわち 168 のボックスシート，6,000 のプレミアシート，7,500 m^2 の会議・セミナー向け会場および広告料から得ている．他の収入は，レストラン，バー，小売店などの飲食施設，会議・

第 3 章　地域のもつ力を活かすスポーツ

表 3　財務年度 3 年目の運営収入 7,650 万ユーロ
（2000 年 7 月から 2001 年 6 月迄）

スタジアムの貸出料	3%
チケット売り上げ	10%
来場客へのサービス料・雑収入	16%
ボックスシート	19%
プレミアシート	11%
広告収入	19%
会議・セミナー	4%
スタジアムのツアー・店舗収入	2%
ホームチームの使用料	16%

出典：STADE DE FRANCE PRESS KIT (2003).

セミナーの誘致，スタジアムのツアーおよび 5,000 台収容の駐車場料金などである．また，場合によっては，イベント主催者との契約により，チケット収入に応じた貸出料を得ることもある．さらに，年間 20 万人の見学者があり，1 人 10 ユーロとして 200 万ユーロの収入がある（2003 年当時）．

一方，サンドニスタジアムの運営会社の従業員は 200 人で，マーケティング・セールス 50 人，技術 40〜50 人，総務経理 50 人，イベント企画・広告 50 人とのことである（2003 年当時）．また，この組織では，単なる施設の維持・管理を行うだけでなく，イベント開催企画・実施や運営ノウハウを活用したコンサルティングまでも行っている．その一事例として，2008 年の北京オリンピックにおけるメインスタジアムの運営に関わっている．

参考文献

佐伯聰夫編著『スポーツイベントの展開と地域社会形成——ウインブルドン・テニスからブンデスリーガ・サッカーまで』不昧堂出版，2000 年．
日本スポーツ社会学会編『変容する現代社会とスポーツ』世界思想社，1998 年．
岩崎忠夫・渡辺貴介・森野美徳編集『シリーズ地域の活力と魅力 第 1 巻 躍動——スポーツとまちおこし』ぎょうせい，1996 年（著者は，編集協力として参画および分担執筆）．
大野晃「日本スポーツの大衆化とマスメディア」中村敏雄編『二十世紀スポーツ実像』創文企画，2005 年，pp. 105-139.

(社) 日本プロサッカーリーグ「2004 J. LEAGUE PROFILE」『2004 J. LEAGUE GUIDE』2004 年, p. 1.
文部省保健体育審議会「生涯にわたる心身の健康の保持増進のための今後の健康に関する教育及びスポーツのあり方について（答申）」1997 年, p. 9.
文部科学省「スポーツ振興基本計画」2000 年（2001 年に一部改正）．
N. Elias and E. Dunning, *Quest for Excitement : Sport and Leisure in the Civilizing Process,* Oxford, U. K., Blackwell, 1986.

第Ⅱ部
スポーツイベントの効果

第4章

スポーツイベントのもつ意味

木田　悟

本章では，地域を変え，社会を変え，さらには地域再生に資するスポーツの発祥からその展開の経緯とスポーツによる競技会，すなわちスポーツイベントについてその経緯を述べるとともに，スポーツイベントを行うことによる効果についてその概要を整理し，5章，6章の効果についての具体的展開に資するものとする．

1. スポーツ発展の経緯

1.1 スポーツとは？

本来スポーツ（sport）とは，ラテン語に由来した言葉と言われ，遊んだり，気分転換を図るなど，楽しい気分を発散させるという意味である．しかしながら，この「スポーツ」の有する意味は，時代とともに変化してきており，現代では本来の「参加するスポーツ」に「観るスポーツ」，さらには「支援するスポーツ」と大きく3種類のスポーツがあると言われている[1]．

---

1) SSF笹川スポーツ財団「スポーツ白書——スポーツの新たな価値の発見」，2006年．

このスポーツやスポーツを基調とした競技会，すなわちスポーツイベントは，古代ギリシャにおけるオリンピックから現代の近代オリンピックやサッカーのワールドカップの開催などに至る歴史の流れのなかで，その意味合いを変容させてきた．このスポーツのもつ意味合いの変化のなかで注目すべき点は，スポーツが有する「遊戯，闘争，激しい肉体運動」の3つの構成要素に，詳細なルール規定による「暴力の克服」が加わることによって，スポーツが単なるスペクタクルから人とひととの間の諸関係，言い換えれば，社会に影響を与えるようになってきていることである[2]．

　この背景には，18世紀から19世紀における英国において，産業革命による産業資本家の台頭とそれに対する大土地所有に基づいた貴族階層の反発があったことが指摘できる．このような社会階層間の対立を教育のなかで超克し，英国の植民地拡大に資する人材を育成するという視点から，イートン校やラグビー校などのパブリックスクールにおけるスポーツの推進があった．このスポーツは，支配層が主体となったパブリックスクールの教育の一部に取り込まれ，健全なる心身の形成，あるいは社会的関係の形成を目ざすものとなっていった．

　これは，現代のヨーロッパスポーツ憲章などにおいても，スポーツの意義として定義されているし，1995年の5月にリスボンで開催された「第8回ヨーロッパ・スポーツ閣僚会議」では，健康（health），社会化（socialization），経済（economy）の3つをキーワードとして次のような「現代社会におけるスポーツの意義・リスボン宣言」が採択された[3]．

① スポーツは，社会の健康と福祉の向上を促す．
② スポーツは，すべての人々に対して，教育と社会化の重要な場としての機能を果たし，個人の楽しみ，社会的関係・融合の貴重な機会を提供する．
③ スポーツは，もっとも自発的な団体活動として，活力ある市民による民主社会の発展と維持に寄与する．

2）　多木浩二『スポーツを考える――身体・資本・ナショナリズム』ちくま新書，1995年．
3）　池田勝・守能信次編『スポーツの社会学』杏林書店，p.3を参照．

第 4 章　スポーツイベントのもつ意味　　　　　　　　　　79

④スポーツは，ヨーロッパ諸国の経済活動に，今後ますます重要な役割を果たし，経済発展の可能性を秘めている．
⑤したがって，スポーツはわれわれの社会にとって欠くことのできないパートナー（a full partner）であり，今後の政策決定，とくに健康，社会，経済政策に関連する分野において不可欠の要素として重視すべきである．

このように現代社会においてスポーツは，社会生活の一部となり，社会に何らかの影響を与え，スポーツ文化と呼ばれるまでになってきている．
　一方，スポーツによる医療費削減効果として海外での研究成果を以下のようにまとめている論文もあり，健康志向が結果的に経済的効果をもたらすことを示している[4]．

　スポーツ活動による経済的効果として最も大きいと思われるのが，医療費削減効果である．カナダ政府の外郭調査研究機関である「カナダ・フィットネス・ライフスタイル研究所」の調査によると，1981 年から 1995 年にかけてアクティブな国民（1 日 1 時間以上の歩行の運動量に相当するレベル）が 16％ 増加したことにより，15 年間に 7 億カナダドル（約 560 億円）の医療費の削減につながったと報告している．
　また，オーストラリアの環境・スポーツ・地域省が 1988 年に発表したデータによると，規則的な身体活動による心臓疾患と腰痛症の年間の医療費削減効果は，身体活動参加者が 10％ 増加するごとに約 1 億 5,000 万オーストラリアドル（約 110 億円）であるとしている．
　さらに，日本の現業系企業 N 社の調査では，年 1 回の体力測定と事後指導の効果を医療費・受療日数・疾病件数について費用便益分析すると，1 年に従業員 1 人あたり 4,040 円，会社に換算すると年間 3,857 万円の便益をもたらすとしている．

---

[4]　高橋宏和「体育・スポーツ施設の整備・運営方法が都市の持続性に与える影響に関する研究」，名古屋大学大学院修士論文，2005 年．

1.2 日本におけるスポーツの経緯

近年,わが国においては,スポーツを行うことやスポーツイベントを開催することと,地域の振興,あるいは地域の活性化とが関連づけられるようになってきている.

スポーツは,わが国においては,明治期以降,心身を鍛えるという「体育」の一手段として学校教育のなかで行われてきた.これは,明治期の政府が,欧米の先進諸国に追いつくために,富国強兵・殖産興業政策を進め,その基礎となる国民の心身の向上を図るための体育を推進してきたことに始まる.したがって,スポーツを行うことについては,青少年の人材育成やスポーツの振興という視点はあったものの,長期にわたり地域の振興や地域の活性化とは直接的な関係はなかった.また,戦後の国民体育大会などは,スポーツイベントを行うことによる,戦災復興としてのインフラ整備やその波及効果による経済の活性化という意味合いもあったものの,イベント開催が地域と関連していただけで,スポーツそのものは,やはり地域の振興や地域の活性化とは関係がなかったと言える.

このようななかで,1997年に公表された「保健体育審議会答申」では,「スポーツの振興は,スポーツ産業の広がりとそれに伴う雇用創出等の経済的効果や健康の保持増進による医療費の削減の効果等の側面もある」と言及し,産業振興,雇用創出,健康増進,さらには医療費削減などの効果があるとしている.また,2000年9月に公表された「スポーツ振興基本計画」においても,「総論,1.スポーツの意義」のなかで,「スポーツは,人生を豊かにし,充実したものとするとともに,人間の身体的・精神的な欲求にこたえる世界共通の人類の文化の一つである」とし,以下のような多様な意義を有するとしている.

①スポーツは,明るく豊かで活力に満ちた社会形成や個々の心身の健全な発達に必要不可欠なものである.
②スポーツは,人間の可能性の極限を追求する営みという意義を有し,競技スポーツに打ち込む競技者のひたむきな姿は,国民に夢や感動を

与えるなど，活力ある健全な社会形成に貢献する．
③スポーツは，社会的に次のような意義をもつ．
　i. 青少年の心身の健全な発達を促すものであり，仲間等との交流を通じて青少年のコミュニケーション能力を育成し，豊かな心と他人に対する思いやりを育むとともに，多様な価値観を認めあう機会を与える．
　ii. 住民相互の新たな連携を促進するとともに，地域の一体感や活力が醸成され，地域における連帯感の醸成に資する．
　iii. スポーツ産業の広がりとそれに伴う雇用創出等の経済的効果を生むとともに，国民の心身両面の健康の保持増進に貢献し，医療費削減効果など，国民経済に寄与する．
　iv. 世界共通の文化の一つであり，世界の人々との相互の理解や認識を深めることができるなど，国際的な友好と親善に資する．

さらに，1993年に開幕した日本プロサッカーリーグ（以下，Jリーグ）では，その理念のなかに「地域との連携」を謳い，地域との関わりが強くなっているとともに，「支援するスポーツ」の概念，すなわち地域住民のボランティア活動への参加などが発生してきている．

1.3　スポーツにおけるプロとアマチュアリズム

ヨーロッパにおいては，中世から現代に至るまで，スポーツとは「自ら競技に参加する」，という側面が強調されてきた．例えば，現在の新ヨーロッパ・スポーツ憲章においてスポーツとは，「気軽にあるいは組織的に参加することにより，体力の向上，精神的充足感の表出，社会的関係の形成，あらゆるレベルでの競技成績の追求を目的とする身体活動の総体を意味する」[5]というように定義されている．

このような「参加するスポーツ」に対し，欧米では19世紀の後半以降，スポーツは金銭収入をベースとしたイベント，すなわち，「観るスポーツ」

---

5)　SSF笹川スポーツ財団「スポーツ白書——スポーツの新たな価値の発見，2006年，p. 224を参照．

と「職業としてのスポーツ選手」という考え方が導入されるようになってきた．英国では，紳士階級で行われていたフットボール（サッカー）の協会：イングランドフットボール協会（以下，FA）が1863年に設立され，参加チームによるリーグ戦が開催され，1871年にはFAカップ（日本の天皇杯に相当）が創設されるとこれに参加するチームが急増し，プロチーム化に拍車がかかった．すなわち，紳士階級のみでなく，労働者階級も参加した大会となり，出場した選手が報酬を受け取るようになってきたのである．

一方，FAに所属する人気チームは，国内外からの試合招聘が盛んになり，クラブとしてのプロ化が始まった．その後，1880年代後半までには現在のイングランド・プレミアリーグで強豪とされるクラブチームがプロ化されている．しかしながら，選手はアマチュアリズムの影響，すなわち貴族階級のスポーツとしての影響を受け，その報酬は，熟練肉体労働者の報酬程度であった．また，米国で最初に入場料を徴収したスポーツの試合は，1858年に行われた全ブルックリン対全ニューヨークのベースボール（野球）の試合であった[6]．その後，1869年には最初のプロ野球チームが誕生し，1871年には全米プロ野球選手協会が結成されるに至り，スポーツのプロ化が促進されるようになってきた[7]．

このようなスポーツのプロ化の背景には，英国および米国における社会構造の変化を指摘することができる．英国において18世紀後半に本格化した産業革命は，賃金による時間労働という概念を英国社会にもたらし，結果として労働と余暇が区分されるようになった．さらに英国では，労働法が改正された結果，労働者が土曜日の午後を休暇として獲得し，休暇や余暇の時間にスポーツへの参加やスポーツ観戦などをあてはめていくようになった．また，「賃金労働」という概念の導入は，労働によって得られた賃金の「消費」という概念の導入につながり，「消費」の対象は，生活

---

[6] 原田宗彦『スポーツイベントの経済学——メガイベントとホームチームが都市を変える』平凡社新書，2002年．

[7] Stefan Szymanski・Andrew Zimbalist 著，田村勝省訳『サッカーで燃える国，野球で儲ける国』ダイヤモンド社，2006年．

必需品をはじめとする商品だけでなく，金銭を支払った見返りに有形・無形のサービスを受けることにも拡大されるようになった．これらにより，余暇や文化活動の商業化が始まり，「観るスポーツ」が誕生したと言われている．

一方，このような「観るスポーツ」の台頭やスポーツ選手のプロ化は，「参加するスポーツ」の担い手であった中・上流階級に対して警鐘を鳴らすことになった．すなわち，本来スポーツとは，それに参加することによる健全な心身の育成および協調精神等の育成にその目的があり，スポーツのプロ化は目的にそぐわないと考えられるようになったのである．また，クーベルタンの尽力によって開催された「パリ国際スポーツ会議」の案内状にも，「多くの国のアマチュア選手たちは，彼らの存在を脅かす金銭欲やプロ・スポーツから身を護るために，妥協や矛盾に満ちた複雑怪奇なルールを制定しているのが現状です．あまつさえそのルールの字面を守ることに汲々とするあまり，精神の方がなおざりにされてしまうことも決して少なくありません」というかたちで，スポーツのプロ化に対する危惧が表面化していたことを指摘している[8]．

このようなスポーツのプロ化への反発が，スポーツにおけるアマチュアリズムの称揚と追求につながり，「参加するスポーツ」（アマチュアリズム）と「観るスポーツ」（プロフェッショナリズム）という2つの概念による対立構造が生まれてきたと言われている．

しかしながら，近代オリンピックにおけるこのようなアマチュアリズムの規定は，あいまいさを内包していたために，アマチュアとプロとの境界線は絶えず明確にはなっていなかった．例えば後述するように，第二次世界大戦後の東側諸国における国家ぐるみのトップアスリートへの支援（いわゆるステートアマ）と西側諸国における企業からの資金援助などは，前者はアマチュアとして，後者はプロとして規定されたものの，その両者に本質的な違いを見出すことは難しかったと言えよう．

---

[8] 清水諭「『ロゴ』の身体——カール・ルイスの登場とビジネスツールとしてのオリンピック」清水諭編著『オリンピック・スタディーズ——複数の経験・複数の政治』せりか書房，2004年，pp. 14-31．

戦略なき国家の悲劇

　2002 年の日韓共催のワールドカップは，日韓両国でのワールドカップに対する考え方や取り組みなどが大きく異なっていた．韓国は，ワールドカップを国家施策（観光振興）として捉え，日本は地方主体の単なるスポーツイベントとして捉え，国はその支援を行った程度であった．

　筆者は，2002 年の 5 月 31 日にソウルでワールドカップのオープニングセレモニーを観て，韓国の意気込みを知った．ワールドカップの有する情報発信機能を活用して国威発揚の場として，あるいは観光振興のために行っていた韓国．一方，日本は，地方の 10 自治体を中心とした組織（JAWOC）は存在したが，それぞれの開催地で独自のイベントなどを行い，全体としてまとまった活動やネットワークによる活動やイベントなどが行われていなかった．その意味において，日本での大会はワールドカップ史上初めて，国が主体とならない大会ではあったが．

　しかし，このことが世界各地に情報発信されているわけではなかった．国を挙げての開催と自治体主体の開催とでは，その関連イベントなどの規模も大きく異なり，開会式と決勝戦後の閉会式では大きくその差が出ていた．横浜市が目一杯がんばって関連イベントを行っても，韓国の国を挙げてのイベントと比較したら，その差は歴然であった．

　この差を世界はどのように観たのであろうか．ただ韓国の良さのみが強調されたのではなかったか．日本もワールドカップの開催が近くなって国が観光に力を入れ出したが，後の祭りである．また，日本の 10 の開催地もワールドカップという世界最大級のスポーツイベントの有する機能を正確に捉えていなかったため，何のためにイベントを開催するのか，という本来目的が薄れ，ただサッカーの国際大会を開

> 催することが目的となってきていたのも事実である．
> 　本来，自治体が関わってイベントを開催することは，地域情報の発信ということもあるが，その規模や人的負担などから，地域住民の福祉をはじめ，地域の活性化に資することが目的ではなかったのではないのか．また，バブル期に閣議決定したと言われる「国際的イベントであっても，国は主体的には行わない」ということを，経済が疲弊し，決して経済大国とは言えなくなった現在においても，続けている意味はなぜか．
> 　国や自治体では，ワールドカップをいかに活用し，その後の国民や住民の生活文化，福祉等の向上などにどう展開していくか，という戦略がなかったことが，スタジアム問題にも発展してきている．住民参加というボランティア活動が地元住民のなかから発生し，地域の活性化に資する活動へと進展してきてはいるが，1998年の長野オリンピック大会における教訓が2002年のワールドカップに全く生かされてきていなかった，と言っても過言ではない．戦略なき国家の悲劇である．（木田　悟）

2. スポーツイベントの経緯

2.1 近代オリンピックの形成

　近代におけるスポーツイベントの代表的なものとしてオリンピックがあげられる．このオリンピックは，正式には近代オリンピックと言われ，一般に紀元前776年から紀元後393年に至る1200年にわたり，4年に一度，5日間の日程で開催されたといわれる古代ギリシャにおけるオリンピック（以下，古代オリンピック）にその起源を見出すことができる[9]．
　この古代オリンピックの競技種目には，徒競走，レスリング，乗馬，馬

9）桜井万里子・橋場弦編『古代オリンピック』岩波新書，2004年．

車によるレースや5種競技などのスポーツとして捉えられるもののほかに，直接スポーツと関係しない種目も含まれていたと言われている．

また，古代ギリシャにおけるスポーツとは，「遊戯，闘争，激しい肉体運動」の3点によって構成されていたために，これらの競技中に死者が出ることはまれではなく，そのような意味で詳細なルールによって「暴力の克服」がなされた近代スポーツとは大きく異なっていると言われている[10]．

一方，開催意義にしても，古代オリンピックは，近代オリンピックのようにスポーツのデモンストレーションではなく，むしろ，「忍耐と禁欲」のスペクタクルであったと言われている．また，競技への参加者も国家の代表として参加するのではなく，個人として参加していた．しかしその一方で，古代オリンピック開催中は，都市国家間の争いを中断するなど，単なるスポーツ競技者によるイベント開催ではなく，政治的効果を伴ったスポーツイベントとして開催されていたことは，注目に値する．

このような古代ギリシャにおけるスポーツなどの祭典としての古代オリンピックは，後世のヨーロッパ人のギリシャ文化に対する憧憬もあって，ヨーロッパ各地においてスポーツイベントのスタイルとして模倣されるようになっていった．

英国では，1612年から42年までの間，ロバート・ドーバー大尉によって，走り幅跳び，高跳び，ハンマー投げ，フェンシング，レスリング，あるいは乗馬といった競技によるスポーツイベントが「オリンピック」と題して開催されていた（このスポーツイベントは，清教徒革命などで一時中断した後の1649年から1852年までの200年にもわたって続いたと言われている）．

さらに英国では，19世紀半ばの1849年から1889年にかけてウイリアム・P. ブルックス博士によって，陸上競技やクリケット以外の文芸・芸術の展覧会も同時開催する「オリンピック」と呼ばれるスポーツを中心とするイベントが開催されていた．この「オリンピック」を視察したフラン

---

[10] 多木浩二『スポーツを考える——身体・資本・ナショナリズム』ちくま新書，1995年．

ス人のピエール・ドゥ・クーベルタンが，これを参考に1896年にアテネにおいて第1回の近代オリンピックを開催したことは周知のとおりである．

クーベルタンは，1840年以降，英国でスポーツが学校教育に取り入れられたことが英国の繁栄と植民地拡大に大きな役割を果たしたと考えた結果，バランスの取れた教育としての身体運動と国際協調や社会平等を推進する原動力としてのスポーツという2点を近代オリンピックの理想として掲げた．そして，このような考えを1894年にパリ・ソルボンヌ大学で開催された「パリ国際スポーツ会議」において発表し，満場一致で受け入れられた．この結果，スポーツを媒介とした自由・進歩・平等といった理想を世界に広めるため，近代オリンピックが4年に一度，異なる場所で開催されることとなった．そしてその第1回大会が1896年にアテネで開催されたのである．

クーベルタンの近代オリンピック設立の理想は，現在でもオリンピック憲章のなかに「オリンピック・ムーブメントの目的は，いかなる差別をも伴うこともなく，友情，連帯，フェアプレーの精神をもって相互に理解しあうオリンピック精神にもとづいて行われるスポーツを通して青少年を教育することにより，平和でよりよい世界をつくることに貢献することにある」というかたちで引き継がれている．

2.2 サッカーワールドカップ開催の経緯

一方，オリンピックとは別の方向から世界最大級のスポーツイベントに成長したものがサッカーの世界一を決めるFIFAワールドカップ™（ワールドカップ）である．この国際的スポーツイベントは，英国で発祥したサッカーの世界一を決める大会としてFIFA，すなわち国際サッカー連盟が主体となって行う大会で，第1回大会が1930年にウルグアイで開催されている（1930年以来4年に一度異なった国で開催されてきている．ただし，1942年と46年は第二次世界大戦により中止）．多くのサポーターが狂喜乱舞した2002年の日本と韓国との共催による大会は，その第17回大会であった．

サッカーは，主として労働者階級が行うスポーツであったことから，プ

ロチームも19世紀末からその発祥地である英国において創設されてきたが，ワールドカップは当初よりアマチュアリズムとは関わりがなく，プロチームや選手による国別の大会であった．ただし英国は，当初より4つの協会（イングランド，ウェールズ，スコットランド，北アイルランド）が存在したことから，それぞれFIFAに加盟し，例外的な取り扱いを受けている．

このワールドカップは，フランス人貴族が中心となって始められたため，当初英国4協会の参加が見送られていたが，その後プロ・アマを通した国別の世界一を決める大会として発展してきた．そして近年では，200以上の国と地域が参加するサッカーの世界一を決める国際的スポーツイベントの開催という意味だけでなく，開催国のサッカー振興（15回大会の米国），開催地やキャンプ地の活性化（16回大会のフランス，17回大会の日本），あるいは開催地の観光振興（17回大会の韓国），など，その開催目的が変化してきている．

2.3　スポーツイベント開催目的の変遷

国家施策としてのスポーツイベント

古くは古代ギリシャにおいて参加者1人ひとりの競争として始まったオリンピックをはじめとするスポーツイベントは，20世紀においては，近代オリンピックやワールドカップなどのスポーツイベントが世界規模で開催されることにより，新たな局面を迎えることとなった．すなわち，国際的スポーツイベントをとおして国家が競争し，参加国や開催国の国威発揚につながると考えられるようになったことである．この背景として，第一次世界大戦後の民族自決主義やナショナリズムの台頭，あるいは新聞，ラジオ，ニュース映画などのマスメディアの発達による宣伝効果の促進などを指摘することができる．また，国際的スポーツイベントの開催は，開催国にとって国内向けには，共通の目標の追求による自国の結束力強化，国外向けには，国力の誇示といった効果を生み出すことが認識されるようになった．この結果，各国はこぞって近代オリンピックをはじめとする国際的スポーツイベントを招致し，開催するようになった．このようなスポー

ツの政治利用例の典型が1936年にドイツで開催されたベルリンオリンピックである．

　こうした国威発揚や国力誇示の場としてのスポーツイベントは，第二次世界大戦後も継続し，冷戦構造のなかで，スポーツをとおした外交が活発となった．例えば，旧東ドイツをはじめとする東側諸国は，近代オリンピックでの好成績をおさめるために国家をあげた支援体制を取るようになった．

　いずれにしても，20世紀最後の20年に至るまで，スポーツや国際的スポーツイベント，特に近代オリンピックは，国内外政治の一部と化し，国際政治状況の影響を大きく受けるようになった．その例として，1980年のモスクワオリンピックにおける開催国ソビエト連邦のアフガニスタン侵攻への抗議手段としての西側諸国のボイコットがある．

　一方で，このような国際的スポーツイベントの多くは，近代オリンピックにみられるように，あいまいであるにしてもアマチュアリズムに裏付けられた「参加するスポーツ」のイベントであるとともに，国威の発揚の場として，開催国の政府主導により実施されることが大部分であった．そのため，国際的スポーツイベントの開催による経済的側面は，あまり考慮されることがなく，結果として多くの国際的スポーツイベントは，開催国に財政的負担を強いることとなった．

近年におけるスポーツイベントの開催目的

　このようななかで，1984年に開催されたロスアンゼルスオリンピックは，それまでの国主体ではなく，民間主体による最初のオリンピックであった．そしてその経済的な成功は，その後にオリンピックをはじめとした国際的スポーツイベントがビジネスになりうる，という認識をもたらした．このロサンゼルスオリンピックの成功の鍵は，テレビ放映権の独占的販売，公式スポンサーおよびサプライヤーからのライセンス料徴収，公式マーク・ロゴの商品化，そして入場料収入の増収といった新たな歳入増大手法の導入にあったと言える．

　この結果，1984年以降は，スポーツイベント開催に官民が一体となっ

て関与するケースが増加してきている．しかしその一方で，これらのスポーツイベントでは，アマチュアリズムに裏打ちされた「参加するスポーツ」としてのイベントとプロフェッショナリズムに裏打ちされた「観戦するスポーツ」としてのイベントといった両者の理念が両立しておらず，矛盾した状況を生んでいるとも言われている．

　また，アマチュアリズムとプロフェッショナリズムの問題にしても，1974年に「オリンピック憲章」におけるオリンピックへの参加資格条項が，休業補償，奨学金および所属スポーツ団体へのスポンサー収入を認めたこと，さらに，1982年には国際陸上競技連盟がアスリート・ファンドの設立によって，所属各選手の出場料，賞金の受け取り，プールを可能にしたことなどから，本来の意味でのアマとプロの壁は急速に低くなってきている．

　プロ・アマ問題の一方で，1980年代後半以降の国際的スポーツイベントでは，政治的効果や経済効果以外に，開催地の人びとに活力を与えるなどの効果をもつことが注目されるようになってきている．例えば，1994年にノルウェーのリレハンメルで開催された第17回冬季オリンピックは，人口わずか2万3,000人のリレハンメルに経済的効果をもたらしただけでなく，ノルウェー国民に対して冬季オリンピック開催という1つの目標達成に参加する機会を与え，そのような活動をとおしてノルウェーという国に誇りをもてるようになったという効果（社会的効果）をもたらしたと言われている．また，1998年にフランスで開催されたワールドカップでは，試合の開催地や大会に出場するチームが練習し，宿泊する自治体（キャンプ地）においても経済的効果をはじめ，各種の効果があるとして，その招致や誘致後の活動を積極的に行っていた[11]．

　これらにみられるように国際的スポーツイベントをはじめとした各種のスポーツイベントは，スポーツに参加したり，観戦するだけでなく，開催地の住民がスポーツイベント運営や関連する活動に参加すること，すなわ

---

11)　木田悟・小嶋勝衛「サッカーワールドカップフランス大会における地域活性化の実態――サッカーワールドカップ開催を契機とした地域活性化に関する研究　その1」日本建築学会技術報告集第18号，2003年，pp. 319-324.

ち，開催地の地域住民としての参加やボランティア活動という形での参加などによって，地域情報の発信，地域アイデンティティの醸成，あるいは開催地の地域コミュニティの形成・強化，さらには競技参加者や観客などとの交流の促進などの効果をもつことが認識されるようになってきている．

2.4 日本におけるスポーツイベントの意義

このような「参加するスポーツ」と「観るスポーツ」の分離，スポーツイベントの政治的利用，スポーツイベントが開催地にもたらす地域活性化に対する認識といった国際的な流れのなかで，わが国におけるスポーツやスポーツイベントの捉え方も変化してきた．

わが国ではスポーツは，「体育」という名の下に明治期から教育の一環として展開されてきた経緯があり，このような考えは，その後の大正期から昭和20（1945）年の第二次世界大戦終了時にまで及んだ．さらに，戦後においてもスポーツは，「健全な青少年の育成」を目的とした体育の一手段として推進されてきた．例えば1946年に京都を中心とした5府県で第1回大会が共同開催された国民体育大会は，「国民の各層を対象とする体育・スポーツの祭典」として捉えられ，体育とスポーツが一体となっていた．このようなことから，わが国におけるスポーツは，19世紀以降欧米で盛んになった「アマチュアリズム」と深い関係をもち，プロ野球などは興行として行われてきていた．

しかしながら，前述したように，わが国においてもアマチュアリズムの崩壊と1984年のロスアンゼルスオリンピック以降のスポーツビジネスの展開などにより，スポーツやスポーツイベントの開催における経済をはじめとしたさまざまな地域への波及効果，すなわち地域活性化効果との関係が取りざたされるようになってきている．無論，これらの新たな効果の背景にはマスメディアの発達，情報通信手段の急速なる進展があることは言を俟たない．

このようにスポーツイベントの開催は多様な効果を有する．しかしながら近年に至るまで，戦後開催されてきた国民体育大会が開催地の施設整備と道路等のインフラ整備を積極的に行ってきたこと，あるいは地域開発と

連動したスポーツイベントの開催などにより，公共投資とそれによる経済的効果や波及効果といった側面が強調されてきていた．一方，先述したような多様な効果，すなわち地域アイデンティティの醸成，地域コミュニティの形成，各種交流の促進，地域情報の発信などの社会的効果を期待してスポーツイベントを開催したり，地域住民の参加やボランティア活動としての参加などの社会的効果を意識して開催するスポーツイベントも現れてきている．

このように，経済的効果や多様な社会的効果をもったスポーツイベントの開催は，今後の高齢社会におけるスポーツの果たす役割の重要度が増加することに伴って，地域の活性化に大いに資するものとなると考える．

3. スポーツイベントを活用した地域活性化

3.1 スポーツイベント開催における問題点の整理

戦後のわが国における国民体育大会をはじめとした全国，あるいは国際規模の行政主導によるスポーツイベント開催は，開催に伴うインフラ整備に多くの投資を行い，その「経済的効果」のみが重要視されてきたきらいがある．また，定期的に開催されている行政主導によるスポーツイベントでは，開催することが目的化しているケースも多々みられ，本来の開催目的にそぐわないスポーツイベントも発生してきている．

一方，スポーツイベント開催による「社会的効果」については，わが国のみならず欧米においてもその定義は明確でないし，ましてやその評価や評価手法も定まっていない[12]．したがって，「社会的効果」といっても人さまざまな捉え方などがあり，効果をどのように捉え，それを如何に効果的に発揮させていったらよいのかなどが明確となっていない．さらに，経済的効果についてもそれなりに算出手法があるものの，波及効果の捉え方

---

[12] チェルキーはその著書「*The Impact of major Sporting Events*」のp.3で「スポーツイベント開催による経済的効果に関する研究や事例の検証数に比べ，社会的効果に関する研究や事例の検証数は限られている」と論じている．

や産業連関表における項目などの正当性などに問題があるとも言われている．無論，地域活性化，あるいはまちづくり・地域づくりの定義なども定まっていない．

3.2　地域活性化を重視したスポーツイベント開催に向けて

わが国におけるスポーツイベントの開催は，経済的効果を優先してきたきらいがあり，本来発揮可能な社会的効果をなおざりにしてきたとも言える．このようなことから，今後行政が主体的となるスポーツイベント開催にあたっては，社会的効果と経済的効果を一体として捉え，両者の効果が連動して発揮できるような施策展開が重要であると考える．しかしながら，ともすると経済的効果優先の現状下においては，社会的効果の発揮を優先させるような施策を主体に検討していくことが戦略的に有効であると考える．また，スポーツイベント開催に伴う施設整備，あるいは来訪者の宿泊・飲食などによる経済的効果は，一過性であることを強く認識し，施設整備などはその後の産業振興などのインフラとなるように，あるいは人材育成などの社会的効果発揮に資するように，整備以前から事後の効果発揮に向けた検討を十分に行っていくことが重要である．

すなわち，スポーツイベントの開催にあたっては，一過性の経済的効果については事後の社会的効果発揮に資する施策展開を，開催後に発生して継続可能な社会的効果についてはその後の経済的効果発揮に資する施策展開を一体的に行っていくことが最重要課題と言える．

3.3　地域活性化を目的としたスポーツイベント開催の留意点

スポーツイベントを活用した地域活性化を図っていくうえでの留意点を，以下にまとめよう．

①行政が主体的に行うスポーツイベントの開催目的，意義などを明確にするとともに，開催にあたっては，それらを広く住民に告知し，賛同を得る必要がある．すなわち，一部の人びとのために開催するのではなく，地域全体のために開催するのである，ということの周知と開催

の主目的を明確にしていくことである．この開催目的の明確化については，2002年に開催されたワールドカップの韓国大会では，観光振興をその目的として開催し，その後の観光振興に大いに貢献している．しかし，わが国では開催地それぞれの意向があり，開催目的が明確となっていなかったことから，その後の地域の活性化に資するものとなっているかは疑問が残る．

②多くの住民の賛同を得た後は，スポーツイベントにボランティアとして多くの地域住民に参加してもらえるような仕組みや体制を整備し，住民主体のイベントとしていくことが重要である．そのためには，当初からボランティア活動を行う住民などを組織の一部に取り込み，それらの人びとの意見をも尊重しつつ開催していくことが求められる．地域住民などによるボランティア主導のスポーツイベントとしていくような意気込みが必要である．このような意味で，施設整備やその後の運営などに大いに疑問をもたらした長野オリンピックではあるが，地域住民の積極的なボランティア参加が，現在のような活発な住民活動をもたらしたとも言え，社会的効果が未だ継続してきている，と言えよう．

③無論，開催にあたっては，事後の効果を十分に検討していくことが最重要課題であるが，経済的効果と社会的効果を一体的に捉えた施策展開を行い，一過性の経済的効果についてはそれをベースにさらなる経済的効果発揮に向けた施策展開や社会的効果発揮につながる施策展開を，一方，効果が継続可能である社会的効果については，それをベースに経済的効果発揮につながる施策展開，あるいはさらなる社会的効果発揮に向けた施策展開などを効果的に実施していくことが重要である．例えば，スタジアムのような大規模施設の整備などは，下手をすると維持管理のためだけでマイナス効果ともなってしまう可能性もあることから，施設整備が地域のスポーツ産業の振興に資するインフラとなるような施策を講じるとか，スポーツクラブによる健康増進，あるいは子どもたちをはじめとした人材の育成などの社会的効果発揮に資するインフラとなるような施策展開を考慮して整備していくことが

重要である．具体的には，ワールドカップフランス大会のナントやエクスレバンなどでは，地域情報が数多く発信され，地域ブランドが高まった結果，観光客等の来訪者が増大し，地域の観光振興に資するものとなっているし，サンテティエンヌやエトラでは，そのまちのイメージが変わることにより，地域アイデンティティの醸成や地域コミュニティの新たな形成などにつながってきている．

ヴェブレンの指摘

　先進国型社会への変遷は，「農業」国→「工業」国→「商業」国→「文化・芸術・スポーツ」国といった潮流で考えることができるかもしれない．それはとりもなおさず「衣食」（第1次産業型）→「マニファクチャリング」（第2次産業型）→「マーチャンダイジング」（第3次産業型：商業，貿易）をへてニュー・コンシューマリズム（第4の産業：消費者主権）への変化であり，「就労型」から「余暇開発型」への展開である．スポーツは，第4の産業のひとつでありグローバリズムのなかで，世界を紡ぐ1つのキーファクターであるとも言えるだろう．

　例えば，19世紀の経済学者ソースティン・ヴェブレンの『有閑階級の理論』（1899年）では，スポーツについて面白い分析がある．ヴェブレンは，労働階級と有閑階級（leisure class）を分類して，後者を非生産的な上流階級ととらえているが，その特色ある職業として，政治，戦争，宗教儀式，学問およびスポーツを挙げている．

　有閑階級は，その名称のとおり一般の労働からは解放され，時間的，金銭的に恵まれ，また古くからの武勇の伝統を重んじる．また，有閑階級は，衣服や食事にも多くの金を浪費する．ヴェブレンは，当時にあって，こうした階級を批判的に見ているが，その一方，有閑階級に

新たに加わった者はすぐにスポーツをはじめると言い，富が蓄積し，人びとが就労から解放され余暇の時間を得ることができるようになった産業国で，スポーツやスポーツ精神が急速に発達することを 100 年以上も前に指摘している．

　ヴェブレンの分析ののち，19 世紀において「有閑階級」が特権的に親しんだスポーツが，先進国で「大衆化」され，衣食の文化の成熟とともに，多くの国々で誰でもが楽しむ時代の到来が 20 世紀であった．そして 21 世紀においてスポーツはより広範な展開をみて，日常生活の完全な一部になっているとも言えるだろう．

　こうした観点からもスポーツやスポーツイベントのもつ意味は今後，ますます注目されることになると考える．（薄井充裕）

第5章

経済波及効果の可能性と限界

渡辺 均

1. スポーツと地域振興

1.1 スポーツを活かした地域振興と行政対応の変化

　スポーツは，日本人の余暇需要を支え，生活になくてはならないものとして定着している．このようなスポーツを地域の活性化に結び付けようと，地域行政が関わりを強めている．

　周知のように，オリンピックは都市が主催者となり，都市主導で推進されている．昨今では開催に多くの都市が名乗りをあげ，熾烈な誘致競争を繰り広げている．この背景には誘致を地域振興の契機にしたい，という思いがある．この傾向は先に行われたサッカーのワールドカップやJリーグは言うに及ばず，野球界でも四国に誕生した新規リーグでは，四国4県でそれぞれのチームを作り，地元を意識した運営が行われ，地域とチームが相互に支えあい連携する形となっている．

　これまでのスポーツに関わる行政の取組みは，概して一過型で，施設提供型で，その運営を体育協会などに委託する受身的な取り扱いが一般的であり，それらの成果は結果的に，例えば選手や役員の飲食や宿泊などの需要を生み，地域経済への波及効果をもたらす，と捉えられてきた．しかし最近では，このような受身的な扱いから，地域アイデンティティの確保，

メディアを介した地域イメージや知名度の向上，ボランティア活動や地域間での交流機会の確保といったさまざまな社会的効能を評価し，それらを通じて目的意識的に地域経済への波及を目論むケースが多くなっている．

行政がことを起こすとき，第1に問われること，それは地域にどのような効能があるか，という点である．財政出動には，成果としての経済効果が大きく問いただされる．一般論として，スポーツイベントの開催は，地域に選手や役員がやってくる，多数の観戦客も来訪し，マスコミも来る，その結果，地元にお金が落ちる，という構図が描かれる．メディアが取り上げることで地域が紹介され，宣伝効果が図られる．至近な例では，2002年に日韓共催で行われたサッカーのワールドカップで世界にその名が紹介された大分県中津江村（現日田市＝人口当時1,300余名）がある．カメルーン選手一行の入村が5日も遅れ，それも深夜の到着にもかかわらず，多くの村民が温かく出迎えたことにマスコミが反応した．知名度の向上が今でも体育施設の申し込み需要を支え，海外からもキャンプにやってくる村として知られている．

1.2 経済的効果は二次効果，次期オリンピック開催誘致の目論見

2016年の夏季オリンピック招致に向け，福岡と東京で指名争いが行われ，東京に決定したが，そこでは誘致の目論見がどのように語られていたのであろうか．まずは2005年10月22日付けの毎日新聞朝刊に掲載された三氏の言葉から整理する．

野川春夫氏（順天堂大学教授）は，スポーツの視点としてみたとき，今さら五輪には新たな意義や理由はない，と冒頭で断言し，多額の投資に対し，地域の活性化や雇用促進，イメージアップへの貢献は検証されていない，と手厳しい．その上で，中・長期の都市づくりのビジョンを明示し，その一環として五輪を位置付ける必要を説き，五輪を幻想（イリュージョン）でなく，遺産（レガシー）にせよ，と締めくくっている．

岡本伸之氏（立教大学教授）は，国際観光の面から日本の立ち遅れを指摘し，年間来訪者の絶対量の少なさ（対フランスで10分の1以下，日本人の海外旅行者に対する来日者比率の少なさ）を克服する手段として五輪

を位置付け，スポーツという上下関係を超越した人々との関わりのなかで，一期一会のホスピタリティーを世界に示し，再訪や移住までを視野に入れた成熟度の高い都市づくりの契機として捉えている．

最後に，出口敦氏（九州大大学院助教授）は，五輪を開催都市が世界にアピールし，発展する舞台として捉え，成熟した大都市が，商業化したイベントとして五輪を招致しようとする側面を批判し，都市の成長と五輪の開催は，並行して導かれるべきである，との観点を設定し，成長過程にある都市でこそ，開催すべきである，としている．その上で，九州全体からアジアを見据えた広域的なエリア振興の視点で五輪開催を捉えている．

三氏三様の捉え方ではあるが，共通する事項として，都市の整備・発展に関わる契機として五輪を捉える視点があり，経済効果に関わる事項では，野川氏は否定的，岡本氏は国内観光産業の振興や交流機会などを含めて幅広に捉え，出口氏は直接的には言及していない．

五輪開催は，大都市が都市改造に向けたビジョン作成の契機として捉えられ，経済効果は，二次的な成果として捉えられはじめている．

2. 経済波及効果の実態

2.1 経済効果測定の考え方と方法

このようなイベント開催に向けた支援や財政出動を促す大義として経済波及効果が説得材料として用いられる．主催者は，スポーツへの思いとして，より広範なエリアから，多くの選手を集めることで，一義的な目標は達成される．しかし財政出動を是認するには，主催者の思いだけでは弱い．そこで選手や役員そして応援の観客などが多数参集することで，飲食や宿泊，交通あるいはお土産の購入などで消費が発生し，加えて，スタジアムの増改築や道路整備の促進，民間では，集客を見込んだ宿泊施設への投資などが誘発され地域経済が潤う，という論法が展開される．地域にこれだけ金が落ちるから，財政面で助成して欲しいとなる．行政としては，財政支出の公開性が求められるなかで，使途の明確性とともに予測される成果

の実相と予測手法の妥当性が問われることになる．私企業では，役員の責務として協賛金などの出費に対し，収益向上への実証性や社会貢献などの大義の証明が支援の要件として求められてくる．

効果の測定には産業連関分析法が用いられる．これは米国の経済学者ワシリー・レオンチェフ教授（1973年にこの手法開発でノーベル経済学賞を受賞）が開発した手法で，ある特定の地域で事業投資が行われたとき，その効果が，どこに，どの程度影響するか，その関数を示し，事業に伴う取引関係を広範に連携づけ，お金の流れを波及効果として測定しようとするもので，最終的には個人の消費需要まで言及し積算して表す方式である．国の事業では国土交通省が所管し，公共投資の効果測定などに用い，都道府県でも独自の連関表を作成し，事業効果を測っている．

2.2 サッカーワールドカップの開催と地域経済効果

事前の効果測定

ここで日韓共催のワールドカップで，地域経済への波及効果がどのように予測されていたか，第一生命経済研究所経済調査部資料をもとに調べてみる．ワールドカップは国内10会場で開催され，練習キャンプを27地域で受け入れ，活動が行われたが，同調査では，キャンプ地需要と施設整備などを除外し，国内外の観戦による観光客需要（宿泊，交通，飲食関連）と大会運営に係る関係費に視点をあてて測定されている．その結果，経済波及効果額は3,690億円（名目GDPの約0.1％）と試算され，直接的な支出増加額は約2,330億円とされている（表1参照）．

この数値をもとに地域への波及効果を試算すると，32試合換算で1試合平均115億円の経済効果，延観客数160万人でみると，1人平均2万3,000円の金額となる．さいたま市と横浜市は4試合で460～469億円の経済効果，他の8都市では3試合で345億円の効果が得られた計算になる（表2参照）．

全体を包括した経済効果とともに，開催10地域でもそれぞれで効果測定を実施している．ここでは，札幌市，新潟県，横浜市，静岡県の4地域について調べてみた．

第5章 経済波及効果の可能性と限界

表1 直接的支出増加額の費目別内訳

費　目	金額（億円）	割合（％）	積算方法
宿泊関係費	470（230）	20	2泊3日の旅程を想定．1泊＝9,300円（日本観光協会著『観光の実態と志向』）を採用．
飲食関係費	240（130）	10	会場内や観光，祝勝などの場外での消費を積算
交通関係費	460（140）	20	各競技場の往復などに係る費用
観光関係費	320（130）	14	関連商品やお土産消費，1人1万円程度を想定．
その他支出	240（200）	10	AV機器特需の発生（仏大会の特需実態：日本電気大型店協会，日本電子機械工業会統計などから推定）
大会運営関係費	600	26	仮設施設設置費（100億円），選手移動経費（70億円）等を積算
合　計	2,330（830）	100	

注①：来場者は各施設の収容人数と試合数で算出：総勢160万人を想定．海外：40万人，国内：120万人（国土交通省2001年資料）．開催地は札幌，宮城，鹿嶋，埼玉，横浜，新潟，静岡，大阪，神戸，大分の10ヵ所）．
注②：金額の（　）内数字は国内観戦客による支出増加額．海外からの観戦客による支出増加額は900億円（日平均消費額＝21,000円，滞在日数8日，国際観光振興協会，日本銀行国際局「国際収支統計月報」等から推定）．これに交通費や会場での飲食費などを加算し推定．
資料：第一生命経済研究所経済調査部．

表2 比例配分したときの開催地別経済効果額

開催地	会　場　名	収容規模	試合数	試合数別経済効果額(億円)	収容者別経済効果額(億円)
札幌	札幌ドーム	42,000	3	345	29.0
宮城	宮城スタジアム	49,000	3	345	33.8
鹿嶋	カシマサッカースタジアム	42,000	3	345	29.0
埼玉	埼玉スタジアム	63,000	4	460	58.0
横浜	横浜国際総合競技場	70,000	4	469	64.4
新潟	ビッグワン	42,300	3	345	29.2
静岡	エコパ	51,000	3	345	35.2
大阪	長居陸上競技場	50,000	3	345	34.5
神戸	神戸ウイングスタジアム	42,000	3	345	29.0
大分	ビッグアイ	43,000	3	345	29.7
総計	—	494,300	32	3,690	371.8

注：試合数別経済効果総額と収容者別経済効果総額は四捨五入の関係で一致していない．
資料：表1に同じ．

　札幌市では，総生産誘発額を73.4億円と試算し，1試合当たり24.5億円，観客1人当たり4万8,000円となる．

　新潟県では総合効果額36.7億円，1試合当たり12.2億円，観客1人当たり2万6,200円，横浜市では生産誘発額が256.8億円，1試合当たり

表3 開催地別生産誘発額の推定と観客数換算の消費金額

開催地	想定誘発額(億円)	想定観客数(千人)	1試合当たり誘発額(億円)	収容観客数別誘発額(千円)	備考
札幌市	73.4	153	24.5	48.0	試合数3
新潟県	36.7	140	12.2	26.2	試合数3，交通費は航空，新幹線を除外
横浜市	256.8	420	42.8	61.1	試合数4＋プレ試合2＝6，市民の消費額も加算
静岡県	76.8	150	25.6	51.2	試合数3，キャンプ効果も誘発額に加算
4開催地平均	110.9	215.7	26.3	46.6	

注：各開催地で算出に用いた項目に差異があり単純に比較できるものではない．
表4の資料をもとに筆者が作成．

42.8億円，観客1人当たり6万1,100円，静岡県では誘発額76.8億円，1試合当たり25.6億円，観客1人当たり5万1,200円となる（表3参照）．

積算方法が一律でないので，単純には比較できないが，観客を1人集めることで，4万6,600円程度が誘発される勘定になる．

観客の消費額が高い横浜市では，誘発額の積算のなかに観客以外の，一般市民の関連グッズ消費額を組み込んでいることが作用しているものと思われる．また，低くなっている新潟県では，新幹線や航空代を除外して積算していることに拠るものと思われる．静岡県では，キャンプ効果も入れての試算である（表4参照）．

事後の波及効果について

予想された波及効果が結果としてどうなったのか，事後の検証事例を調べてみた．

初めに気づいたことは，検証の資料が少ないことである．調査をしていないのか，実施しても公表を控えているのか，情報収集活動の不十分性を反省しつつ，事前の予測報道に比べて取り扱われ方が質量ともに貧弱な感が否めない．予測を報じた調査研究機関などは，その責務の一端として，結末についての総括を示して欲しいものである．予測試算だけでは，煽るために使われた，と評されかねない．

第 5 章 経済波及効果の可能性と限界

表 4 開催地別経済効果試算

開催地	開催内容	経済効果推定値（億円）	試算方法	資料
札幌市	3試合，推定入場者15万3,000人，延宿泊者21万6,000人	1次生産誘発効果＝44.5 2次生産誘発効果＝28.9 （来札者費支出＝40.4）， ＊総生産誘発額：73.4 ＊付加価値額：44.0	札幌ドーム建設と市民の関連グッズ消費，報道関係者消費，関連イベント消費は含まない．平成7年北海道産業連関表を採用．	ホクギン総合研究所
新潟県	3試合，14万人	直接効果（支出）＝22.7 1次効果：8.8 2次効果：5.2（雇用効果の消費額への誘発分） 総合効果＝36.7	観光（宿泊，飲食，土産購入などの消費支出と交通）を積算．交通費はJR，航空機代は除く．平成7年度県産業連関表より積算．	日本銀行新潟支店（注参照）
横浜市	4試合＋プレ大会分2＝6試合，42万人	支出増加額＝191.4 ・入場者消費額：86.0． ・大会関係費：33.5 ・報道関係者：15.0 ・市民グッズ購入：56.7 （飲食：29.2，物販：82.2，宿泊：34，交通：12.4，大会運営：33.5） 生産誘発額：256.8 付加価値誘発額＝136.8 雇用者所得誘発額＝68.4	報道関係者を含む競技場内外の各種消費額，交通費，宿泊費，大会関係費，市民のグッズ関連消費額．消費単価は独自アンケートより採用，横浜市産業連関表を採用．	浜銀総合研究所
静岡県／磐田市	3試合とキャンプ，15万人	支出増加額＝47.6 ・観客消費額：43.7 ・運営関係者支出：3.9 生産誘発額＝76.8 誘発効果＝1.64	海外客25％想定．14日間県内滞在，県外客25％で1泊想定．県内客は日帰り．運営関係者は延220名．滞在は選手，報道が30日，役員は40日を想定．運営経費は入場料の30％を想定．平成2年県産業連関表を採用．	（財）静岡経済研究所

◎積算では，施設整備や道路整備などのハード部門の効果測定部分は除外．
注：日銀新潟支店の試算とは別に，新潟県の依頼でホクギン総合研究所が試算した値では，建設投資効果が1,239億円，開催による関連消費支出効果が62億円，事業の推進による雇用効果が1万人以上と見込まれ，県全体の経済成長を0.7％押し上げる，とされている（2002年7月13日刊『週間ダイヤモンド』より）．
　なお，新潟でもプレ大会が開催されたが，上記の試算にその分は入っていない．

　このようななかで新聞各紙では，いくつかの事後検証記事を取り上げている．総じて，初めに設備投資あり，の実態面を捉え，それを批判的に展開し，"効果は予測以下"と結論付けている．根拠は商工会議所や商店主

などへのヒヤリングを基にした取り扱いである．このような事後評価の手法では，事前評価と対比させてその成否を論じることができないばかりか，以降のイベント企画時に，適正な効果予測の手法を学ぶこともできない．この背景には，主催団体などが，適正な方法で事後検証に取り組んでいないことも一因としてある．各紙誌は，隔靴掻痒の印象を持ちながら，傍証という形で顛末を語るに留まらざるを得ない．

社会的効果"大分スピリッツ"の発露と継承

　国内各地の開催地のなかで大分県では，大会の総括として「W杯大会開催成果継承委員会」を設け，「W杯大分開催成果を継承した地域づくり施策の提言」（2003年3月）をまとめて，以降の地域振興策を明示している．ここでは成果の最たるものとして大会を成功裏に導いた地域の力，自信といったものを高らかに謳いあげ，これを"大分スピリッツ"として表現し，これこそがワールドカップの最大の成果である，と宣言している（本書11章を参照）．この大分スピリッツは，成功裏に導いた自信と，開催を通じて得られた人的ネットワークなどを継承させ，2008年に予定される国体開催や地域スポーツの振興に向けたクラブ育成などに活かそうと試みが提言され，市民のスポーツへの参加のうねりを継承させようという施策につながっている．これらは事前には想定できない成果であり，事後であっても，成果として大いに生かされるべき事項として以降の取り組みにどのように反映され，活かされていくのか，が注目される．このような成果は，経済的効果というより社会的効果として，産業連関ではなく，言うならば地域・コミュニティ連関として，新たな枠組みで捉え返される必要がある．ちなみに県の策定した施策の提言では，本章が主題とする経済効果についての具体的な検証結果はここでは明示されていない．大分県として産業連関分析の結果をまとめ，その実態を明らかにする必要がある．それは以降の大型イベントの開催に向け経済的効果と社会的効果，産業連関と地域・コミュニティ連関の両面を併せもった貴重なノウハウとして活かされるからである．

実感に支えられる波及効果の明暗

　次に静岡商工会議所の資料を基に（財）静岡経済研究所がまとめた資料で，事後を概観してみたい．開催期間中の静岡市内の業況について，良かった（39％），どちらとも言えない（11％），悪かった（50％）との回答が会員から寄せられ，否定的な評価が高い．理由として小売店からは，日本戦の前後でテレビ観戦に夢中な客が大半で商売にならないこと，関連商品の販売は多いが，全体では売り上げに結びついていない，とされている．飲食店からは，テレビ放映中の来店者が減少し，特に日本戦では減少が顕著で，6月は例年に比べて売上減となった，旅行代理店では，例年は地域の小サークルの団体旅行需要が高まる月であるが，ボランティア活動などへの参加者が多く，延期や中止が目立った，とされている．

　肯定的な評価では，家電機器販売店やスポーツ用品販売店などは，特設コーナーでの関連商品やトレーニングウェア，シューズ，ボールなどの売行きが好調であった，とコメントしている．また飲食系でも，ピザの宅配事業者などは，対ロシア戦や決勝戦などでは，夕方から夜遅くまで電話注文が続き，多人数で一緒に食べながら，という大型サイズのピザ需要が発生した，とコメントし，売上げは前年同月の25％増加と報告されている．

　同研究所では，全体としてはマイナス評価の事業者が多いこと，消費者の出控え現象が生じ，スタジアム観戦者以外は外出を控え，家庭観戦し，その結果，商業者間で明暗を分けたこと，観戦で誘発される消費額が，想定金額に比べて少なかったこと，などを指摘し，また，産業連関分析に用いる基礎的な数値について，事前予想と事後調査で大きな差異が生じた，と称している（表5参照）．この内容として，消費額の総額は他のイベントに比べてかなり大きな支出が見込まれ，事実，予測値を1,200円程度上回る数値が示され，交通費も2,000円程度高く広域からの集客効果が発揮されたが，他方で，宿泊や飲食，お土産品購入などは予測値を大きく下回り，先の地元商業者の不評を裏付けている．関連グッズ販売には高額の消費が行われているが，これらは主催者側の指定事業者が取り扱うケースが多く，地場産業への波及効果に結びつかない構造となっている．

表5　イベント開催時の1人当たり消費単価

イベント 1人当たり 消費額	02年ワールド カップ（袋井 市調査）	02年ワールド カップ（事前 予測値）	東海道400年祭 (2001年，蒲原 町)	伊豆新世紀創 造祭（2000年， 伊豆地域）	大道芸ワールド カップ(1994年， 静岡市)
消費額合計	16,287	15,065	3,662	11,332	6,819
交通費	5,809	3,792	828	1,729	1,164
宿泊費	1,368	3,797	189	4,150	470
飲食費	2,556	4,138	875	2,404	1,636
関連グッズ 購入費	5,010	＊＊＊	＊＊＊	＊＊＊	＊＊＊
土産，買物	1,463	3,338	1,671	2,519	3,201
その他	81		99	530	348

資料：(財) 静岡経済研究所.

直需の取り込みと事後活用への仕掛けづくり

　これらを考え合わせると，ワールドカップ需要の特徴は，観戦中心型で，かつサッカー一色型お土産購入という消費パターンが想定され，付帯する消費需要の喚起力は弱い，と考えられる．この点は静岡商工会議所でも「一般的なイベントに期待される消費需要の喚起には結びつかない」とし，「地域産業に直接結びつく仕掛けの用意」が必須である，と締めくくっている．

　開催時の直接的な需要増加に関わる効果に加えて，開催を契機に地域イメージが内外に周知され，それが呼び水となって集客力を向上させ，地域需要を喚起しているケースがある．冒頭で取り上げた中津江村の場合，選手が宿泊し練習した施設の利用率は休祭日を中心に今日まで予約で埋まる状態が続いている．閉会からひと時の異常な盛況はさすがに影を潜めたが，固定客を確保し経営を安定させるうえで大きな成果をもたらしている．

　同様に新潟県十日町市の当間高原リゾートでは，クロアチア選手団がキャンプしたことで週末のピッチ需要が高まり，施設利用率と収益向上という寄与につなげている．実はこれらの成果は事後の成果をどのように導くか，という1点に負っており，中津江村では吸収合併後の地域を取りまとめる靱帯として事業組織を編成し，地域の経済活動の拠点事業として取り組むことで，成果を継続させてきた．十日町市では，クロアチアを核に継

表6 ワールドカップ開催招致の目的
(◎=最も回答の多かった項目, △=次点の項目)

項　目	最重点施策として回答した都市の割合 (N=24)	重点施策として指摘した都市の割合 (N=24)
地域情報の発信	12 (50%)	9 (37.5%)
国際交流の推進	◎21 (87.5%)	0 (0%)
住民参加	6 (25%)	△14 (58.3%)
NPO, ボランティアの育成	△18 (75%)	0 (0%)
青少年の健全育成	3 (12.5%)	△15 (62.5%)
経済的効果の拡大	0 (0%)	◎16 (66.7%)

資料:(財)日本システム開発研究所.

続的な交流イベントなどを開催し,開催時の感動を一過型で終わらせず,効果を継続させている (本書第10章参照).

ワールドカップ誘致と経済的・社会的効果

(財) 日本システム開発研究所が2003年10月に実施した「国際イベント等がもたらす資産を活用した地域活性化に関するアンケート調査」より経済効果に対する評価を調べてみた.

調査はワールドカップ開催に伴って育まれたボランティアなどの人的資産,施設整備などのハード面での資産,知名度の向上に係る資産の3分野で地域に資産が形成された,と捉え,それらが以降どのように地域振興などに活用されたか,地域の見解を質している.

対象は開催都市とキャンプ地となった国内27都市で,24都市から回答を得ている.

結果を見ると,誘致と開催目的の項では,最重点施策の1位は「国際交流の促進」で大半の都市から指摘され (88%),2位は「NPO, ボランティアの育成」(75%) である.経済的効果を最重点目標とした都市は皆無であるが,重点施策としては,67%の都市から指摘され最も高い (表6参照).

開催誘致の目的に対する実際の効果については,「地域情報の発信効果」が高い評価を得,これを否定的に捉えている都市は皆無であった.以下,

表7 効果認識（回答数字は％，◎＝指摘率の高さが目立つ項目，○＝高い項目）

項　目	大いに効果があった	効果があった	多少効果があった	効果はなかった	不明，無回答
地域情報の発信	◎79	17	4	＊＊	＊＊
青少年の育成	42	29	29	＊＊	＊＊
地域スポーツの振興	38	○46	17	＊＊	＊＊
国際交流の促進	38	○46	8	8	＊＊
NPO，ボランティアの育成	29	42	21	4	4
スポーツ施設の整備	29	17	17	21	17
地域アイデンティティの醸成	21	○46	17	8	8
地域間・地域内の交流促進	21	21	33	21	4
住民活動の促進	21	33	33	4	8
経済的効果の促進	8	25	33	4	29
街並み，景観，環境美化の推進	4	21	8	21	4
道路などのインフラ整備	4	8	8	○50	29

資料：表6に同じ．

　青少年の健全育成や地域スポーツ振興，国際交流などが続く，経済効果は，大いに効果があった＝2都市（8％），効果があった＝6都市（25％），多少効果があった＝8都市（33％）となっている．「効果なし」も1（4％）都市あり，「判らない」が7都市（29％）となっている（表7参照）．

　重点事項で7割近くの都市から期待された経済的効果には，十全に応えた，とは言い難い結果が示されている．

3. 地域振興に資するスポーツイベントの取り組み方

3.1 経済効果の高め方

観戦需要の読み違え

　産業連関分析によって示された経済波及効果と地元が実際に受け止めた効果との格差が大きく示された．波及効果の測定では，まずは誤差の発生を最小にすることが重要である．

　誤差発生の背景には，第1に推定の基礎となる単価の読み違いがある．宿泊者と日帰り客の割合や会場での消費額，お土産購入額などの誤差がある．前例がないので類似のイベント結果などの実績値を用いるが，ここに

狂いが生じる原因がある．

　2点めとしては，運営手法の商業化がある．主催者が需要を囲い込み，地元への需要波及が少なくなっている．消費の多くを占める関連グッズ需要はスポンサーが一元管理し，地元に落ちない．地元企業がスポンサーになるには多大な協賛金が求められ，グローバル型企業にしか負担しきれない．その結果，地元にはおこぼれ的な効果しか落ちない仕組みになっている．地元のマーケティング力の弱さがこれに拍車をかける．客が来てもお金が落ちない．

　3点めに，観戦者の消費特性がある．観戦者は目的外消費を控える．通常の催事では，消費そのものが参加の動機と重なっている．しかしワールドカップなどでは応援が最大の消費となる．応援に使う衣装や旗などの需要は大きく単価も高いが，それ以外の一般消費は逆に低くなる．応援グッズは贔屓チームの一員として自らをサポーター化させる重要な舞台装置であるが，これらは公式サイトでしか販売できない．結果，地元は恩恵を享受できない．飲食需要も同様で，多少の需要は生じても，そこに多くの費用を配分する必要をファンは感じていない．競技場で選手と一体となることで，観戦のモチベーションは満たされる．

　最後に，経済効果が過大に予測される最大の要因として，開催をプロモートする側の事情がある．大きな効果予測は財政や企業などからの協賛金の調達が容易になり，その結果，額も多くなる．

地域波及型効果予測手法の提案

　波及効果の見極めのポイントは，第1に，地域主導で需要を丹念に積み上げることにある．産業連関分析も積算で行われるが，大きな投網を広く浅く投げる形で行われ，事業者の実感とかけ離れた数値が用いられやすい．それは時に主催者の意図を含むからである．

　第2に，サポーターという観客の消費特性を理解することにある．サポーターは，余分な消費はしない．

　第3は，身の丈の効果測定方法を身に付けることである．宿泊や飲食，お土産販売業などで，独自にかつ共同で効果を積み上げ全体の目標数値を

描き出す．これにはサポーターの消費特性や消費のモチベーションの把握が求められる．その推察は結果として市場分析のノウハウとなる．

第4は，イベント効果の継承・発展の手立て，仕掛けを用意する．イベント本番で発露された地域・コミュニティ連関の力を活用し，その力の継続性を保持しつつ，あるいはより拡充する，という意図を含み，活用の機会を用意する．概して地域・コミュニティ連関の力はイベント終了を以って雲散霧消しがちである．イベント本番では，当然ながら主催者主導で，地域への波及効果を生み難い構造で仕組まれるケースが多い．しかしそこで得た成果を事後の地域づくりに応用し，地域で受け止めていくシナリオが用意されることで，直接的な産業連関効果にも増して，より大きな波及効果が得られることになる．ここでは，一過型の観戦客や開催者との持続的，継続的な関係の維持などが想定され，それらは地域主導の活動となることで，経済的にも社会的にも地域波及効果の高い事業になってくる．

以上の事項を包括的に検討することで，イベントの開催要領などのあり方，観戦者が地域に求めるものと，地域が観戦者に求めるもの，その交歓を育む受け入れ方などが，新しい形で，かつ地域の個性を反映させる形で想定されてくる．ちなみにサッカー界では観戦者をサポーターと呼んでいる．もちつもたれつの関係の創出が今後のイベント企画の要諦である．

3.2　実績をあげるスポーツイベントの開催方法を探る

広告効果，知名度向上を活かす手立て，仕掛けを工夫する

イベント誘致の目的のひとつに，情報発信効果があげられる．開催期間中の発信量は多大だが，閉会後には途絶える．発信効果は時間の経過とともに減衰する．まずは効果が継続している間に，どのような振興策を仕込み，途絶えを防ぐか，そこを考える．

前述のように中津江村のスポーツ施設の稼動が好調である．カメルーン効果とされているが，実は知名度を裏切らないサービスや環境やこだわりがあり，それが情報の劣化を防いでいる．知名度が上がっても内実が貧弱だと長続きしない．スポーツ施設選択の基準は，施設の質であり，安全であり，練習への集中を促す環境（ここには買物施設や遊興施設は一切な

第5章 経済波及効果の可能性と限界　　111

い）であり，料金の低廉性などである．この内実にカメルーン効果が重なっている．

"国際" がイベント活力を生み出す

　"国際" と冠の付くことの意義を見定める．活気は異物の混合から生み出される．異物の混交は摩擦熱を生み，熱は上昇気流を生み出す．上昇気流は周囲から新たな風を招き寄せる．摩擦（熱）によって生じる空気の流れのことを対流と呼ぶ．スポーツイベントはそれが競技である以上，そこでは熾烈なバトルが展開される．言い換えると摩擦である．そこで生じる高熱が，感動と共感を喚起し，連関の絆を強化する．人を招き寄せるには，異邦人との交流が必要である．これが"国際"の意味である．スポーツ界の活気は国際化でもたらされている．相撲はもとより，ゴルフもサッカーもK-1も．逆に日本人だけのスポーツイベントは人気が出ない．国際化によって，地域への自覚，アイデンティティが補強され，地域社会への一体感が醸成される．これが地域・コミュニティ連関効果である．

　本章の主題である経済波及効果の面では，まさに外貨を稼ぎ，国を豊かにする要素である．1人でも多くの外国人の来日が，そのまま地場消費となって波及効果をもたらす．国際と銘打ったイベントが多く開かれ，そして体育協会などが海外から強豪選手を招待するのは，このような意図がある．これからのスポーツイベントに，国際化は不可避の要件である．

スポーツを日常的にローカルに実践する

　社会や経済の国際化はそのまま生活面での国際化を推進する．生活に流れ込んだ国際化の流れは，地域に固有な形で継承されてきたスポーツや文化をある面で押し流し，ある面では活力を与える．流れ込んだスポーツを地場風にアレンジし，新たなスポーツに再生する．地域の気候や風土，文化などを反映させ，新たなルールを生み出していく．ローカルなスポーツを国際スポーツに転進させ，あるいは国際スポーツをローカルに演じることで，新たなスポーツに生まれ変わる．古くて新しい綱引き競技，サッカーが変形したフットサル，場所に変化をつけたビーチバレー，障害者バー

ジョンの各種スポーツ，老人ルールや子どもルールなど，これらを地域で掘り起こし，地域スポーツとして展開することで，同好の士が集い，同好の町村の連携＝対流が始まる．それが地域経済を育む萌芽となる．経済（効果）は，本来は生活を豊かにする手段であって目的ではない．スポーツがハレの行事として扱われるのではなく，日々の生活に取り込まれたとき，例えば健康増進による医療費削減という経済的効果が生み出される．

生活文化とスポーツイベント

2008年に大分県で国体が開催される．県では新しい国体開催を意義付けるために，環境に配慮した運営を標榜し，その1つの試みにごみゼロ運動と入場券発売方法との連携がある．企業やボランティアなどの環境保全運動に対し，入場券の割引サービスなどで応援しようという試みである．具体的には愛知万博で地域通貨などの普及，啓発を推進するNPO法人エコミュニネットワーク（代表加藤敏春氏）が主催した試みで，レジ袋の削減運動に協力した人にポイントを提供し，ポイント取得者には，相応の特典を会場で提供する試みである．特典の提供で，博覧会という特定地区の特定時間だけのイベントが，会場の内外を結び，継時的で開放的な開かれたイベントとして展開される．この発想を国体運営に応用しようとするものである．スポーツは，限られた人の，限られた時間と場所で行われる，非日常的な活動である．この活動にごみ削減という日常活動を組み合わせ，多くの人に開かれた，日常生活に連動させた国体として運営することで，ゴミの削減と処理コストの削減，総じて環境保全運動を推進しようとする画期的な試みである．このような展開で，現行の環境保全の維持に要するコストがどの程度削減されるか，それを新たな経済効果として換算してみると，そこには国体がもたらす飲食や宿泊，観光などといった直接的な効果以上の効果を生み出す可能性がある．社会的効果は言うまでもない．

地域イベントは，地域主導で，地域完結型でありながら，開放型で進める必要がある．要点は，域外に需要を運び出さないことである．行政の助成がそのまま域内で循環する形でイベント運営を進める．地域限定の推進費としては，地域通貨として発券してもいいだろう．チケット販売は地域

通貨のみとし，それは地域の活性化，環境の保全活動などに寄与した人々に提供されるボランティア手当てとし，あるいはレジ袋廃止運動で提供された小売店からの協賛金を担保にして発券してもいいだろう．地域ぐるみのイベントとして展開する手立てが求められる．そこでは商店街の活性化運動との連携や農林水産業で標榜される地産地消運動などとの連携が想定されてくる．

　最後に，ここまでスポーツイベントの経済波及効果を検討し，効果的な推進方策を考えてきたが，概して予測はあくまでも予測であり，結果数値と相関させてその是非を問い，あるいは事後に活かしていくという意味合いで捉えられていない印象がある．またそのように捉えること自体にいささかの疑問を筆者自身でも感じている．その理由は，スポーツに限らずイベントというものの醍醐味はある種，蕩尽的であることに求められるからである．蕩尽とは，いたずらなる消費で，それは正しく非生産的な投資と言い換えることができる．非生産的活動に経済効果という枠組みをあてがうことで，逆に事業成果を限定させ，ある面で矮小化させる懸念が生じてくる．蕩尽の成果，これは感動であったり興奮であったりするが，これらを数値化することははなはだ難しい．また欧米型の「イベント」の捉え方と日本型の「催事」あるいは「祭り」，「政ごと」，といった捉え方との文化的な差異がある．南米の国々との差異も感じられる．リオのカーニバルの経済的効果とその意義はどこに求められるのか．祭りが第三者的な立場の人に委ねられ，事業化され観光化されるとき，それは祭りの本来的な意義を見失うことにつながってくる．生活文化の一環として定着しはじめたスポーツは，仕事で得た余剰をいかに蕩尽するか，最終的にはこの一点に意義がある．余剰の消費量が多ければ多いほど，感動や感激が高まる．このパラドキシカルな連関にこそ，産業連関ならぬ，事業効果の連関が横たわっている．スポーツは文化，文化は生活，豊かであろうとなかろうと，日常性の一時の気晴らし活動がスポーツで，それは現代の蕩尽そのものである．そこでは経済効果などは二次的，三次的に語られてもいいのではないか．

第6章

世代を超える社会的効果の意味

木田 悟・岩住希能

1. スポーツイベントにおける社会的効果とは

　一般に，スポーツイベント開催による経済的効果に関する研究事例の検証数に比べ，社会的効果と呼ばれている効果に関するそれは少ない，と言われている[1]．

　その主たる理由としては，社会的効果が内包する本質的な問題点，すなわち社会的効果それ自体の定義が一見してあいまいな部分が多いことがあげられている．

　このようなことから本章では，本来スポーツイベントが有していると考えられる効果の1つであるが，経済的効果に比べこれまであまり焦点があたらなかった社会的効果，すなわち経済的効果以外の「人材の育成，スポーツの振興，地域アイデンティティの醸成，地域コミュニティの形成，各種交流促進，あるいは地域情報等の発信」などを「社会的効果」として定義し，その背景や効果の定義，評価手法，あるいは効果発揮に向けた取組みなどについて述べることとする．

---

[1] Chalkeyらは，「スポーツイベントの社会的効果に関する研究は，非常に少ない」とその著書（Chalkey et al., *The Impact of Major Sporting Events*, p. 3）で述べている．

1.1 社会的効果とは

　ここでは，前述した「社会的効果」とは何か，という問いを出発点として，スポーツイベントの開催が地域にもたらす効果を検証する．

　「社会」をその研究対象としている社会学では現在，さまざまな理論的立場が存在しているが，そのなかでも，「社会」とは「人間がコミュニケーションを手段として相互に行為しあう過程により固有の結合をつくり上げている状況」という共通理解があると考えられる．

　一方この「社会」に関し，近代社会学に大きな影響を与えたマックス・ヴェーバーが指摘する「人間間の諸関係」が，「コミュニケーションをとおして相互に行為しあう過程とそのような過程にもとづいた固有の結合」[2]と，より細かく定義されていることに注目したい．すなわち，これを「スポーツイベントによる効果」にあてはめて考えてみるならば，「スポーツイベントの開催が，それに関係する人びとの関係，もしくは結びつきにもたらす効果」を「スポーツイベントの社会的効果」として定義することが可能となろう．

　しかしながらこのような定義は，非常にあいまいな部分が多く残っている．まず，社会的効果を受ける対象である，スポーツイベントの開催に「関係する」，あるいは「関わる人びと」とは具体的に誰を示すのかである．そこで，ここでは開催運営主体，開催地圏域内に在住する観客および開催地圏域外に在住する観客（海外からの観客も含む）の三者に分けてみる．つまり，スポーツイベントの社会的効果とは，開催運営主体，開催地圏域内に在住する観客および開催地圏域外に在住する観客の三者のそれぞれ，もしくは三者間に対して，スポーツイベントの開催がもたらす効果として捉えることができる．

---

[2] マックス・ヴェーバー著，祇園寺信彦・祇園寺則夫訳『社会科学の方法』講談社学術文庫，1994年.

1.2 社会的効果の定義

前述したように,スポーツイベントをはじめとした地域活性化施策がもたらす社会的効果を定義することには困難が伴う.その理由としては,社会学のなかで,社会自体が「人間間の諸関係」というように,ある意味で幅広くフレキシブルに,別の意味ではあいまいに定義されているために,社会的効果に関しても明確な定義がなされにくい.また,スポーツイベントを開催する地域社会は,それぞれその社会に特有の問題点や課題を抱えているために,普遍的かつ通時的な社会的効果の定義は設定されにくい.

さらに,経済的効果とは異なり,社会的効果は数値等による具体化やそのような数値を基にした客観的な社会的効果を算出することは非常に難しい.例えば,スポーツイベント終了後,地域住民が自発的に地域社会の運営に携わるようになったとして,それを社会的効果として客観評価する場合,どのような指標を用いて評価を行うか,という点は明確ではない.

一方で,このような広範囲かつフレキシブルな定義を用いることによって,その対象社会の独自性と社会的効果の普遍性との均衡をとることが可能になる.

このようなことから,前述したようにスポーツイベントの開催が,開催運営主体,開催地圏域在住の観客および開催地圏域外在住の観客の三者のそれぞれ,もしくは三者間の関係にもたらす影響・効果を,仮にスポーツイベントの社会的効果とし,次のような要素をその具体的内容として捉えていくこととする.

・人材の育成
・スポーツの振興
・地域アイデンティティの醸成
・地域コミュニティの形成
・交流の促進
・地域情報の発信

2002 FIFA ワールドカップ™コリア・ジャパン

「冬のソナタ」,「ヨン様」ブームから始まった,いわゆる韓流ブームが未だ続いているが,いつからこれほどの韓国ブームになったのであろうか.2002年の日韓共催のサッカーのワールドカップが大きな役割を果たしていたことは,多くの人びとが知るところではないか.

日韓の共催ということで開催されたサッカーの国際大会であったが,主催者間では,共同で行うイベントなどはそれほど多くはなかった.しかしながら,民間レベルでは,これをきっかけに数多くの交流に関わるイベントなどが開催された(筆者:木田もワールドカップをきっかけとした日韓交流促進のためのシンポジウムを企業の支援や国などの後援を得てボランティアで開催した).このような交流イベント以外に日韓を身近にさせ,今日の交流を演出したのが,韓国チームと日本チームのサポーターであったと思う.

ワールドカップもファーストラウンドが終わり,セカンドラウンド,すなわち決勝トーナメントに入ったある日の夜(昼の試合で日本がトルコに負けた日であったが),新宿のスポーツバーで韓国とイタリアの試合を観戦した.ちなみに,スポーツバーがこれほどの隆盛をみたきっかけは,このワールドカップとも言える.

この日はイタリアチームを応援に来た女性サポーターが多かったことから,前半にイタリアが先に点を入れると大騒ぎとなっていた.しかし,予想に反して韓国には根性があった.この予想外のがんばりを観た日本人のイタリア・サポーターは,韓国が後半終了直前に同点にすると,ブーイングするどころか韓国の応援歌である「デーハミング(大韓民国)」を合唱しはじめた.その後,延長戦に入り,その後半に安貞桓(アン・ジョンファン)が決勝点を決めると,スポーツバーは,「デーハミング」の合唱が響きわたった.スポーツバーに来ていた日

本人サポーターは，隣国韓国の予想外の活躍に感激し，「デーハミング」を叫んだのであった．この光景を体験した筆者（木田）は，日韓最大の課題である住民レベルでの交流が身近に感じられ，感無量であった．筆者もこのワールドカップの1つの成果は，日韓交流の促進と考えていたからである．近くて遠い国が，近くて近い国になったのである．

　この大会では，日本のあちこちで韓国を応援する姿が見られ，日韓のわだかまりの解消に大いに役立った．これが，5年を経た今日の韓国ブームにつながり，日本と韓国との新しい関係の構築に大いに役立ってきている．当時の日本サッカー協会の会長であった長沼健さんが，1997年の11月1日，ソウルオリンピックスタジアムでのフランスワールドカップアジア予選での日韓戦において，韓国のサポーターであるレッド・デビルが「LET'S GO TO FRANCE TOGETHER」と英語で書かれた横断幕を掲げたのを見て，「背中に電流が走った」述べ，「サッカーでギクシャクしていた日韓の関係を改善できたらと思い，共催を受け入れたことにつながっている」と言われたことを思い出した．まさに，スポーツは世界共通の言語である．（木田　悟）

2. スポーツイベントの社会的効果に関する研究事例

　ここでは，数少ないスポーツイベント開催による社会的効果に関する研究事例について，いくつかの先進的研究事例を有する英国を中心に，米国の事例とわが国における研究事例も合わせて整理する．

2.1　諸外国における研究事例

英　国

　海外におけるスポーツイベントの社会的効果に関する研究や検証事例も数が限定されている．その理由として，ジョナサン・ロングとイアン・サンダーソンは，社会的効果に関して，定義のあいまいさと効果の検証・評

価手法が確立していないことを指摘している[3].

このロングとサンダーソンによれば，英国におけるスポーツを活用した地域活性化に資する政策は，従来，都市の貧困層をその対象として実施されることが多かった．そのために，地域社会の発展は，社会的そして経済的な立ち遅れに対して一丸となって対処し，人びとの能力や自信を向上することが主目的であると捉えられてきた，とのことである．

したがって，これらの政策を分析した先行研究によるスポーツの社会的効果は，次のように貧困層の自立的発展という主目標を反映したものとして定義されている．

- 自信や自己評価の向上
- めぐまれない人々の活性化
- 地域社会が主導権を取る能力の向上
- 犯罪，公共物破損，「非行」の減少
- 多様な主体の協働をとおした地域社会のアイデンティティの醸成
- 地域社会に対する誇りの醸成
- 就業率の向上
- 就業人口や収入の増加
- 健康な労働力の育成による生産性の向上
- 環境の改善

しかし，ロングとサンダーソンは，これらの社会的効果が効果の持続性や地域社会全体の自立的発展といった視点に乏しいことを指摘し，表1のような視点からスポーツの社会的効果を捉えることを提案している．

ここで，ロングとサンダーソンは，あくまで「参加するスポーツ」をとおした地域活性化政策について，分析していることに留意しなくてはならない．

一方，アダム・ブラウンらが英国政府の機関である「UK Sports」に提

---

[3] J. Long and I. Sanderson, "The Social Benefits of Sport: Where's the Proof?" in C. Gratton and I. P. Herry, *Sport in the City, The Role of Sport in Economic and Social Renegeration,* Routlege, 2001.

表1 スポーツのもたらす社会的効果

区　分	
個人能力の開発	自己評価と自信の向上
地域社会の結束力の強化	地域アイデンティティの醸成と地域社会の結束力の強化 地域社会の健康状態の改善 健全な青少年の育成
権限委譲および地位向上	めぐまれない社会層の地位向上 地域社会が自ら主導権を取れるように改善
経済的効果	若者の雇用促進 スポーツ関連企業の育成

表2 スポーツイベント開催の社会的効果

準備・開催委員会のスタッフのスキルの向上
スポーツイベント開催を通じた多様な主体の団結
社会階層・年齢層を越えた交流機会の増加
家族ぐるみの準備・開催参加による家族内の対話の増加
地域社会の絆の深まり
スポーツに関する興味・関心の喚起
地元開催地域に対する愛着心の増加

出した報告書「スポーツイベントの効果についての先行研究の整理」[4]では，開催・運営主体における「人間間の諸関係」に与える影響について焦点をあてたうえで，スポーツイベントのもつ前向きな社会的効果を具体的に表2に示すように定義している．

また，ジョイ・スタンデヴェンらは，その著書『スポーツツーリズム』のなかで，スポーツイベントの開催を含むスポーツツーリズムが，スポーツイベント開催地および観光客の双方に与える正負両方の社会的効果について表3のごとく示している[5]．

一方，リッチーとライオンズは，1988年にカナダのカルガリーで開催された冬季オリンピックに関する社会的効果を，カルガリー市民を対象としたアンケート調査を実施することにより検証している[6]．

---

4) A. Brown et al., *The Impact of Major Sporting Events, The Sports Development Impact of the Manchester 2002 Commonwealth Games Initial Baseline Research*, 2001, p 8.
5) J. Standeven, et al., *Sport Tourism Human Kinetics*, 1999.
6) *Literature Review*, p 16.

表3　スポーツツーリズムの社会的効果

前向きな社会的効果	負の社会的効果
・土地の有効利用	・一時雇用需要の増加による地域の伝統的な社会構造と地域経済の破壊
・自然資源を整備する機会の提供	
・受け入れもしくは開催地のアイデンティティおよび共同体意識の醸成	・地域固有のアイデンティティの喪失
・開催地の伝統文化の保存と再活性化の促進	・商業主義による伝統文化の破壊
・地域情報の発信	・受け入れ側と観光客の間の関係の悪化
・スポーツをとおして国際社会の一員であるという認識をもつことにより，内政改革を促進する機会の提供	・暴動／暴力事件の発生

表4　カルガリーオリンピックが開催地と市民に対して与えた前向きな効果

効　　果	構成（％）
カルガリー市に対する外部の認識の向上	50.0
観光振興	36.3
経済効果（雇用の増加等）	34.0
オリンピック施設	21.1
カルガリー市のイメージアップ	14.2
カルガリー市に対して市民が愛着をもつようになった	8.8
市民が団結できるようになった	4.9
他の市民との交流機会の増加	4.1
市全体の雰囲気が向上した	2.8
その他	1.5

出典：*Literature Review*, p 16, 複数回答．

　この調査研究によれば，オリンピック開催前は，84.7％の回答者がオリンピック開催に対して好意的であったが，開催後は，その数字は97.8％に上昇した．さらに，オリンピックのハイライトに関しては，6.6％の回答者が「スポーツ施設の整備」をあげたのに対して，11.8％の回答者は，「オリンピック開催によって参加者全員が一致団結できた」点を指摘している．

　一方，オリンピックがもたらした前向きな効果に関するアンケート調査結果では（表4），「カルガリー市に対する外部認識の向上」が半数の50％を占め，「観光振興」が36.3％という結果になっている．

　このような結果を受けて，リッチーとライオンズは，冬季オリンピック

の開催により，カルガリーと周辺地域が観光地として世界的に有名になったことで，短期的にしても社会的効果があった，と結論づけている．

米国

このようななかで米国では，公共政策の社会的効果評価法（Social Impact Assessment）に関する研究が 1970 年代より行われてきている．

これらの研究成果をふまえて，連邦政府では商務省を中心とした「社会的効果の評価についてのガイドラインおよび原則策定に関する省庁間委員会」を立ち上げ，「社会的効果の評価についてのガイドラインおよび原則」[7]として社会的効果評価法を公共政策に取り入れることを提言しているし，このなかでは，社会的効果を次のように定義している．

「社会的効果は，人びとが暮らし，働き，遊び，お互いに関わりあったり，他の人々の需要に応えたり，そして一般的な意味で，社会の一員として対応するといった人間が営むすべての公的，もしくは私的な活動に対する変化の結果を意味する．」

このように，社会的効果を人間のあらゆる相互行為に与える影響という側面から定義した背景には，マックス・ヴェーバーが，その著作『社会科学の方法』で，「社会的なもの」を「人間間の諸関係」と定義したこととの関係があると考えられる[8]．

一方，同報告書では，公共政策の展開段階と社会的効果の評価項目からなる評価法のモデルを利用して，社会的効果を評価することを提案している．まず，各政策を次の 4 段階に分け，それぞれの段階における社会的評価を表 5 に示す項目において行うことを提案している．

①計画／政策立案段階
②政策導入／建設段階
③政策実施／施設維持段階
④政策廃止／施設廃棄段階

---

7) The Interorganizational Committee on Guidelines and Principles for Social Impact Assessment: Guidelines and Principles For Social Impact Assessment, 1994.
8) 注1) 参照．

表5 公共政策等の社会的効果の評価項目

区分	社会的効果に関する評価項目	区分	社会的効果に関する評価項目
人口構成	人口数の変化 民族・人種構成 住民移転による人口構成の変化 一時就業者の流入・流出による影響 一時居住民の流入・流出による影響	社会的資源・政治	政治力・政治権威などの配分 利害関係者の認定 影響を受ける団体・個人の確認 指導者の能力と特徴
地域および制度の構造	ボランティア組織 利益団体の活動 地方自治体のサイズと構成 変化に対する地域の対応に関する歴史的経緯 雇用・収入の特徴 マイノリティに対する雇用条件 地方と中央の結びつき 産業・商業の多様性 都市・地域計画やゾーニング	個人および家族に与える変化	危険・健康および安全性に対する認識 地域社会の分裂などに対する不安 政治・社会制度に対する信頼感 居住上の安定度 地域社会の親密度 政策・プロジェクトに対する態度 家族や友人間の絆 社会福祉に関する心配
		地域資源	地域内におけるインフラ アメリカ先住民 土地利用のパターン 文化, 歴史, 考古学資源に対する影響

ただし，これらの評価項目はあくまで基本的なモデルであり，各連邦政府および州政府機関が，政策実施対象地域の状況や政策の種類などに合わせて，評価項目の定義を行うことが示唆されている．なお，このような社会評価法を実際に適用した事例に関しては，筆者らの調べでは研究がなされていない．

海外における研究事例のまとめ

このように，海外の先行研究におけるスポーツイベントが開催地にもたらす社会的効果の定義に関しては，その社会的効果を評価する対象国によって，大きな違いがあることが分かった．英国の社会的効果の定義事例では，地域の活性化政策の柱に都市部の貧困層への対応・改善が据えられているために，対象層が自己評価を改め，自立して地域社会に参加することを，社会的効果の中心点として捉えている．

一方，米国の公共政策・事業の社会的効果の定義は，政策対象地域社会における民族や人種間の関係を考慮している．

したがって，これらの事例を日本におけるスポーツイベントの社会的効

果の定義に取り入れるには，なじまない考え方や概念がある．しかしながら，地域社会の交流，地域コミュニティの形成，地域アイデンティティの醸成，あるいは地域情報の発信などといった項目は，より普遍的な性質をもっていると考えられる．

このように，先行研究におけるスポーツイベントのもつ社会的効果としては，ボランティア活動を軸とした地域アイデンティティの醸成，地域コミュニティの形成，地域社会の交流，あるいは地域情報の発信が指摘されている．しかしその一方で，これらの効果の測定方法や定義に関しては，あいまいな部分が多い．これはこれまで述べたように，社会的効果を定義するうえで重要な構成要素である「社会的なもの」が，「人間間の諸関係」という漠然とした概念に頼らざるを得ないことに起因していることが指摘できる．

しかしながら，キッチンが指摘しているように[9]，多様な人びとに興味をもたせ，かつ参加できるような仕組みをもつスポーツイベントを開催することによって，開催地が刺激的な場所となり，地域社会に何らかの社会的効果をもたらすことは疑う余地もない．

2.2 日本における研究事例

スポーツイベント開催による地域活性化効果を，経済的効果とそれ以外の効果としての社会的効果とに分類して捉えると，経済的効果については，2003年にオーストラリアで開催されたラグビーのワールドカップに関する報告[10]や英国の不動産業者である Jones Lang LaSalle 社が 2002 FIFA ワールドカップ™日本大会の開催がわが国の不動産市場に与える影響に関して実施した事例検証[11]，あるいは 2006 年にドイツで開催された FIFA

---

9) T. Kitchen, "Cities and the 'World Events' Process'", *Town and Country Planning* 79, 1994.

10) URS Finance and Economics, Economic Impact of the Rugby World Cup 2003 on the Australian Economy-Post Analysis 2004.

11) Jones Lang La Salle, How Advantage? The Impact of the World Cup on Real Estate Markets, 2002.

ワールドカップ™ドイツ大会の経済的効果を予測した論文などで明らかにされている[12].

この経済的効果について原田[13]は，スポーツイベント開催にかかる支出額の総計（直接効果）と支出額をもとにした産業連関分析による生産誘発額（経済波及効果）を合計した数値で測定されるのが一般的であるとし，さらに「スポーツイベントの経済効果は，参加型スポーツイベントの経済効果と観戦型のスポーツイベントの経済効果がある」とし，それぞれについて異なった考え方を示している．

一方，スポーツイベント開催による社会的効果は，スポーツイベントの開催が，開催運営主体，開催地圏域在住の観客および開催地圏域外在住の観客の三者のそれぞれ，もしくは三者間の関係にもたらす影響として捉えることとしたが，このような社会的効果の捉え方では，社会的効果と経済的効果の境界があいまいになることも指摘できる．

しかし一方でこのようなあいまいさを残した，もしくは経済的効果を内包したような社会的効果の捉え方をすることによって，スポーツイベントの開催による活性化効果をより，広角的に捉えることができるとも考えられる．

ただし，前述したようにわが国においては，経済的効果にその視点が偏りがちで，それ以外の効果に対する考慮が少なかった，という背景がある．

したがって，わが国におけるスポーツイベント開催と社会的効果に関する研究や事例検証に関しては，「スポーツを核とした地域活性化に関する調査」[14]や筆者らの論文[15)16)]や佐伯らの報告[17]などがあるのみである．特

---

12) M. Kurscheidt et al., Local Investment and National Impact : The Case of the Football World Cup 2006 in Germany 2002.

13) 原田宗彦『スポーツイベントの経済学——メガイベントとホームチームが都市を変える』平凡社新書，2002年．

14) 国土庁・(財)日本システム開発研究所「スポーツを核とした地域活性化に関する調査——スポーツフロンティアシティ21」，1995年（著者：木田が中心となって実施）．

15) 木田悟・小嶋勝衛「サッカーワールドカップフランス大会における地域活性化の実態——サッカーワールドカップ開催を契機とした地域活性化に関する研究　その1——」日本建築学会技術報告集第18号，2003年，pp. 319-324.

表6 スポーツを核とした地域活性化効果の分類

社会的効果	地域コミュニティ形成効果	地域住民の連携，住民・企業・行政の連携，住民側の連帯感の高揚，地域住民組織の形成などの効果がある．
	地域アイデンティティ形成効果	住民の地域に対する帰属意識の高揚（おらが村意識），スポーツの地域におけるシンボル化，情報発信による知名度・イメージの高まりなどの効果がある．
	他地域との交流促進効果	国内の他地域や海外との交流が促進される効果がある．
	人材育成効果	スポーツ競技者，スポーツ指導者，ボランティア，地域活動のリーダーなどの人材育成効果がある．
経済的効果	施設・基盤・都市環境などの整備効果	スポーツ施設および周辺の公園，施設までのアクセス道路・交通機関，町並みの景観などの整備効果がある．さらに，これらによる経済的効果がある．
	経済・産業振興効果	スポーツをシンボル化したキャラクターグッズや観光土産品の製造・販売，来訪者の増加による既存観光産業を振興する効果もある．また，そのスポーツの普及により，スポーツ用品などの製造・販売促進につながる．さらに，イベントなどの入場料収入や飲食などの直接的な経済効果や雇用促進効果もみられる．

出典：国土庁・(財)日本システム開発研究所「スポーツを核とした地域活性化に関する調査——スポーツフロンティアシティ21」，1995年．

に，佐伯らの報告では，「スポーツ大会を開催することが地域社会の形成に効果がある」としている．しかしながら，これらの考え方や報告，論文においても，社会的効果についての明確な内容，例えば「地域アイデンティティの醸成効果」などを具体的に示したものは存在していない．

このような状況のなかで，スポーツと地域活性化効果についての先行的な報告である前述した「スポーツを核とした地域活性化に関する調査」(1995年)では，スポーツによる効果を表6のように整理しており，スポーツを核とした地域活性化の効果としては，経済的効果よりも社会的効果を強調しているし，スポーツイベントによる効果についても述べている．

16) 木田悟・小嶋勝衛・岩住希能「サッカーワールドカップ大会における社会的効果に関する考察——サッカーワールドカップ開催を契機とした地域活性化に関する研究：その2」日本建築学会技術報告集第23号，2006年，pp. 427-432.
17) 佐伯聰夫編著「スポーツイベントの展開と地域社会形成——ウインブルドン・テニスからブンデスリーガ・サッカーまで」不昧堂出版，2000年．

3. 社会的効果発揮に向けた取組み

これまで述べてきたように，わが国におけるスポーツイベント開催は，経済的効果発揮に向けた活動が積極的に行われ，それが目的のような施策展開がなされていたが，社会的効果と呼ばれる効果もそれなりに発揮されてきていたし，一部の自治体等においては，むしろ積極的に社会的効果の発揮に向けた施策展開を行ってきたところもあった．

しかしながら，曲りなりにも効果の評価手法が示されている経済的効果と異なり，社会的効果はその定義からして明確ではなく，ましてや評価方法などは示されてきていなかった．このようなことから，スポーツイベント開催による社会的効果が明確となってきてはいなかったといえよう．これは，わが国における社会的効果の定義というか範囲が，暗に経済的効果以外の効果とされ，経済的効果と一体をなす効果として示されてこなかったことにもよるものと考えられる．

さらにわが国では，スポーツは「教育」の実践の場として行われてきたことや，国体に代表されるスポーツイベントの開催に併せた道路整備や施設整備などのインフラ整備を積極的に展開してきたことから，経済的効果やその波及効果に重点が置かれ，社会的効果に対する考慮が少なかったのでは，と考えられる．

しかしながら，効果を幅広く捉え，自らに関わる効果とそれ以外の社会に関連する効果，すなわち社会的効果に分けてみると，この社会的効果の一部に経済的効果があると捉えることができ，社会的効果と経済的効果は一体として考えていくことも可能である．要は，社会的効果と経済的効果は，相互に連動して効果を発揮させていくことが可能である，ということである．

すなわち，これまでスポーツイベント開催におけるインフラとして整備された道路，鉄道，あるいは施設は，その後の国民生活の向上，すなわち社会的効果に資するものとなっており，経済あるいは産業のインフラとして機能していた．しかしながら，近年の大規模施設の整備をはじめとした展開は，その後の経済・産業の振興との関わりが明確でなかったとともに，

国民生活あるいは整備された地域の人びとの生活向上，さらに社会的効果に資するものとなっていなかった，すなわち真のインフラとして機能していない，ということが指摘される．

　一方，これまで述べたように情報発信や交流の促進などは，その結果として経済的効果を発揮させている事例がみられている．

　このようなことから，今後のスポーツイベント開催による効果の発揮には，社会的効果と経済的効果を一体と考えた施策展開と，それらを連携させ，かつ活用した地域活性化に向けた具体的施策の実行が重要であると考える．

第 III 部
スポーツを活かす多様な試み

第 7 章
スポーツにおけるボランティアの役割

木田 悟

　近年におけるスポーツは，マスメディアとの連携などにより，本来的役割である「健全な青少年の育成」や「健康の増進」のみならず，スポーツイベントの開催などと連携した経済的効果をはじめ，地域アイデンティティの醸成，地域コミュニティの形成，交流の促進，あるいは地域情報の発信という効果にまで着目されるようになってきていることは，これまでくり返し述べてきた．

　スポーツは，同一ルールの下で行うことから，老若男女，あるいは健常者も障害者も，誰でも，どこでも行うことが可能であるところが特色である．また，近年では，リアルタイムのスポーツ情報，すなわちスポーツ選手情報，スポーツファン・サポーターなどの情報，あるいはスポーツ活動を支援する人びとの活動情報など，さまざまな情報が世界各地において受発信が可能となり，スポーツに興味をもち，参加したり，観たり，あるいは支援したりする人びとが増加してきている．

　このようなスポーツを取り巻く環境のなかで，近年におけるスポーツイベントは，健常者を対象としたイベントばかりでなく，障害者を対象としたイベントも世界各地で開催されている．特に，障害者を対象としたスポーツイベントは，それを支援する人びと，すなわち数多くのボランティアの協力なしの開催は難しい．無論，健常者のイベントであっても地域住民をはじめとした数多くの人びとのボランティア活動を必要としている．

このように，公的組織が開催するスポーツイベントに，地域住民をはじめとした数多くの人びとがボランティアとして，その運営に参加したり，協力したり，あるいは関連する活動，特に地域づくりやまちづくりに関わる活動に積極的に参加していくことが，開催地などのその後の地域づくりやまちづくりに多いに役立つ，ということがこれまでの調査・研究結果から明らかとなってきている[1].

本章では，スポーツイベント開催と住民参加，すなわち地域住民をはじめとした人びとのボランティア（スポーツ・ボランティア）の活動実態をふまえ，スポーツイベントにおける住民参加状況をいくつかの活動事例によって明らかにし，現在のスポーツイベント開催における住民参加の課題を浮き彫りにした上で，いくつかの提言を行うこととする．

1. スポーツにおけるボランティア活動について

ここでは，住民参加としてのスポーツ・ボランティアの定義，役割・範囲を示した後，わが国におけるスポーツ・ボランティアの実施状況を取りまとめる．

1.1 スポーツ・ボランティアの定義

ボランティアの語源は，ラテン語の voluntas（ヴォランタス）と言われ，自由意志や自主性を意味しているが，文部科学省の「スポーツにおけるボランティア活動の実態等に関する調査研究報告書」（2002 年，スポーツにおけるボランティア活動の実態等に関する調査研究協力者会議）では，スポーツ・ボランティアを「地域におけるスポーツクラブやスポーツ団体において，報酬を目的としないで，クラブ・団体の運営や指導活動を日常的に支えたり，また，国際競技大会や地域スポーツ大会などにおいて，専門能力や時間などを進んで提供し，大会の運営を支える人のこと」と定義し

---

[1] 国土交通省「国際的スポーツ大会を契機とした住民参加活動の定着化による地域活性化に関する調査」，2002 年（著者が中心となって実施）．

ている．

　このように，スポーツ・ボランティアは，これまでの「参加するスポーツ」や「観るスポーツ」のみならず，「支援するスポーツ」として，スポーツを行っていくうえでの貢献が望まれている．

1.2　スポーツ・ボランティアの実施状況

　スポーツ・ボランティアの活動状況の実態を SSF 笹川スポーツ財団が実施した「スポーツライフ・データ」から取りまとめると以下のとおりである．

調査の概要

①調査報告名
　・スポーツライフ・データ 1994，1998，2000，2002
②調査対象・方法
　・全国の市町村在住の満 20 歳以上の男女 3,000 人を対象に，6 月初旬頃，訪問留置法による質問紙調査を実施．1994 年調査のみ 2,000 人を対象
　・全国調査の実施・回収・集計は，社団法人新情報センターに委託
　・分析・報告書の作成は，SSF 調査研究委員会を組織して実施
③回収結果：有効回収数（率）
　・1994 年調査　1,596（79.8%），1998 年調査　2,322（77.4%）
　・2000 年調査　2,238（74.6%），2002 年調査　2,267（75.6%）
④用語の定義：
　・本調査におけるスポーツ・ボランティア活動とは，報酬を目的とせず自分の労力，技術，時間を提供して地域社会や個人・団体スポーツ推進のために行う活動のことを意味する．ただし，活動にかかる交通費等，実費程度の金額の支払いは報酬に含めない．

スポーツ・ボランティア活動の実施率

　過去 1 年間にスポーツに関わるボランティア活動を行ったことが「ある」と回答した実施者の割合について，1994 年・1998 年・2000 年・2002 年の調査結果からその推移を紹介する（1996 年調査時には，スポーツ・ボランティアに関する調査項目は含まれなかった）．

　図 1 にみられるとおり，わが国の成人のスポーツ・ボランティア実施者は，1994 年 6.1%，1998 年 7.1%，2000 年 8.3% と上昇傾向にあると思われたが，2002 年では 7.0% と減少し，その数値から全国の成人のスポーツ・ボランティア人口を推計してみると，約 704 万人となる．

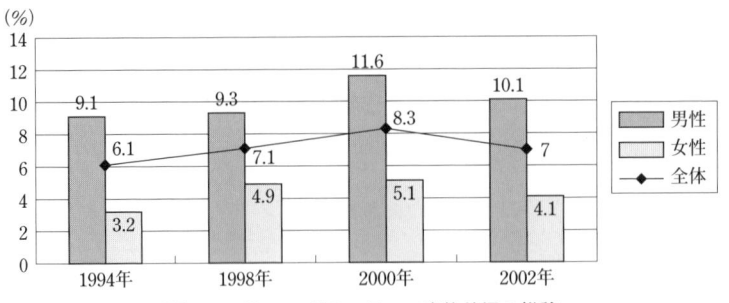

図1 スポーツ・ボランティア実施状況の推移

資料：SSF「スポーツライフ・データ」（1994, 1998, 2000, 2002）より作成．

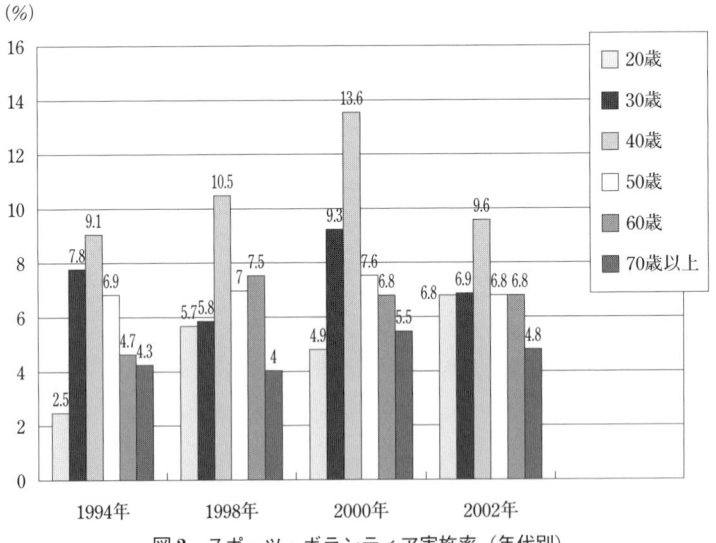

図2 スポーツ・ボランティア実施率（年代別）

資料：SSF「スポーツライフ・データ」（1994, 1998, 2000, 2002）より作成．

　性別でみると，1994年調査では，女性3.2%に対して男性の割合が9.1%と男性が女性の約3倍であったが，1998年調査以降は，男性は女性の約2倍の割合を示している．

　年代別にみると，1994年調査からずっと40歳代の実施率が高いが，他の年代については，調査ごとに傾向が異なり，2002年調査では30歳代が6.9%，20歳代・50歳代・60歳代で6.8%と，ほぼ同様の実施率であっ

図3 スポーツ・ボランティア実施希望率

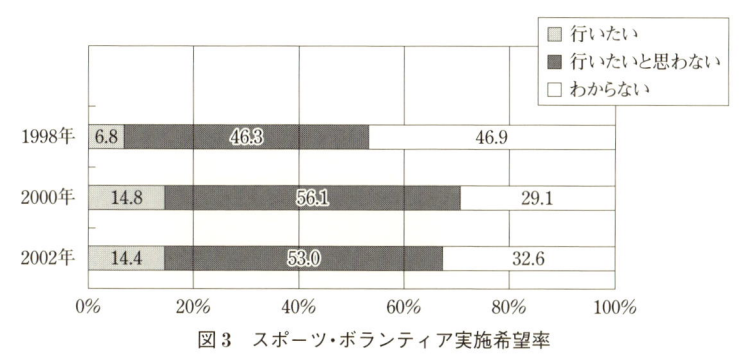

年	行いたい	行いたいと思わない	わからない
1998年	6.8	46.3	46.9
2000年	14.8	56.1	29.1
2002年	14.4	53.0	32.6

資料：SSF「スポーツライフ・データ」(1998, 2000, 2002).

た（図2参照）．

スポーツ・ボランティア活動の実施希望

「今後，スポーツ・ボランティア活動を行いたいか」を全員にたずねたところ，「行いたい」と回答した者の割合（実施希望率）は，1998年の6.8%から2000年14.8%と約8ポイント上昇している（図3参照）．

一方，「行いたいとは思わない」と回答した者の割合も，1998年の46.3%から2000年56.2%，2002年52.9%と増加の傾向がみられる．

2002年の調査で，実施希望者の性別・年代別の特徴をみると，性別では，男性18.9%，女性10.1%と男性の割合が高かった．年代別では，実施率と同様の傾向がみられ，40歳代で17.9%，次いで60歳代15.3%，30歳代15.0%，20歳代14.7%，50歳代14.6%，70歳代7.7%の順で，実施率のポイントよりも高くなっている（1994年調査時には，実施希望の調査項目は含まれなかった）．

スポーツ・ボランティア活動の実施内容と希望内容

過去1年に実施されたスポーツ・ボランティアの実施内容と実施希望者が希望する活動内容について，2002年の調査結果を示すと図4のとおりとなる．

実施を希望する活動内容については，「地域のスポーツイベントの運営

■ 希望実施率(n=326)　□ 実施率(n=159)

項目	希望実施率	実施率
日常的なスポーツ指導	25.2	19.9
日常的なスポーツ審判	23.9	9.5
日常的な団体・クラブの運営や世話	40.3	28.5
日常的なスポーツ施設の管理の手伝い	8.8	15.6
地域のスポーツイベントでの審判	20.1	8.3
地域のスポーツ大会・イベントの運営や世話	45.3	46.9
全国・国際的なスポーツイベントでの審判	2.5	3.1
全国・国際的なスポーツイベントの運営や世話	6.9	15.3

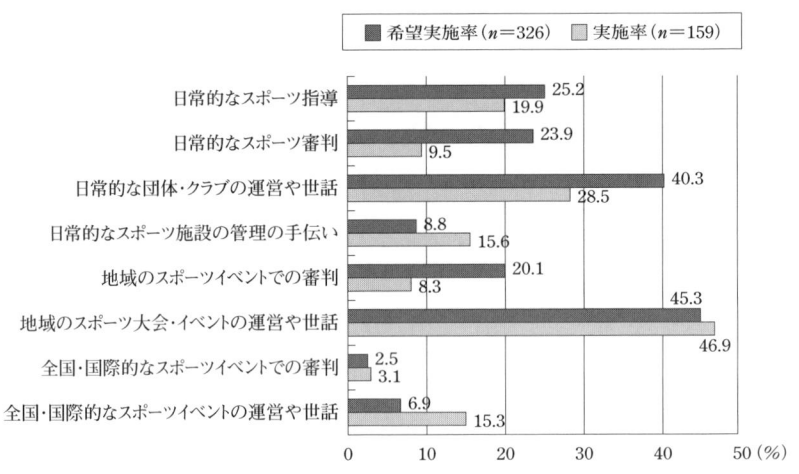

図4　スポーツ・ボランティア活動の実施・希望内容（複数回答）

資料：SFF「スポーツライフ・データ」(2002) より作成．

や世話」と回答した者の割合が46.9%ともっとも高く，以下「日常的な団体・クラブの運営や世話」28.5%，「日常的なスポーツ指導」19.9%，「日常的なスポーツ施設の管理の手伝い」15.6%，「全国・国際的なスポーツイベントの運営や世話」15.3%の順となっている．

実施希望内容と現在の実施内容を比べると，実施希望率が実施率を上回っている内容としては，「日常的なスポーツ施設の管理の手伝い」15.6%，「全国・国際的なスポーツイベントの運営や世話」15.3%の順となっている．

実施率と実施希望率がほぼ同様の内容としては，「地域のスポーツイベントの運営や世話」，「全国・国際的なスポーツイベントでの審判」となっている．実施率に対して実施希望率が低い内容のうち，顕著な差異がみられるものとしては，「日常的なスポーツ審判」「地域のスポーツイベントでの審判」があげられる．これらの活動は，依頼型のボランティア率の高さにもみられるように自主的なボランティアによって行われにくい活動であるものと推察される．

2. スポーツイベントにおける住民参加（ボランティア活動）

2.1 住民参加の重要性

スポーツイベントを開催していく上で，開催地などの人びとによるボランティア活動などの住民参加が社会的効果（第6章参照）を増大させる手段として重要であるとされている[2]．特に，地域住民がその地で開催されるスポーツイベントへ積極的に参加していくことは，地域住民の社会活動への参加，すなわち地域づくりなどへのボランティア活動への参加を促進し，より民主的な社会の実現に貢献すると考えられている[3]．

このように，地域づくり，あるいは地域の活性化などにスポーツイベントの開催時におけるさまざまな活動への住民の参加が有効である，ということは，国土庁が行った「スポーツを核とした地域活性化に関する調査」（1995年）や国土交通省が行った「国際的スポーツ大会を契機とした住民参加活動の定着化による地域活性化に関する調査」（2001年），あるいは国土庁大都市圏整備局編の「住民の活動がつくる魅力ある地域——住民参加による地域活性化に関する調査報告」（大蔵省印刷局，1997年），などにおいて示されている．

一方，英国のスコットランド地方政府の報告[4]では，スポーツイベントへの地域住民の参加の意義を，

「政策上で鍵となるメッセージは，スポーツの持つ潜在的な前向きな効果とはスポーツに参加することだけに限られていないということである．準備・実行委員会などに参加したり，スポーツや身体を利用したレクリエーションに参加する機会を持つことは，個人の尊厳を高め，他の

---

2) 佐伯聰夫編著『スポーツイベントの展開と地域社会形成〜ウインブルドン・テニスからブンデスリーガ・サッカーまで〜』不昧堂出版，2000年；海老原修編著『現代スポーツ社会学序説』杏林書院，2003年；池田勝・守能信次編『スポーツの社会学』杏林書院，2001年などによる．
3) *Literature Review*, p. 14.
4) *The Role of Sport in Regenerating Deprived Urban Areas*, Scottish Executive, 1999.

人に伝えることができるスキルの育成につながる．すなわち，ボランティア活動とは，『活発な市民像』の形成にほかならない．」

と捉えている．

2.2　住民参加の状況

　近年のスポーツイベント開催において欠かすことのできないボランティア活動，すなわち地域住民やイベント開催を支援しようと地域以外から訪れる（場合によっては世界各地から）人びとによるスポーツイベント開催に関わる直接，あるいは間接的な支援活動の状況をみてみよう．

　近年日本において開催された国際的スポーツイベントとして，長野冬季オリンピック大会（長野オリンピック），オリンピック以外の種目からなるスポーツの国際的競技大会である秋田ワールドゲームズおよび世界最大級の国際的スポーツイベントといわれる 2002 FIFA ワールドカップコリア・ジャパン（ワールドカップ）の新潟大会に焦点をあて，住民参加の状況を整理する．また，これら健常者を対象としたスポーツイベントのみならず，近年では障害者を対象とした国際的スポーツイベントも数多く開催されるようになってきており，その代表的なイベントとして 2005 年に長野市を中心に開催された知的障害者を対象としたスペシャルオリンピックス（SO 長野）がある．この国際的スポーツイベントは，参加者が障害者であることから，ボランティアの支援なしには開催不可能なイベントであるし，開催地域の住民の献身的な協力があってこそ成り立つイベントであると言える．

長野オリンピック

　オリンピック開催から 9 年が経過した長野では，相変わらず巨大施設の維持管理に頭を悩ませ，また開催に要した経費の埋め合わせに四苦八苦している．しかしながら，オリンピックにボランティアとして参加した地元住民を中心に，着実に住民参加活動，すなわちまちづくりに関連したボランティア活動が定着し，「地域をより良くしていこう」という気運が高ま

表1　長野オリンピックでのボランティア業務内容

業　務	内　容
1. 案内・接待・シャトルバス添乗	会場・駅等での大会関係者・観客の案内・接待，大会関係者を輸送するシャトルバスへの添乗
2. 認定書の発行業務	大会関係者の入場資格証明書の作成・発行
3. 改札	入場券の改札，入場者のカウント
4. 入場券・グッズ販売	入場券・オリンピックグッズの販売
5. 場内整理	会場内での観客等の誘導，障害者の介助等
6. 場外整理	駐車場・路上での車・観客等の誘導
7. 会場整理	屋外観客席，駐車場の除雪等
8. 会場・施設清掃	会場等のゴミの回収・分別，清掃
9. 情報システム補助	コンピュータ等の操作
10. 情報サービス補助	オリンピック情報誌の作成・配布，競技予定・結果等の情報提供
11. 通信システム補助	通信回線・通信機器等の保守等
12. 専用車運転	大会関係者の輸送（乗用車）
13. 医療・救護補助	医療業務・救護活動の補助等
14. 諸サービス	荷物預かり・保管，機材の貸し出し等
15. 競技運営補助	競技コース等の整備，競技運営本部の業務補助
16. 文化交流	音楽・美術・演劇・伝統文化・郷土芸能等の披露による文化交流
17. ホームステイ・ホームビジット	国際ユースキャンプ参加青少年等の家庭での接待・宿泊（ホームビジット：宿泊を伴わない受け入れ）
18. サポーター業務	ボランティアの育成および家庭での受け入れ支援

出典：文部科学省「スポーツにおけるボランティア活動の実態等に関する調査研究報告書」，2000年．

ってきている．

　①**長野オリンピックにおけるボランティアの概要**　1998年2月に長野市を中心に山ノ内町，軽井沢町，白馬村および野沢温泉村の1市2町2村において開催された冬季オリンピックは，わが国では札幌に次ぐ2回目の冬季オリンピック大会で，第18回大会であった．この長野オリンピックは，日本選手の大活躍とともに長野県の地域住民を中心としたボランティア（表1参照）によるホスピタリティあふれ，心温まる大会として，現在も多くの人びとの記憶に残っている．

　この長野オリンピックにおける代表的な地域住民の活動としては，長野市が行った「1校1国運動」が有名である．これは1994年に広島で開催された第12回アジア競技大会広島をきっかけに行われた「1公民館1国支援運動」が，スポーツイベントを契機とした国際交流の活動事例として有名となり，その後，1995年の福岡での第18回ユニバーシアード大会を経て，長野オリンピックへ受け継がれたものである．さらに，長野オリン

ピック以降，現在でも形を変え，世界各地で開催される国際的スポーツイベントに継承されている．

②**長野オリンピック大会開催時の住民活動**　一方，長野オリンピックにおける主たる住民参加活動としては，以下のようなものが行われていた[5]．

i. 1校1国運動：長野オリンピックおよびパラリンピックの開催を契機に，長野市内の小・中・特殊教育学校76校が1校ごとに参加国を応援し，文化交流に取り組んだ．

ii. はあてぃ長野：長野市で行われた活動で，地域ぐるみでオリンピックおよびパラリンピックに協力することを目的に，長野市を訪れる選手・役員・観客を市内の各地区の特色を活かして，心から（Hearty）歓迎し，長野市のすばらしさを知ってもらう活動．

iii. キッキオ・レリーフ：（社）長野青年会議所が行った活動で，長野市内の小・中・特殊教育学校に呼びかけて，子どもたちによるレリーフを作成．

iv. 子どもカレンダー：1989年から毎年，全国の小・中学生から長野オリンピックをテーマとした絵を募集し，優秀作品をカレンダーとした．カレンダーは，IOC委員をはじめ国内外の関係者に配布するとともに，長野市内のオリンピック関連施設に展示した．

v. 愛称募集：長野市内の競技施設の愛称を募集した．

vi. スノーレッツクラブ：長野オリンピックを応援する小・中学生からなる会で，会員数は5,000人．スノーレッツクラブ通信を年3回発行し，会員への情報提供や会員からのイラスト提供や便りなどを紹介．

vii. オリンピック子どもフォーラム：スポーツ振興を通じた青少年の育成とオリンピックのボランティア活動を通じた国際理解を深めることを目的に毎年1回開催していた．第1回は，1992年度に白馬村で350人の参加者で開催された．

viii. オリンピック少年少女友の会：盛岡市，山形市，旭川市および長

---

[5] 国土庁大都市圏整備局「国際的イベントを活用した地域づくりに関する調査報告」，1998年（著者が中心となって実施）．

第 7 章　スポーツにおけるボランティアの役割　　　143

野市などの子どもたちで構成され，毎年 1 回交流会を開催している．
- ix. 小学生作文コンクール：長野市など 18 市町村の小学生を対象に 1995 年度から毎年行っていた．
- x. 大学の単位として認定：信州大学の工学部では，1997 年度から週 1 時間（年 45 時間）のボランティア活動を 1 単位として認定した．
- xi. 1 店 1 国運動：長野市内の商店街では，選手を温かく歓迎し，応援することを目的に 1997 年に「1 店 1 国運動」実行委員会を設立し，応援する国の国旗や言語などを紹介するパネルを各店舗に掲載した．

さらに，オリンピックに関連するボランティア活動には，大会運営に約 2 万人，文化プログラムに約 1 万 4,000 人の合計 3 万 4,000 人が登録し，32,779 人が参加した．

③長野オリンピック後の住民参加の状況　長野オリンピック後の地域住民等へのヒアリング調査から，長野オリンピックという国際的スポーツイベントを開催し，運営していく上で，ボランティア活動は欠かさざるべきものとなっていたことが分かったが，それ以上に，地域を盛り上げていく活動を行っていく上で，地域住民のボランティア活動への参加が如何に重要であるかが明らかとなった．さらに，イベント開催直後に開催されたパラリンピックが，その後の住民活動組織に大きな影響を与えたことも分かった[6]．

現在，長野市では「オリンピック開催のまち」として，まちの PR に関連した活動を行っているボランティア組織や NPO 団体が増加している．長野オリンピック直後に開設された「長野県ボランティア交流センターながの」は，これらの住民活動組織や NPO に関する情報提供，組織間のネットワークづくりへの支援を行うとともに，施設内には NPO 設立相談窓口が設置されている．特に，この組織の中心的役割を担っているのが丸田藤子さんである．彼女は，長野オリンピックの招致活動を始めた方で，長

---

[6] 国土庁「国際的スポーツ大会を契機とした住民参加活動の定着化による地域活性化に関する調査」，2002 年．

写真1　長野オリンピックでのボランティア活動

野オリンピックでは唯一のボランティアコーディネーターを務め，組織委員会とボランティアとのいわゆるリエゾン活動を行っていた方である．現在は，自ら「21世紀ボランティア研究センターながの」を組織して，地域活性化に資する活動を積極的に行っている．

　このような住民等のボランティア活動を支援する中間支援組織やそれに付随する人材が育成されることによって組織同士，あるいは人とひととが連携しやすい環境が整いつつあるとともに，住民参加活動に参加する個人や組織的活動の定着化が進んでいる．しかしながら，組織の継続にあたって，組織の維持・運営，あるいは自治体との連携についての問題や課題も抱えている．例えば，長野で行われる大規模なイベントや国際会議に関して，行政の情報整理が不十分なために，特定の組織や人に業務依頼が一極集中するなどの問題が生じている．

秋田ワールドゲームズ（旧六郷町）

　①秋田ワールドゲームズにおけるボランティアの概要　2001年の8月に秋田県で開催された第6回秋田ワールドゲームズは，当時の県内8市町村にお

いて，秋田県および財団法人秋田ワールドゲームズ2001組織委員会（AOC）の主導の下に8月16日から26日までの11日間，21の会場で26の公式競技と5つの公開競技が行われた．ワールドゲームズは，オリンピックの競技以外のスポーツから選ばれた公式競技，公開競技を行うマイナースポーツの国際的イベントながら，29万8,680人の観客動員とともに，延べ約3,800人ものボランティアが活躍した．

特に，旧六郷町（現美郷町）では，コーフボール[7]が行われていたが，地元の六郷中学校の生徒をはじめとして，町の体育協会，観光協会，芸術文化協会，交通指導隊等の既存の団体に所属している町民が中心となり，「1店1国応援運動」（商店街），「1組1学年1国応援運動」（六郷中学校），花いっぱい運動（競技会場周辺），毎朝5分間清掃（全町），笑顔で声かけ運動（全町）など，住民参加によるスポーツイベント運営やまちづくり活動が行われた．また，この大会が縁となり，旧六郷町と台湾の瑞穂郡は友好交流提携を結ぶこととなった．

②終了後の住民活動の状況　ワールドゲームズが終了した後には，中学生が自主的に選手との交流を継続しているだけではなく，スポーツイベントを通じて地域住民がまちへ誇りをもつようになったと言われている．

③行政の取組みおよび今後の方針　コーフボールをきっかけとした台湾の瑞穂郷との友好交流の提携がなされ，国際交流が盛んになりつつある．また，スポーツイベント終了後のまちづくりなどについて，コーフボールアジア大会や世界選手権を開催するなど，コーフボールをきっかけとしたまちづくりを目ざすとともに，イベントを通じて芽生えた選手との交流などの個別の動きについては，住民の自主性に任せる，としている．

ワールドカップ新潟大会

①ワールドカップ新潟大会におけるボランティアの概要　2002年の6月に開催されたサッカーの世界一を決める2002 FIFAワールドカップ™コリア・

---

7) Korfball：コーフとはオランダ語でバスケットを意味し，リング状のバスケットにボールをシュートして得点を競うゲームで，1チーム男女4人の合計8人で行われる．

ジャパン（以下，日本大会）の開催に関わったボランティアは，2002年ワールドカップサッカー大会日本組織委員会（以下，JAWOC）関連のボランティアは14,655名（未経験者56％）となり，これ以外に7,000名以上の開催地ボランティアが参加するなど，総数約2万1,000名が参加していた．このワールドカップは，2002年の6月に日韓それぞれ10の開催地で開催されたが，その開催地の1つであった新潟市では，「ウェルカムにいがた！2002」という市民組織が結成され，市民が一体となって新潟の魅力を世界に発信し，新潟への来訪者を温かくもてなす市民活動や大会を盛り上げる市民活動を推進していくことを目ざしていた．新潟市では，ワールドカップのプレ大会として2001年の5月に開催されたコンフェデレーションズカップを経験し，ワールドカップ開催に向け，地元住民の間で連帯感が強くなり，「ウェルカムにいがた！2002」という市民活動組織が結成された．

新潟市における住民参加および行政の対応を示すと以下のとおりである．

②大会準備中の主な住民参加活動によるイベント・まちづくり活動　大会準備中の主な住民参加活動によるイベントやまちづくり活動を示すと以下のとおりである．

・歓迎「エンブレム」：新潟独自のものを作成（事業のシンボル化）／ピンバッチ作成
・にいがた水都（みなと）フェスタ2001
・コンフェデレーションズカップ盛上げイベントを新潟市と共催

③大会開催期間中の主な住民参加活動によるイベント・まちづくり活動　大会開催期間中の主な住民参加活動によるイベントやまちづくり活動を，市民懇話会において提案されて実施された事業，その他の事業およびその他に分けて以下に示す．

【市民懇話会提案事業】

ホームステイ受け入れ／見本市の開催／物産展＊ビール祭り・地酒のPR祭り・食を通じた新潟のPR・特産品／サッカー（フットサル）大会開催や外国チームとの交流試合／（夕日）クルージング・日韓友好クルージングの実施／子供たちによる歓迎の実施（凧，千羽鶴プレゼント）／花い

写真2　花いっぱい運動

っぱい運動（チューリップ，試合国の花など）／姉妹都市との市民交流（文通など）／ライトアップ＊イルミネーション／夕日を見るイベント（コンサート，キャンプファイヤーなど）／W杯の森づくり（市民や来訪者による植樹の実施）等

【その他の事業】

市内クリーンアップ作成／各種コンサート（邦楽，民謡，ジャズ，ロックなど）／演劇，市民ミュージカル，市民オペラ，大道芸大会など／いけ花展示／昔あそび体験コーナー（子供）／料理教室（郷土料理，笹団子など）／フリーマーケット（空中庭園，やすらぎの場）／映画祭／着付け（外国人客対象）と記念写真プレゼント／パレード（試合前日：試合国の歓迎の仮装パレード）

【その他】

・ボランティア対応：試合国の言葉による歓迎や歓迎の表示
・PR（試合国情報，新潟市民の情報）：インターネット（市民サイト）による市民情報提供や世界の人たちとの情報交換

スペシャルオリンピックス冬季・長野（SO 長野）

2005 年に長野市を中心に開催された知的障害者のオリンピックと言われるスペシャルオリンピックス冬季世界大会・長野（SO 長野）における住民参加状況をみてみよう．

SO 長野の概況　スペシャルオリンピックス（SO）は，1963 年に故ケネディ大統領の妹であるユニス・ケネディ・シュライバー夫人が自宅の庭を知的発達障害のある人びとに開放して開いたデイキャンプが始まりである．この SO の活動は，ジョセフ・P. ケネディ財団の支援のもと 1968 年に組織化され，「スペシャルオリンピックス」となり，米国をはじめ，世界中にその活動が広がり，1988 年には，国際オリンピック委員会（IOC）と「オリンピック」の名称使用や相互の活動を認め合う議定書を交わすまでにいたった．

一方その競技会は，1969 年にシカゴで開催された全米大会がきっかけとなって夏季世界大会が始まり，1977 年からは，冬季世界大会も行われるようになり，オリンピックと同様，4 年に一度開催されている．現在では，150 ヵ国以上の国々で，約 170 万人のアスリートと 50 万人のボランティアがこの活動に参加している．

このようななかでわが国は，1980 年から「日本スペシャルオリンピックス委員会（以下，JSOC）」が世界大会に選手を派遣していたが，1992 年に委員会が解散するにいたった．しかし，1991 年夏の世界大会に熊本から参加したアスリートとボランティアコーチが銀メダルを獲得したことから，熊本の地においてボランティア活動の輪が広がり，1994 年に「スペシャルオリンピックス日本」が熊本を本部として設立された．2007 年 3 月現在，45 都道府県で約 6,000 人のアスリートと 1 万人以上のボランティアが活動を支えている．

SO 長野は，2005 年 2 月 26 日から 3 月 5 日までの 8 日間開催され，84 ヵ国から 2,576 人のアスリートと約 8,500 人のボランティアが参加し，「皆で集い，共に楽しむ」というスローガンの下で行われた．

また，SO 長野は単なるスポーツイベントの開催ではなく，障害への偏見をなくすことを目的に，競技に参加しない知的発達障害のある人と健常

者がテーマに沿って話し合う「グローバルユースサミット」,アスリートの健康増進を目的とした医療ボランティアが参加して診療を行う「ヘルシー・アスリート・プログラム」,SOのスポーツ活動に参加したことがない知的発達障害のある人や世界大会に出場できなかったSOアスリートたちがスポーツを体験する「体験・交流プログラム」など,さまざまなプログラムが行われていた.特に,旧牟礼村（現飯綱町）の飯縄スキー場で開催された「体験・交流プログラム」には,スタッフやボランティアとして約600名もの人々が参加していた.

SO長野の開催に関わったボランティアは,地域住民の参加だけではなく,世界各国から数多くのボランティアが長野に集まり,イベントの運営や開催に伴う支援のみならず,来訪者への地域文化の広報活動などの活動を行っていた.

3. スポーツイベントにおける住民参加の課題

3.1 運営側の住民参加への対応の現状

以上述べてきたように,公的組織が主体となって開催するスポーツイベントは,そのイベントを成功させることだけが目的ではないことから,地域住民がボランティア活動に自主的に参画していくような環境を整備し,ひいては地域活性化の主役となってもらう契機として捉えていくことが大切である.しかしながら,多くのスポーツイベントにおいては,イベントそのものの成功だけが目的化される傾向にあり,本来目的である地域活性化へ向いていないケースが多々みられている.また,ボランティアなどで各種活動に参加した住民へのアンケート調査の自由回答などでは,「地域づくり活動の内容などの情報提供が十分でない」,「誰がどのような"まちづくり・地域づくり"を行いたいのかが示されていない」,あるいは「意欲があっても,その後の活動の受け皿がない」など,イベント終了後の地域活性化に関わる活動が分かりにくいことを示す結果となっている[8].

このように,スポーツイベントの開催組織がイベントを地域活性化の契

機として捉えていないために，地域住民への対応が不十分になっている．また，主体的に参加している住民などを無償のアルバイト的な存在としか考えていないケースも少なからず存在しているところに住民の主体的ボランティア活動の進展に向けた課題が残っている．

3.2　住民参加の課題と解決方向

スポーツイベント開催を契機とした住民参加活動，すなわちボランティア活動とそれによる地域活性化の実現のためには，イベント開催組織の意識を地域づくり活動へ向けさせ，参加する住民との間には意識のずれがないようにしていくことが大切である．これらをふまえ，スポーツイベントにおける住民参加の課題とその解決方向を整理すると以下の4点に集約されよう．

課題1　スポーツイベントの位置づけの変更

スポーツイベントの開催は，住民参加の絶好の機会であり，しかも非常に多数の住民参加が可能な希少な機会である．このようなことから，イベント開催組織は，従来のスポーツイベントの位置づけを見直していく必要がある．

すなわち，スポーツイベントを経済波及効果などの一過性の効果の創出の場のみではなく，地域づくりに向けた社会的効果の創出の場としても位置づけていくことである．

課題2　地域を意識した住民参加活動の充実

スポーツイベント開催組織は，イベントの運営そのものの成功に関心が集中しがちである．そのため，ボランティアとしてイベントに参加した地域住民を次なる住民参加活動へつなげていくための格好の機会であるという認識が低い．ゆえに，スポーツイベント開催中においても地域住民が地域の活性化へ関心をもてるようなきっかけも少ない．

したがって，住民に地域の活性化の必要性を知ってもらい，そのような活動にイベント終了後に参加してもらうためには，イベント開催中の住民

---

8)　注2) 参照．

参加活動のなかに地域の活性化を意識した内容を積極的に盛り込んでいく必要がある．

課題3　行政のボランティア活動に対する意識改革

スポーツイベント開催組織は，そのイベントを成功させることに熱心であるため，スタッフへの地域住民の参加に関する教育が十分に行われていないケースがみられる．そのため，現場では運営側と参加住民の間に意識のずれが生じ，両者の間にしばしば不協和音が生じている．

したがって，この不協和音を解消するためにも，スタッフ研修の強化や参加住民との生きた交流を通じてお互いの意思疎通の円滑化を図っていくことが重要である．

課題4　参加住民の不満解消

スポーツイベント開催組織の住民参加によるボランティア活動への理解不足や活動の準備不足が原因となり，参加住民から運営側への不満が発生している．これでは活動への参加意欲を失い，住民参加の定着化もままならない．

したがって，イベント開催組織は，地域住民が「楽しく」活動へ参加し，「満足感」や「達成感」を感じてもらうための配慮などを図っていくことが望まれる．

第8章

地域のアイデンティティをつくる
フランスから学ぶ

木田 悟

1. はじめに

　世界最大級のスポーツイベントと言われるサッカーのワールドカップ[1]（以下，ワールドカップ）は近年，単にサッカーの世界一を決めるだけではなく，サッカーをとおした世界平和，飢餓の解消，あるいは開催国や地域などの活性化などに資するようになってきている．特に，情報通信手段の発達に伴うさまざまなマスメディアの進出により情報量が拡大し，イベント関連情報以外の情報，すなわち開催国関連情報や出場チームが練習し，宿泊するキャンプ地に関連する情報までもが世界各国に発信され，結果として地域の活性化に資するものとなっているケースもみられる．

　このようなことから本章では，1998年にフランスで開催されたワールドカップフランス大会（以下，フランス大会）を事例として，開催地およびキャンプ地がいかにワールドカップを活用して地域の活性化へと展開しようとしたかについて検証するものである．

　このサッカーの世界一を決める国際サッカー連盟（以下，FIFA）主催

---

[1] 国際サッカー連盟（FIFA ; Fédération International de Football Association）主催のサッカーの世界一を決める大会．1930年にウルグアイにおいて第1回大会が開催されて以来，4年に一度開催（1942年および46年は第二次世界大戦で中止）．フランス大会はその第16回大会．

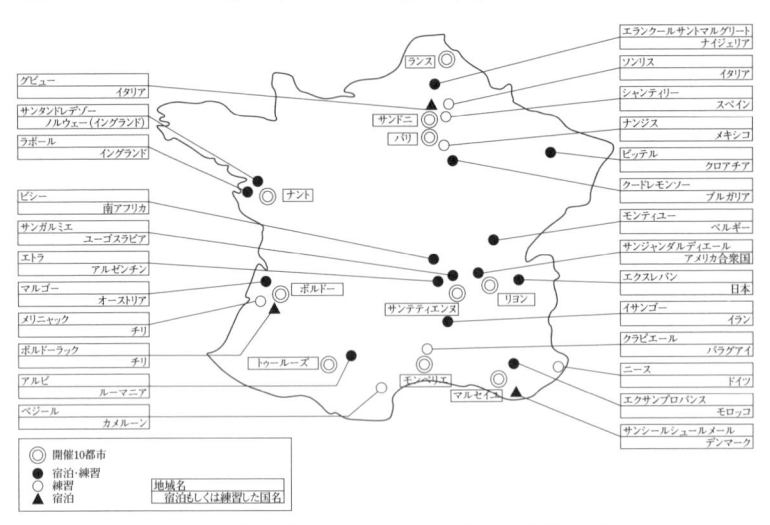

第Ⅲ部　スポーツを活かす多様な試み

図1　フランス大会開催地およびキャンプ地（調査対象自治体）

出典：木田悟・小嶋勝衛「サッカーワールドカップフランス大会における地域活性化の実態——サッカーワールドカップ開催を契機とした地域活性化に関する研究　その1」日本建築学会技術報告集第18号，2003年，pp. 319-324.

のワールドカップフランス大会は，9年前の1998年6月10日～7月12日までの33日間，フランス国内10都市で開催された．このフランス大会は，公式報告書によると，観客は約270万人，報道関係者約4,000人，ボランティア約1万2,000人，テレビ観戦者は全世界で延べ約400億人であった．

フランス大会は，図1に示すようにパリをはじめ国内の10都市で開催されたが，出場チームのキャンプ地は，1次リーグ戦（4ヵ国でリーグ戦が行われ，上位2ヵ国が決勝トーナメントに進出）参加32のチームのうち，21チームは練習場と宿泊ホテルが同一自治体にあり，残り11チームは練習場と宿泊ホテルが異なった自治体に属していた[2]．

このフランス大会の開催による最大の資産は，公式には「ワールドカップという世界最大級のスポーツイベントに参加でき，それを無事終了させたことである」と言われているものの，フランス大会開催に合わせた国内

---

[2] 木田悟・小嶋勝衛「サッカーワールドカップフランス大会における地域活性化の実態——サッカーワールドカップ開催を契機とした地域活性化に関する研究　その1」日本建築学会技術報告集第18号，2003年，pp. 319-324.

の空港，鉄道および高速道路などのインフラ整備も積極的に行われ，地域の活性化に資する整備を行っていたのも事実である．

　このフランス大会開催の結果，世界各国から人びとが来訪することなどによって，多様な交流が促進され，地元自治体や住民等が自信を持つことができた（地域コミュニティ活動の活発化，地域アイデンティティの醸成等）とともに，地域情報の発信によるまちの知名度が格段にアップし，さらには地域イメージの向上などにつながった．無論，これら以外の効果も発生しているが，知名度や地域イメージの向上は未だ継続され，一部ではその後の経済的効果発揮に貢献してきている．すなわち，開催地やキャンプ地への観光客の増大，キャンプ地での練習施設の利用者増大などによる経済的効果，あるいは地域イメージの向上に伴った企業誘致などである．

　いずれにしても，ワールドカップが終了して9年を経た現在においても効果が継続している開催地やキャンプ地は，当初から大会を地域活性化の一環として実施し，終了後も組織の継続や関連する施策の継続など，さまざまな努力を行ってきている．

　したがってここでは，フランス大会における開催地とキャンプ地の動向を，特に地域の活性化の視点から捉え，アンケート・ヒアリング調査および現地調査から把握してみよう[3]．

2. 開催地の動向

2.1 概　要

　フランス大会は，国内10都市において試合が行われたが，フランス西部，ブルターニュ地方の拠点都市であるナント（ナントの勅令で有名である）とフランス中部の拠点都市リヨンの西部に位置するサンテティエンヌの両市は，フランス大会をその後の地域の活性化に大いに活用した都市と

---

[3] 国土交通省「ワールドカップ開催を契機とした地域活性化のあり方に関する調査」2001年，前掲木田・小嶋などによる．

して名が知られている.

ナントはフランス大会後, その知名度を活用して観光客誘致に努め, 多くの観光客が訪れるようになったとともに, 2003 年には, フランス国民が国内で最も住んでみたい都市の No.1 となっている.

サンテティエンヌについても, フランス大会開催まではフランス国内の炭鉱のまちとしてのイメージが強かったものの, 開催後は「スポーツ都市」として国民にイメージされるようになり, 都市イメージが向上している. また, このイメージアップが企業誘致に展開してきている.

両市とも当初から, ワールドカップの開催を単なる国際的スポーツイベントの開催とは考えておらず, 地域の活性化, あるいは地域づくりの一手段として捉え, 開催後のまちづくりに関わる活動に資する準備を行い, さまざまな活動を実施し, 開催後も継続した地域活性化, あるいはまちづくりに向けた努力を惜しまず活動を行ってきているところに特徴がある. それらの活動の結果, 有形・無形の資産が形成され, その活用が地域活性化に展開してきているのである.

以上のようなことから, ナントとサンテティエンヌにおける地域活性化に向けた活動について詳細にみてみよう.

2.2 ナント

ナントでは, フランス大会の開催を当初からナントをはじめとしたアトランティック地域の活性化の一手段と考え, さまざまな活動を行った. したがって, 国からの助成によって高速道路網の整備, 空港の再整備, あるいは高速鉄道 (TGV) 駅等の整備などのインフラ整備を行っただけでなく, 開催後もシテデコングレ (日本の商工会議所に相当) などが中心となって, 多様な地域活性化に向けた活動を継続してきている.

このナントにおけるフランス大会の効果は, 大きく次の3つと言われている.

①国際的知名度の向上
②地域のアソシエーション (日本で言う NPO. ちなみにフランスの

アソシエーション法は1901年に制定された）間の調整や協力体制，あるいは組織形成などのノウハウの集積
③イベント開催ノウハウの集積

　これは至極当然のことであり，当初から地域情報の発信を意識した数多くの活動（例えばナントはスウィフト作の「ガリバー旅行記」においてガリバーが旅に出た都市となっていたことを活用したイベントを開催した）を行っていたからである．この国内外への知名度の向上は，特に日本に対して顕著であり，観光客誘致のための努力（日本大会に関連して筆者らが招聘した国際シンポジウムでのPR以外にも，新潟市をはじめいくつかの開催地や東京などを訪れてPR活動を行っていた）とあいまって日本からの観光客は増大傾向にある．
　さらに，ワールドカップ開催によって発揮された社会的効果，すなわち青少年の健全育成，スポーツの振興，地域アイデンティティの醸成，地域コミュニティの形成，交流の促進，あるいは情報の発信などを継続させ，その結果を活かして地域の経済を活性化させるための施策展開を図ってきている．
　具体的には，情報の発信によって向上した知名度を活かした観光の振興のみならず，ワールドカップという国際的スポーツイベントの運営や大会時の関連イベント開催ノウハウなどを他都市にPRしたり，開催組織（シテデコングレ）が直接イベントを企画したり，運営を行うことなどである．これは，ワールドカップの開催によって形成された資産を活用した地域の活性化を展開している，ということでもある．
　このワールドカップの開催組織であるシテデコングレは，地域の産業界と行政が一体化した組織であり，官・民あげて地域活性化に関わる活動を継続的に実施してきている．日本に対してもフランス大会（日本とクロアチアが対戦したのがナントである）以来，積極的に観光客や企業誘致に向けた活動を行ってきている．
　さらにシテデコングレでは，日本や韓国へのPR活動のみならず，2006年のドイツワールドカップ開催に向けたさまざまな活動を行っただけでな

写真1　ナントにおけるワールドカップ風景1

写真2　ナントにおけるワールドカップ風景2

く，次回 2007 年のラグビーのワールドカップ開催地となることも含めて，より一層の地域活性化に向けた活動を展開している．

2.3 サンテティエンヌ

　サンテティエンヌは，フランス国内ではあまり明るいイメージがなかった都市であるが，フランス大会組織員会（以下，CFO）の会長であったプラティニ（現役のサッカー選手時は皇帝と呼ばれ，フランスでは誰もが知っている人である）の出身地であったことなどから，フランス大会の開催地となった．そして，開催地としての活動のみならず，地域活性化に関わるさまざまな活動を行った結果，現在では「スポーツのまち」としてのイメージがフランス国内に浸透し，それに伴って，企業誘致の進展なども進みつつある．

　このサンテティエンヌは，フランス国内でも人情に厚い都市として有名であるが，フランス大会を無事に終了させたという自信が地域の人びとの間に芽生えてきている．そして，関連イベントなどに参加した住民による活動（アソシエーション活動）が活発化し，結果としてスポーツイベント開催に住民が興味を持つようになっただけでなく，地域情報が数多く発信され，地域アイデンティティの醸成や地域コミュニティの形成に資するものとなっている．また，フランス大会をきっかけに，英国との国際交流が盛んになり，企業間交流にも発展してきているし，姉妹都市交流も盛んになってきている（その背景には，整備された空港からの英国直行便の就航や高速道路網，あるいは TGV の運行などのインフラ整備などがある）．さらに，フランス大会を契機として，1998 年以降毎年 6 月に「夏祭り」を開催し，現在では，フランスを代表するようなイベントとなっている．

　一方，98 年以降，「コンソール　デ　カルチェ」という町内会を発足させ，地域住民との対話により施策を推進した結果，地域活性化に資する活動が盛んになってきている．

写真3 サンテティエンヌにおけるワールドカップ風景

3. キャンプ地の動向

フランス大会において出場するチームが練習し，宿泊したキャンプ地は，練習場となった自治体および宿泊地となった自治体を合わせると43自治体であった．

このフランス大会におけるキャンプ地の決定については，CFOが開催10都市の周辺に位置する練習場とホテルをその基準にもとづいて選出し，地元の要望をふまえて掲載したCFO公認の冊子があるのみで，わが国のような公認キャンプ候補地などは存在していなかった[4]．

そこで，この43のキャンプ地に対するアンケート調査と，その補足調査として行ったヒアリング調査および現地調査から，地域の活性化に資する活動について記述する[5]．

---

[4]　(財) 日本システム開発研究所調査による．
[5]　木田悟・小嶋勝衛「サッカーワールドカップフランス大会における地域活性化の実態——サッカーワールドカップ開催を契機とした地域活性化に関する研究　その1」日本建築学会技術報告集第18号, 2003年, pp. 319-324.

3.1 アンケート調査結果

フランス大会キャンプ地へのアンケート調査は，フランス大会終了後1年8ヵ月が経過した2000年3月に，43の自治体すべてを対象に行い（いずれも選択肢の複数回答），20自治体[6]から回答を得た．回答があった自治体の属性は，練習・宿泊キャンプ地が13，練習キャンプ地が6，宿泊キャンプ地は1であった．つまり，14自治体において宿泊がなされ，19自治体において練習が行われたこととなる．また，アンケート調査を補足する意味で行ったヒアリングおよび現地調査により，合計25のキャンプ地の地域活性化に関わる実態を把握した[7]．

キャンプ地に選定された後の地域活性化にかかわる活動

フランス大会に出場するチームが選定した練習場や宿泊施設が自治体の行政区域内に決定した後（キャンプ地として選定された後）からキャンプが開始されるまでの，その自治体における活動，すなわち準備期間中において自治体が主導的に行った活動を整理すると表1のようになる．この結果，住民参加に関わる活動（住民参加型活動），交流促進に関わる活動（交流促進型活動）および情報発信に関わる活動（情報発信型活動）に分けて捉えることができた．

また，具体的に行われたそれぞれの活動の詳細は，住民参加型活動は，住民へのPR活動と住民への協力要請活動に分けられた．特に後者は，地元ボランティア組織への協力要請に関わる活動と直接住民へ協力を要請する活動に分けられた．これら住民参加型活動の具体的内容から，自治体はキャンプ地に選ばれたことやキャンプ国情報をさまざまな周知方法を用い

---

[6] ヴィテル，エクサンプロバンス，クードレモンソー，アルビ，マルゴー，モンティユー，エランクールサンマルグリート，ビシー，エトラ，ベシール，メリニャック，ニース，サンジャンダルディエール，ラボール，エクスレバン，クラピエール，ナンジス，イサンゴー，ボルドーラック，ソンリスの20自治体．

[7] 上記の20自治体に，ヒアリング調査によるグビュー，シャンティ，サンタンドレデゾー，サンシールシュールメールおよびサンガルミエの5自治体を加えた25自治体．

表1　準備期間中の具体的活動内容

区分	活動区分		具体的活動内容	主たるキャンプ地
住民参加型	住民へのPR活動	キャンプ国紹介活動の実施	小学校の授業でキャンプ国の文化などを紹介	ナンジス，サンタンドレデゾー
			キャンプ国文化紹介の各種催しを開催	ナンジス，エトラ，ベジール
			キャンプ国紹介の講演会を開催	イサンゴー
			キャンプ国文化紹介講座を開設	エクスレバン
			キャンプ国を紹介する冊子を作成し，すべての住民に配布	エトラ
			キャンプ国の祭を開催	エクスレバン
			地元マスメディアを活用してキャンプ国を紹介	ナンジス
	住民への協力要請活動	ボランティア組織への協力要請	観光関係のボランティア組織に協力要請	サンガルミエ
			子どもがボールボーイとして参加できるようボランティア組織に要請	ラボール，サンタンドレデゾー
			キャンプ地運営ボランティアを公募	エクスレバン
		地元住民への要請	ボランティアによる警備協力を要請	サンタンドレデゾー
			ボランティア組織の形成を住民に要請	エトラ
交流促進型	直接的交流活動	キャンプ国の子どもとの交流活動	キャンプ国の子どもを招聘し，地元の子どもたちとの親善試合を開催	イサンゴー
			キャンプ国の子どもと地元の子どもとの交流の場を創出	エクスレバン，エトラ
	街並み整備等の活動	歓迎の雰囲気づくり	キャンプ国語で歓迎の意を示す横断幕を張る	エトラ
			キャンプ国の国旗及び英語で歓迎の意を示す垂幕を張る	エランクールサントマルグリート
			キャンプ国語と仏語で歓迎の意を示す横断幕を張る	グビュー，サンシールシュールメール
			キャンプ国語による案内板，標識等を設置	エクスレバン他7ヵ所
		街中・商店街の飾りつけ	商店街でショーウインドーコンクールを開催	ビシー
			商店街のショーウインドーを飾りつける	ビッテル，ラボール
			街中をキャンプ国国旗の色で飾る	エトラ
			街中の公園・街路等を飾りつける	エクスレバン，エトラ
	その他の活動	各種交流の準備活動	キャンプ国領事館へ交流促進を働きかける	サンシールシュールメール
			キャンプ国関係者との具体的交流内容検討会を開催	エトラ
			キャンプ国と地元住民とのレセプション等の開催準備	サンシールシュールメール，ナンジス他2ヵ所
			キャンプ国留学生を運営スタッフとして採用	エクスレバン
			キャンプ地運営ボランティアを対象に語学講座を開設	サンガルミエ
			観光客受け入れ関連施設の整備	モンティユー，ビシー
			観光客宿泊提供案内システムの整備	イサンゴー
情報発信型	直接的活動	メディアを活用したPR	マスメディアへ地域情報を提供	ラボール，サンシールシュールメール
			キャンプ地となったことを記念する郵便スタンプを作成	エトラ
			冊子による対外的PR	アルビ，ビシー，サンジャンダルディエール
		その他の対外PR活動	キャンプ国出身者を臨時職員として採用	エクスレバン
			姉妹都市や交流のある自治体を対象にレセプションを開催	モンティユー
	間接的活動	マスメディア対応の各種整備	マスメディアが使用する施設・設備を用意	マルゴー，エトラ，ベジール，イサンゴー
			マスメディア関係者が食事をする施設を整備	ラボール

出典：木田悟・小嶋勝衛「サッカーワールドカップフランス大会における地域活性化の実態――サッカーワールドカップ開催を契機とした地域活性化に関する研究　その1」日本建築学会技術報告集第18号，2003年，pp. 319-324.

て住民へPRしていたことが分かった.

交流促進型活動は,直接的交流活動と街並み整備等の活動およびその他の活動に分けることができた.特に街並み整備等の活動は,歓迎の雰囲気づくりに関わる活動と街中や商店街の飾りつけに関わる活動に分けられた.これらは,キャンプ地であることの気運醸成,あるいは雰囲気づくりにかかわる活動やキャンプ期間中の活動実施に向けた準備だと言えよう.

情報発信型活動は,対外的に直接PRする活動と間接的にPRする活動に分けることができ,冊子の配布などのきめ細かいPR活動が行われたとともに情報発信力の大きな各種メディアの活用などが行われていた.

キャンプ期間中の地域活性化活動

出場チームがキャンプ地に来てから帰るまでのキャンプ期間中の活動も,住民参加型活動,交流促進型活動および情報発信型活動に分けられたが,この時期における活動は特に重要だと考える.この時期は大会が開催され,大会出場チームによる試合がほぼ毎日行われ,キャンプ地には,マスメディア以外のサポーターや観光客なども訪れるとともに,試合結果などの情報が盛んに発信されるなど,最も盛り上がっている期間であったからである.

表2は具体的に行われた活動の詳細であり,住民参加型活動は,既存ボランティア組織の協力に関わる活動と住民個人が協力した活動に分けられた.

交流促進型活動は,地元住民への対応型活動と来訪者への対応型活動に分けられ,前者では住民とキャンプチームとの交流活動,住民とキャンプ国との交流活動,キャンプ国紹介活動,住民とマスメディアとの交流活動,キャンプチームの歓迎活動および大型スクリーンの設置によるキャンプチーム試合の公開などが行われていた.後者では,街の飾りつけに関わる活動,サポーター・観光客等への対応活動および宿泊の提供に関わる活動が行われていた.

情報発信型活動は,マスメディアへの協力に関わる活動であり,マスメディアを活用した地域情報発信活動が行われていた.

表2　キャンプ期間中の具体的活動内容

区分		活動内容	具体的活動内容	主たるキャンプ地
住民参加型		既存ボランティア組織の協力	ボランティア組織がボールボーイとして協力	シャンティ
			ボランティア組織がキャンプ地運営に協力	サンタンドレデゾー, サンガルミエ
		住民の協力	ジャーナリストへ駐車場を提供	エトラ
			地元の子どもによる記念試合を実施	エトラ
交流促進型	住民への対応型活動	住民とキャンプチームとの交流	地元住民とキャンプチームとのレセプション等を開催	グビュー, クードレモンソー以外の23ヵ所
			子どもとキャンプチームとの交流機会を創出	ラボール
			ツーリストオフィスで公開練習見学申し込みを受け付ける	サンガルミエ
			チームとの交流会で記念メダルをキャンプチームに配る	エトラ
			公開練習日にサイン会, 旗の交換などの交流を図る	エトラ, サンガルミエ
			子どもを対象としたサイン会を開催	サンタンドレデゾー
			練習のボールボーイとして地元の子どもが参加	サンタンドレデゾー
		住民とキャンプ国との交流	キャンプ国関連の「祭り」を近隣自治体と共同で開催	サンシールシュールメール
			キャンプ国関係者と地元との親善試合を実施	イサンゴー
			キャンプ国の子どもとの交流会を開催	サンジャンダルディエール
		キャンプ国の紹介	キャンプチーム母国の食事を小学校で出す	エトラ
			小学校のパーティーでキャンプ国紹介パレードを開催	エトラ
			キャンプ国のミュージシャンによるコンサートを開催	ビシー
		住民とマスメディアとの交流	住民とジャーナリストとのレセプションを開催	エトラ
			住民とマスメディアとのサッカーの試合を開催	ラボール
		チームの歓迎	チームが地元を最初に訪れたときに歓迎式典を開催	グビュー, クードレモンソー, エクサンプロバンス以外の22ヵ所
			キャンプ国語の語句が入ったTシャツを子どもに配布	エトラ
		大型スクリーンの設置	大型スクリーンをスラム地域に設置	エクサンプロバンス
			大型スクリーンを街中に設置	アルビ
			大型スクリーンを住民が集まりやすい施設に設置	ラボール
	来訪者への対応型活動	街の飾りつけ	まち全体を飾りつける	サンタンドレデゾー, エクスレバン
			まち全体をキャンプ国のイメージで飾りつける	ラボール, サンシールシュールメール, エランクールサントマルグリート
			街の中心地を飾りつける	イサンゴー
			商店街全体を飾りつける	エトラ, ラボール
			ワールドカップロゴの使用により街中を飾りつける	モンティユー
			商店街のショーウインドーを飾りつける	ビッテル, アルビ
			街中を多くの花で飾りつける	モンティユー
		サポーター・観光客等への対応	キャンプ国の言語による案内板を設置	エクスレバン
			キャンプ国人スタッフを配置	エクスレバン
			キャンプ国言語による通訳を配置	エクスレバン
			キャンプ国の観光局関係者が滞在する施設を整備	ビッテル
			近隣開催地での試合国関連「祭り」を実施	サンガルミエ, エトラ
		宿泊施設等の提供	アウトドアキャンプ地を開放	サンタンドレデゾー
			民泊を提供	エトラ
			他のまちとの連携により宿泊を提供	サンシールシュールメール
情報発信型		マスメディアへの協力	マスメディアへ地域情報を提供	サンシールシュールメール, ラボール
			マスメディアへ施設を提供	サンタンドレデゾー, サンガルミエ, ラボール

出典：木田悟・小嶋勝衛「サッカーワールドカップフランス大会における地域活性化の実態——サッカーワールドカップ開催を契機とした地域活性化に関する研究　その1」日本建築学会技術報告集第18号, 2003年, pp. 319-324.

第8章 地域のアイデンティティをつくる　　　　165

エトラにおける活動の詳細

　キャンプ地となってからキャンプ開始までの準備期間中およびキャンプ中の地域活性化に関わる活動のさらなる明確化を図るため，具体事例を抽出し，分析した．

　具体事例の抽出にあたって，地域活性化に関わる活動を積極的に行っていた自治体に着目し，小都市ながら地域活性化効果が大いにあった，としているエトラを取り上げる．

　エトラは，開催地サンテティエンヌの北西に位置する人口約2,600人のまちで，近年はサンテティエンヌの衛星都市となりつつある．このエトラでは，アルゼンチンチームが大会開催6月2日から7月7日まで，キャンプのために練習し，宿泊していた．このまちの中にある練習場と宿泊施設が一体となったトレーニングセンターでキャンプが行われたが，エトラが実施した地域活性化に資する活動を一覧表に示すと表3のとおりである．

　①準備期間中の活動　アルゼンチンチームは，大会が始まる8日前の6月2日からトレーニングセンターでキャンプを張ったことから，キャンプ地と決定した約8ヵ月前から6月1日までが準備期間となる．したがって，準備に十分な時間をかけることができ，多くの地域活性化に関わる活動が準備され，実施された．

　この準備期間中の地域活性化にかかわる活動を時系列的に初期，中期，後期の3期（表3の注を参照）に分けて整理すると，初期から行われていた「主たる活動内容」（以下，主たる活動）および中期の主たる活動数はいずれも3つであるが，いずれも初期から継続していた活動である．後期に行われていた主たる活動数も3つであるが，それらはいずれも後期のみに行われた活動であった．また，後期の主たる活動は，住民参加型の活動（住民へのPR活動）が多かった．

　②キャンプ中の活動　キャンプ中の活動は，まずアルゼンチンチームがエトラを訪れた時から始まる．準備期間中の活動と同様に3期に分けて整理すると，初期・中期・後期の主たる活動数はそれぞれ4，7，6となる．初期に行われていた主たる活動は，概ね中・後期にも行われているが，中期の活動が最も盛んであった．また，後期には，中期から継続する活動も

表3 エトラの行った地域活性化活動

区分			主たる活動内容	活動時期		
				初期	中期	後期
準備期間中の活動	住民参加型	住民へのPR活動	キャンプ国文化紹介の各種催しを開催	—	—	○
			キャンプ国紹介の冊子を作成し,すべての住民に配布	—	—	○
		住民への協力要請活動	ボランティア組織の形成を住民に要請	○	○	—
	交流促進型	間接的交流活動	キャンプ国語で歓迎の意を示す横断幕を張る	—	—	○
			街中をキャンプ国国旗の色で飾る	—	—	○
		その他の活動	キャンプ国関係者との具体的交流内容検討会を開催	○	○	—
	情報発信型	直接的活動	キャンプ地となったことを記念する郵便スタンプを作成	○	—	—
キャンプ中の活動	住民参加型	住民の協力	ジャーナリストへ駐車場を提供	○	○	○
			地元の子どもによる記念試合を実施	—	—	○
	交流促進型	住民への対応	チームとの交流会で記念メダルをキャンプチームに配る	○	—	—
			公開練習日にサイン会,旗の交換などの交流を図る	○	○	—
			キャンプ国の食事を小学校で出す	—	—	○
			小学校のパーティーでキャンプ国紹介パレードを開催	—	—	○
			住民とジャーナリストとのレセプションを開催	—	○	—
			キャンプ国の語句が入ったTシャツを子どもに配布	○	—	—
		来訪者への対応	商店街全体を飾りつける	○	○	—
			民泊を提供	○	○	—

注:活動時期【準備期間中・初期】8ヵ月前~2ヵ月前,【準備期間中・中期】2ヵ月前~1ヵ月前,【準備期間中・後期】1ヵ月前~直前,【キャンプ中・初期】6月2日~第1試合,【キャンプ中・中期】第1試合~1次リーグ,【キャンプ中・後期】決勝トーナメント~7月7日アルゼンチン試合開催日【1次リーグ】6月14日,6月21日,6月26日,【決勝トーナメント】6月30日,7月4日.
出典:木田悟・小嶋勝衛「サッカーワールドカップフランス大会における地域活性化の実態——サッカーワールドカップ開催を契機とした地域活性化に関する研究 その1」日本建築学会技術報告集第18号,2003年,pp. 319-324.

あるが,後期のみの活動もみられるなど,決勝トーナメント以降もチームが帰国するまでの間行われていた.

3.2 ヒアリング調査結果

合計4回行ったヒアリング調査[8]から,サンタンドレデゾー,ナンジス,

---

8) 1998年6月,1999年10月,2000年2月・6月の計4回実施.

写真4　エトラの練習・宿泊施設

写真5　市役所前の施設の壁に残るアルゼンチン国旗

エクスレバンの3つのキャンプ地での調査結果をまとめると次のとおりである．

サンタンドレデゾー

サンタンドレデゾー（ノルウェー代表チームが練習し，宿泊．イングランド代表チーム宿泊のホテルが存在）では，当初よりキャンプ地となることによる経済的効果は全く考えていなかったことから，施設整備も行っていなかった．

ワールドカップ終了後は，知名度が向上したことにより来訪者の増大などの効果もみられたが，グラウンド利用が，地元の関係者を含め，拡大してきており，施設の新たな整備を行って対応している．また，キャンプ地となったことで知名度が向上し，周辺地域からの流入人口が増加しつつある（6年間で1,900人から4,500人へと増加）など，キャンプを行ったことが地域のアイデンティティの醸成に役立っているとのことであった．

一方，キャンプ地となったことにより経済的効果の恩恵を受けているのは宿泊ホテルで，当時年間4ヵ月程度だったオープン期間が，通年オープンに近い状態となった．また，スポーツ関係の組織メンバーが増加し，人口4,500人の40％（うち10％がサッカー）が会員となっている．

ナンジス

ナンジス（メキシコ代表チームが練習し，宿泊）は，移民が多く経済的に恵まれていない住民が数多いため，キャンプ地となったことを活用した地域活性化などによる，雇用の促進，就業機会の創出が最も重要な課題となっている．国際交流なども行ってはいるが，とにかく生活していくことが重要課題である．とはいっても，キャンプを無事に行えたということが，地域の自信となっているのも事実である．

知名度はナンジスがある県内に広まった程度であり，それほどでもないが，グラウンド使用の度合いは増加し，新たに1面を整備して利用に応じた適切なグラウンド使用を行っている．すなわち，メキシコ代表チームが利用した最も良いグラウンドは，フランスリーグチームの練習や地域の大

会に使用し，他2面は地元クラブと小・中学校で利用しているといった状況である．

またナンジスは，人口規模8,000人の割に，良いグラウンドを有していることから，利用の促進に展開してきている．国内の大きな大会ではいつも声がかかる状態である．

社会的効果の一部である地域アイデンティティの醸成面からは，移民が多く居住しているという地域の性格上，地域が一体となって活動したということが契機となり，住民参加活動が盛んになってきている．

エクスレバン

日本代表チームが練習し，宿泊したエクスレバンは，ワールドカップ開催当時，日本との交流促進を計画していたが，その後政権が交代し，日本との交流促進施策は中断している．いずれにしてもキャンプ地となったことの経済的効果はなかった，とのことである（当時，日本のマスメディアで言われた効果は単に新聞への掲載による地域情報発信をPR効果として経済的効果に換算した結果であり，地元の経済的効果の発揮にはつながってきていない）．無論，その後に日本人が観光やキャンプで数多く当地を訪れることはなく，日本との交流も進んでいない．

しかしながら，フランス国内でのエクスレバンの知名度は向上し，「温泉療養のまち」から「観光・スポーツのまち」としてイメージが変化してきている．

このような状況のもとでグラウンド利用は進み，他地域からの利用が活発となり，地元住民との利用調整が難しく，新たに1名を雇用して対処している．

結論的には，政権が交代して継続した施策が行われてきていないが，知名度の向上や無事にキャンプを終了させたことなどが地元の自信となり，新たなスポーツのキャンプ地として展開するなど，観光・スポーツのまちとしてのまちづくりが推進されている．

写真6　エクスレバンのキャンプ地風景

4. キャンプ地における社会的効果

　フランス大会キャンプ地において行われたさまざまな活動がもたらした地域活性化に関わる効果について，現地におもむきヒアリング調査および現地調査を行った11自治体についてその結果を取りまとめた（表4）.

　この結果，ナンジス，ラボール，サンシールシュールメール，サンタンドレデゾー，エトラ，エクスレバンおよびサンガルミエのようにキャンプ地となったことを地域活性化に活用しようと意図し，準備期間中からキャンプ中にいたるまで，さまざまな経済的効果と社会的効果を発揮させる活動を行った自治体では，効果があったと首長あるいは担当者が認識していた．

　一方，社会的効果については，効果があったと認識していたすべての自治体で地域情報が大いに発信され，それに伴う効果があったことが分かった．また，効果があったと認識していた自治体の多くで，地域アイデンティティ醸成に効果があったと認識していた.

第8章 地域のアイデンティティをつくる

表4 キャンプ地における自治体の対応と効果

キャンプ地 (キャンプ国)	活動の概要	地域活性化効果	効果
○ナンジス (メキシコ)	メキシコ文化を知る活動やチームとの交流機会の創出などを行った．	地域情報が発信された．また，サッカー人口が増大するなど青少年には特に効果があり，地域アイデンティティが醸成された．	○
○ラボール (イングランド)	隣接する体育館をプレスセンターとして活用．子どもと選手との交流の場を創出した．	サッカー人口が増大するとともに，地域アイデンティティが醸成された．また，地域情報がイングランドに発信され，保養客が増大した．	○
○シャンティ (スペイン)	施設を整備したが，ボール拾いのボランティア活動を行った程度．	子どもたちがサッカーに興味を持つようになった．また，地域情報が発信され，知名度が上がった．	△
▲サンシールシュールメール (デンマーク)	地域情報を積極的にマスメディアに提供．チームとの交流促進のため，領事館等と交渉した．	マスメディア宿泊による経済的効果（宿泊客の増大）があった．地域情報がデンマークに発信され，保養客の増大などの効果があった．	○
▲グビュー (イタリア)	歓迎を示す横断幕を張った程度．	キャンプ地情報が発信されたが，効果はほとんどみられない．	×
●サンタンドレデズー（ノルウェー等)	子どもと選手との交流活動を積極的に行った．多くのボランティアが支援活動に参加した．	サッカー人口が増大するとともに，地域情報が発信され，知名度が上がり，地域アイデンティティの醸成や地域コミュニティ形成効果があった．	○
●エトラ (アルゼンチン)	キャンプ地のPR，商店街の飾りつけ，チームとの交流会開催，授業・パンフレットでのアルゼンチンの紹介を行った．	地域情報が発信され，地域コミュニティがより強力となるとともに，アイデンティティが醸成されるなど，まちづくりに資するものとなった．また，キャンプ施設の利用がより活発となった．	○
●エクサンプロバンス(モロッコ)	特に活動は行わなかった．	キャンプ地としての効果はほとんどみられない．	×
●クードレモンソー（ブルガリア）	チーム来訪時に歓迎式典を開催した程度．	キャンプ地としての効果はほとんどみられない．	×
●エクスレバン (日本)	練習場を改修．来訪者へのボランティアやホスピタリティ関連活動を積極的に行った．	地域情報が発信され，知名度がアップして来訪者が数多く訪れたものの，経済的効果は予想より低かった．しかし，社会的効果は継続的な効果であり，各種効果が継続的に発揮されている．	○
●サンガルミエ (ユーゴスラビア)	チームとの交流会や練習の見学会およびキャンプ国関連活動を行った．	サッカー人口が増大した．また，キャンプ後，観光客が増大するとともに，住民のアイデンティティが醸成された．	○

注1）：キャンプ地の●は練習・宿泊キャンプ地，○は練習キャンプ地，▲は宿泊キャンプ地を示す．
 2）：○は明確な効果があったと認識，△は何らかの効果があったと認識，×は効果がなかったと認識．
資料：木田悟・小嶋勝衛「サッカーワールドカップフランス大会における地域活性化の実態――サッカーワールドカップ開催を契機とした地域活性化に関する研究 その1」日本建築学会技術報告集第18号，2003年，pp. 319-324 の表4を参考に新たに作成．

5. キャンプ地における活動と効果

アンケート調査およびヒアリング調査の結果を以下にまとめてみよう．

- フランス大会キャンプ地の準備期間中における地域活性化に関わる活動を住民参加型活動，交流促進型活動および情報発信型活動に分けて捉えた場合，アンケート調査によると住民参加型活動は，住民へのPR活動と住民への協力要請活動に，交流促進型活動は，直接的交流活動，街並み整備等活動およびその他の活動に，情報発信型活動は，直接的活動と間接的活動にそれぞれ整理された．

- 同様に，キャンプ期間中の地域活性化に関わる活動も上記と同様，住民参加型活動，交流促進型活動および情報発信型活動に分けて捉えると，住民参加型活動は，既存ボランティア組織への協力要請活動と住民の協力活動に，交流促進型活動は，住民への対応活動と来訪者への対応活動に，情報発信型活動はマスメディアへの協力という活動に，それぞれ整理された．

- アンケート調査および現地でのヒアリング調査をふまえて，キャンプ地が行った活動とそれに伴う地域活性化効果を総合的にみると，キャンプ地となったことを活用して地域活性化に関わる活動を行ったところは，効果があったとしている．これが担当者等の判断なのを考慮しても，地域活性化に関わる活動を積極的に行っていないキャンプ地では，地域活性化効果がなかった，としていることから，地域活性化のためにはそれに資する活動を行うことの必要性が明らかとなった．

- 以上を総括すると，キャンプ地に選ばれ，地域活性化に資する活動を行っていくことは，これを「祭り」の開催準備と当日になぞらえることができる．すなわち，準備期間中は「祭り」の準備と捉え，住民への周知を含めたPR活動を行うとともに，住民への参加要請や来訪者増大のための対外的なPR活動，あるいは交流促進のための準備活動や気運醸成に資する活動などを実施していくことが重要である．また，マスメディアの活用も地域のPRとして重要である．

- キャンプ期間中の活動は「祭り」の当日として捉え，住民参加型活動

第 8 章 地域のアイデンティティをつくる

の具体的内容から，単に住民参加を求めるのではなく，既存のボランティア組織にも協力を要請し，大人から子どもまでの誰もが参加できるような活動を行っていくことの重要性が指摘できる．また，交流促進型活動の具体的内容から，キャンプ（祭り）の雰囲気を創出していくため，住民や来訪者を対象としたさまざまなイベントや交流会などを行っていくことが最も重要と指摘でき，特にサポーターなどの来訪者に対する支援も重要であると言える．これらから，キャンプ地としての運営をしっかり行うのは当然のこととして，キャンプ地となったことを活用した地域の活性化のためには，キャンプを「祭り」と捉えてさまざまな地域活性化に関わる活動を積極的に行っていくことが重要であることの示唆を得た．

6. 考 察

以上の結果をもとに今後のワールドカップのような国際的スポーツイベント開催にあたって考慮すべき点を整理すると以下のとおりである．

(1) 地域の活性化の手段としてのスポーツイベントの開催．

行政などが主体となったスポーツイベントの開催は，開催することが目的ではなく，地域の活性化という視点からイベントを開催する，という視点を常に考慮してさまざまな活動を展開していくことが求められる．その際，後述する地域住民が積極的に参加できるような環境整備を行っていくことが重要である．

(2) 開催地の地域活性化効果は多様．

国際的スポーツイベントの開催地における効果は，来訪者による経済的効果のみならず，地域情報の発信による知名度の向上をはじめとした社会的効果の発揮がさらなる経済的効果を発生させる．すなわち観光客の増大などにもつながるなど多様である．

(3) キャンプ地であっても地域の活性化効果はある．

ワールドカップのような国際的スポーツイベントの開催となれば，その規模などから世界中から注目を浴びることとなり，かつ多様なマスメディ

アにより地域情報が発信されることなどから,出場するチームが練習し,宿泊するキャンプ地においても大いに地域活性化の効果はある.

(4) スポーツイベント開催効果は経済的効果のみならず社会的効果が大.

スポーツイベント開催による効果としては,経済的効果よりも青少年の健全育成,スポーツの振興,地域アイデンティティの醸成,地域コミュニティの形成,交流の促進,あるいは地域情報の発信などの社会的効果がより発揮されている.

(5) 効果発揮には地域活性化の視点から多様な活動の実施が重要.

スポーツイベント開催を契機としてさまざまな効果を発揮させ,地域の活性化に資するものとしていくためには,イベント開催に関連してさまざまな活動を行っていかなくてはならない.活動を行わないところに地域活性化はない.

(6) キャンプ準備期間とキャンプ中とでは活動内容が異なる.

キャンプ地における地域活性化に関わる活動は,①キャンプ地として選定された後の活動,②キャンプ期間中の活動,に分けて捉えることが可能であり,①においては住民参加型の活動,交流促進型の活動,および情報発信型の活動をまんべんなく行っていくことが求められる.一方,②においては,キャンプチームやキャンプ国,あるいは来訪者等との交流促進型の活動を積極的に行っていくことが求められよう.

(7) 地域住民をも巻き込んだ活動としていく必要がある.

スポーツイベントの開催を地域の活性化に資するものとしていくために最も重要なのは,さまざまな活動への地域の住民の積極的参加であることから,開催組織は,地域住民の積極的参加を得たイベントとして開催していくことが重要である.

(8) 総 括

ワールドカップのような国際的スポーツイベントの開催は,開催地のみならず,キャンプ地においても,経済的効果をはじめさまざまな社会的効果の発揮が可能であるが,そのためには多様な活動を行っていかなければならない.国際的スポーツイベントをいかにまちづくり・地域づくりに発揮させていくかであり,そのための活動の実施が重要となる.

第9章

ワールドカップが導いた未来
新たに開けた地域活性化への道筋

木田 悟

1. はじめに

2002年の5月31日から6月30日までの1ヵ月間，日本と韓国とで開催された2002 FIFA ワールドカップ^{TM}コリア・ジャパン[1]では，開催地のみならずキャンプ地（出場チームが練習し，宿泊したところ）においてもその開催規模や注目度などから経済的効果をはじめとして，青少年の人材育成，スポーツの振興，地域アイデンティティの醸成，地域コミュニティの形成，交流の促進，あるいは地域情報の発信などの各種効果が期待されていた．特にキャンプ地においては，1998年のフランス大会における日本代表チームキャンプ地でのマスメディア報道（マスメディアに取り上げられた回数などを PR 経費などに換算すると数十億円の経済的効果があった，と報道された）に影響を受け，大きな経済的効果が見込まれるとされていた．その結果，キャンプ地における経済的効果のみが強調され，結果として多くの都市がキャンプ候補地として立候補した．このキャンプ候補地は，それぞれの目的を持って立候補したわけであるが，後述するように半数以上の候補地が経済的効果を期待していた（後掲図2参照）．

日本では，2000年11月22日当初，84ヵ所，83地域がJAWOC[2]およ

---

1) 2002年大会は第17回大会．
2) 国内10の開催地，すなわち札幌市・宮城県・茨城県・埼玉県・横浜市・新潟

び（財）日本サッカー協会がその基準を満たしたところ，すなわちキャンプ候補地として認定されていた．したがって，キャンプ候補地間で，キャンプ国誘致に向けた過当競争が展開されていた．

しかしながら，本来キャンプ地とは，大会への出場チームが試合に勝つために練習し，宿泊するところであり，地元自治体や住民などとの交流，あるいは経済的効果をはじめとした地元の活性化などとは直接的な関係はない，ということを十分に理解して誘致を展開していたかは疑問の残るところであった．

このようなことから，本章ではワールドカップの日本大会の概要を整理するとともに，特に多くの問題が生じていたキャンプ地に焦点を当て，経済的効果以外のいわゆる社会的効果について，当初の立候補目的，キャンプ地の活性化に資する組織・体制，あるいは効果の確認などについての検証を行うとともに，今後の類似大会におけるキャンプ地での地域活性化に向けた活動のあり方などについて述べることとする．

1.1　日本大会の概要

2002年の6月を中心に日本と韓国とで開催された2002 FIFA ワールドカップ^{TM}コリア・ジャパン（以下，日本開催を日本大会，韓国開催を韓国大会）は，アジアで最初に開催されたFIFA主催の世界大会で，かつ初めての2ヵ国の共同開催であった．2002年の5月31日に韓国のソウルにおいて行われた開会式に引き続き始まったオープニングゲームから，6月30日の横浜での決勝戦までの31日間開催された．

この日韓大会は第17回大会で，日本では国内10ヵ所において2002年6月1日から30日までの30日間，延べ32試合が開催された．日本では初めて同時に各地でスポーツイベントが開催されるというネットワーク型の国際的イベントであったが，ワールドカップが首都で開催されない大会は，1974年の西ドイツ大会（首都ボンでは未開催）以来2回目であった．

県・静岡県・大阪市・神戸市および大分県が設立した日本でのワールドカップ大会開催の主催者で2002年ワールドカップサッカー大会日本組織委員会という．

日本大会は，JAWOC が FIFA のもとで開催したが，この JAWOC は，日本の開催地 10 地域，6 県 4 市からなる組織で，ワールドカップで初めて国以外の組織が主体となって開催した大会であった．また，選手等が宿泊し，練習するキャンプ地は，わが国では 28 ヵ所 27 都市（宮崎市において 2 ヵ国がキャンプを実施），韓国では 15 ヵ所であった．

この大会の開催理念は，次のとおりである．

- 世界最高のプレーをプロデュースします
- パートナーシップを通じて喜びを分かち合います
- スポーツが人々の生活を充実させます

一方，JAWOC の公式報告書によると，この 2002 FIFA ワールドカップ^{TM}コリア・ジャパンへは，198 の国と地域が参加し，前回大会のフランス大会の 174 を大きく上回り，本大会へは 32 チーム，747 名の選手と 809 名のチーム関係者の参加で，観客は日韓合計で 2,705,197 名であった．また，大会を訪れた FIFA・メディア等の関係者は 92,584 名で，うち日本へは 43,462 名となり，JAWOC 関連のボランティアは 14,655 名が参加した大会であった（韓国のボランティアは 13,423 名）．

また，メディア関連のデータをみると次のとおりであった[3]．

- 213 ヵ国で放送され，延べ 288 億名が視聴（FIFA マーケティング調べ）．
- 上記以外にパブリックビューイング（自宅外視聴者）は 25 億名で合計 313 億名が視聴．
- 初めてインターネットカテゴリーのメディアを認めた大会で，JAWOC の HP へのアクセスは 2 億回を超えた．
- 日本対ロシア戦の視聴率は 66.1%（東京オリンピックのバレーボール日本対ソ連の 66.8% に次ぐ歴代 2 位）．

---

3) JAWOC「2002 FIFA ワールドカップ^{TM}がもたらした財産」2003 年．

第III部　スポーツを活かす多様な試み

写真1　ソウルでのオープニングセレモニー

写真2　横浜での決勝戦セレモニー

第9章 ワールドカップが導いた未来

- 地上波で40試合放送のうち19試合が30%以上の視聴率.
- 日本におけるパブリックビューイングは37会場で,131回開催され,延べ約235万人が参加.

さらに,日本大会開催に関わったボランティアをみると,JAWOCボランティアは14,655名(未経験者56%)であったが,これ以外に7,000名以上の開催地ボランティアが参加していることから,総数約2万1,000名が参加した大会であった.

1.2　日本大会キャンプ地の概要

日本大会におけるキャンプ地は,過当とも思えるその誘致合戦の末,大会開催以前の事前のキャンプを含み28ヵ所27都市がキャンプ地となった.そのキャンプ地とキャンプ国の一覧は表1のとおりである(平成14年当時).

キャンプ地の人口規模(2つの自治体にまたがる場合は,その合計)は,1万人未満が1ヵ所,1万人以上5万人未満4ヵ所,5万人以上10万人未満6ヵ所,10万人以上20万人未満3ヵ所,20万人以上50万人未満5ヵ所,50万人以上2ヵ所であった.このように,同じキャンプ地自治体とはいえ,人口規模が最大の仙台市と最小の中津江村(現日田市中津江村地区)では約750倍もの差があり,多様であった.

また,その位置は図1のとおりであり,多くは関東以西の地域において行われていたことが分かる.

一方,このキャンプ地では,経済的効果のみが強調されていたことから著者らは,キャンプ地におけるワールドカップ開催の効果を把握するため,前章でも明らかにしたようにフランス大会キャンプ地を対象として,活動内容や効果認識などの自治体の対応実態を明らかにすることを試みた「フランス大会研究」[4]を行った.その結果,フランス大会のキャンプ地にお

---

[4] 木田悟・小嶋勝衛「サッカーワールドカップフランス大会における地域活性化の実態——サッカーワールドカップ開催を契機とした地域活性化に関する研究　その1」日本建築学会技術報告集第18号,2003年,pp. 319-324.

表1 研究対象キャンプ地の概要　　　　　　　（単位：人）

No.	キャンプ地	キャンプ国	人口	No.	キャンプ地	キャンプ国	人口
1	仙台市	イタリア	1,008,130	15	上野市	南アフリカ	61,493
2	福島県（楢葉町・広野町）	アルゼンチン	8,380 5,813	16	和歌山県（和歌山市）	デンマーク	386,551
3	十日町市	クロアチア	43,002	17	津名町	イングランド	16,801
4	千葉市	アイルランド	887,164	18	鳥取市	エクアドル	150,439
5	調布市	サウジアラビア	204,759	19	出雲市	アイルランド	87,330
6	平塚市	ナイジェリア	254,633	20	中津江村	カメルーン	1,338
7	富士吉田市 河口湖町	カメルーン	54,090 18,506	21	佐伯市	チュニジア	50,120
8	藤枝市	セネガル	128,494	22	熊本県（熊本市・大津町）	ベルギー	662,012 28,021
9	裾野市・御殿場市	ウルグアイ	52,682 82,533	23	宮崎県（宮崎市）	ドイツ・スウェーデン	305,755
10	清水市	ロシア	236,818	24	指宿市	フランス	30,640
11	磐田市	日本	86,717	25	奈良県（橿原市）	チュニジア	125,005
12	松本市	パラグアイ	208,970	26	鈴鹿市	コスタリカ	186,151
13	富山市	クロアチア	325,700	27	美作町	スロベニア	13,024
14	福井県（三国町）	メキシコ	23,618				

注1)：人口：平成12年国勢調査．
　2)：河口湖町，御殿場市以外はアンケート調査対象県市町村（6県21市町村）．
　3)：県がキャンプ地として認定されたところは，施設が存在する市町村の人口を記している．

いては経済的効果だけでなく，青少年の人材育成，スポーツの振興，地域アイデンティティの醸成，地域コミュニティの形成，交流の促進，あるいは地域情報の発信等の効果の存在が明らかとなった．また，フランス大会においてもキャンプ地となったことを地域活性化に活用しようと考え，実行したのは一部の自治体であり，それ以前の大会などでは，キャンプ地の地域活性化などは考えられていなかった．

　したがって，キャンプ地となることを活用して経済的効果や青少年の人材育成，スポーツの振興，地域アイデンティティの醸成，地域コミュニティの形成，交流の促進，あるいは地域情報の発信などを発揮させる方策やそのための活動内容などは，確立しているとは言えず，日本大会においても未だ手探り状態であった．

図1 キャンプ地の位置

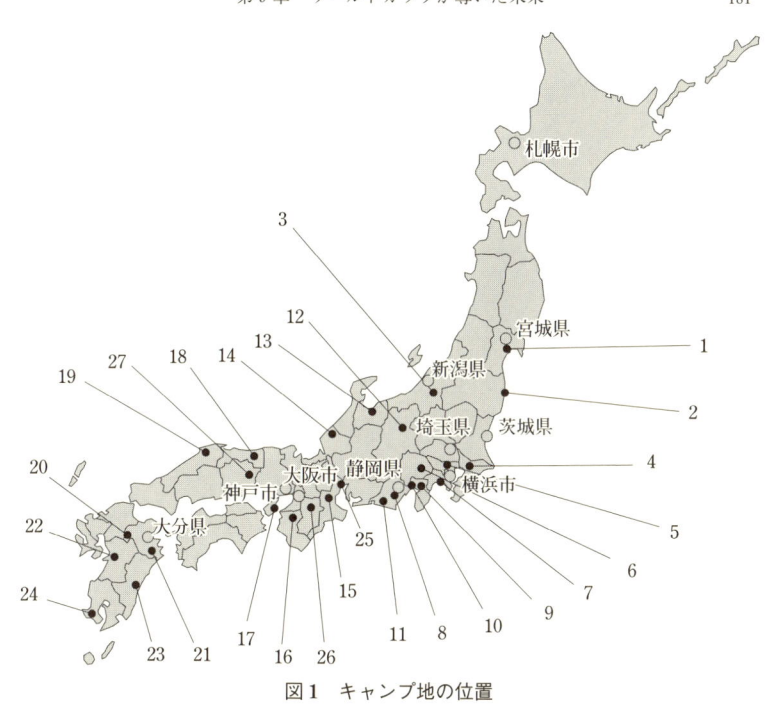

2. 日本大会キャンプ地における社会的効果

　ワールドカップをはじめ，近年わが国においても数多く開催されるようになった国際的スポーツイベントでは，経済的効果をはじめ青少年の人材育成，スポーツの振興，地域アイデンティティの醸成，地域コミュニティの形成，交流の促進，あるいは地域情報の発信などの効果が発揮されるようになってきている[5]．しかしながら，まがりなりにも効果の評価手法が提示されている経済的効果[6]はともかく，青少年の人材育成，スポーツの

---

[5] 国土庁・(財)日本システム開発研究所「スポーツを核とした地域活性化に関する調査報告書——スポーツフロンティアシティ21」1995年（著者：木田が中心となって実施）．

[6] 原田宗彦『スポーツイベントの経済学——メガイベントとホームチームが都市を

振興，地域アイデンティティの醸成，地域コミュニティの形成，交流の促進，あるいは地域情報の発信などの効果は，その定義や評価手法も定まったものではなく，範囲や内容等についても明確となっていない．

このようなことから日本大会におけるキャンプ地の効果，特に経済的効果以外の上記効果を明らかにすることにより，今後の国際的スポーツ大会による効果，特に経済的効果以外の青少年の人材育成，スポーツの振興，地域アイデンティティの醸成，交流の促進，あるいは地域情報の発信などの効果を検証していくこととする．

そこで本章では，「青少年の人材育成，スポーツの振興，地域アイデンティティの醸成，地域コミュニティの形成，交流の促進，あるいは地域情報の発信に関わる効果」を「社会的効果」と定義し，

①キャンプ地自治体への立候補の目的を明らかにし，社会的効果の位置づけを確認する．

②キャンプ地における地域活性化に関わる活動から社会的効果を明らかにする．

③以上により，日本大会における社会的効果を整理する．

ことを目的としていくこととする．

一方，このキャンプ地となることを一過性の対応，すなわち経済的効果を中心に捉えるか，その後の社会的効果の波及を期待するかは，論の分かれるところであるが，本章では「キャンプ地となったことを社会的効果発揮のチャンスと捉え，その後の効果の波及を期待する」という視点に立って論を展開する[7]．

2.1 調査の方法と対象

日本大会のキャンプ地における効果を把握するため，以下のような調査を活用した．

変える』平凡社新書，2002 年．
7) 木田悟・小嶋勝衛・岩住希能「サッカーワールドカップ大会における社会的効果に関する考察——サッカーワールドカップ開催を契機とした地域活性化に関する研究——その2」日本建築学会技術報告集第 23 号，2006 年，pp. 427-432.

第9章 ワールドカップが導いた未来　　　183

・日本大会のキャンプ地となった自治体の意識やキャンプ地の地域活性化に資する活動の体制および効果等の実態や認識等を把握するため，日本大会における 27 すべてのキャンプ地自治体を対象としたアンケート調査[8]（以下，2003 年調査）を活用した．
・キャンプ地となる前の状況を把握するため，日本大会におけるすべてのキャンプ候補地自治体を対象としたアンケート調査[9]（以下，2000 年調査）を活用した．

2.2　アンケート調査の実施

　日本大会のキャンプ地自治体を対象としたアンケート調査は，日本大会終了後の 2003 年 2 月に 27 すべてのキャンプ地自治体，すなわち 6 つの県と 21 の市町村（複数市町村でキャンプ地と認定されていたところは，中心となった市町村）を対象に郵送配布・回収および郵送・ファックスによる回収方法で実施した．

　この結果，24 ヵ所（スポーツ系部局が半数の 12 ヵ所，企画系部局が 9 ヵ所，観光系部局が 3 ヵ所）から回答を得た．この調査項目のうち，キャンプ候補地への立候補目的は自由回答とした．キャンプ地における効果と今後の施策展開に関する設問の回答項目は，前者 12 項目，後者 5 項目を設定した．

　なお，項目設定はフランス大会研究におけるアンケート調査および日本大会キャンプ候補地 84 自治体すべてを対象として行った 2000 年調査をもとに行った（75 ヵ所から回答）．

---

[8]　（財）日本システム開発研究所・国土計画研究室の自主研究として実施した「ワールドカップ日本大会キャンプ地における効果に関する研究」（2004 年）の一環としてアンケート調査を実施（著者：木田が中心となって行った）．
[9]　（財）日本システム開発研究所が国土庁の委託を受けて実施した「ワールドカップ開催を契機とした地域活性化に関する調査」（2000 年）の一環としてアンケート調査を実施（著者：木田が中心となって行った）．

184　第III部　スポーツを活かす多様な試み

```
地域情報の発信              62.5% / 84.0%
地域のスポーツ振興          41.7% / 65.4%
経済的効果                    12.5% / 54.3%
国際交流の促進              37.5% / 34.6%
青少年の健全育成            37.5% / 14.8%
スポーツ施設の整備                / 12.3%
住民活動の促進                    / 7.4%
地域アイデンティティの醸成  20.8% / 7.4%
地域間・地域内交流の推進         / 6.2%
ボランティア・NPO組織の育成      / 2.5%
街並み・景観整備，環境美化の促進 / 1.2%
道路等のインフラ整備              / 0.0%
既存施設の利活用            33.3%
スポーツのまちづくり        37.5%
地域の活性化                16.7%
その他                      20.8% / 4.9%
```

凡例：キャンプ地の立候補目的（2003年調査）／キャンプ候補地の立候補目的（2000年調査）

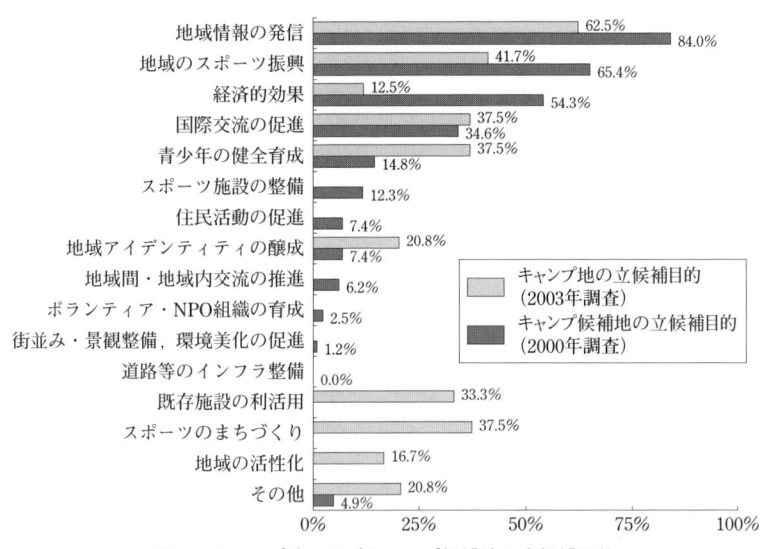

図2　キャンプ地およびキャンプ候補地の立候補目的

2.3　アンケート調査結果

①キャンプ地立候補の目的

　自治体がどのような目的をもってキャンプ地へ立候補したかについて，キャンプ地自治体（キャンプ終了後のアンケート調査結果）とキャンプ候補地自治体（キャンプ地となる以前のアンケート調査結果）を比較した（図2）．なお，2003年調査において自由回答で求めたキャンプ地の立候補目的は，2000年調査に合わせて整理した．

　2003年調査の結果，キャンプ地の立候補目的は，地域情報の発信62.5％（％は，回答ヵ所/24ヵ所を表す）が突出して多く，地域のスポーツ振興（41.7％），国際交流の促進・青少年の健全育成・スポーツのまちづくり（いずれも37.5％）などの社会的効果に関わる項目が目立っていた．

　一方，2000年調査では，キャンプ候補地の立候補目的はキャンプ地同様，地域の情報発信84.0％（％は，回答ヵ所/75ヵ所を表す）や地域のスポーツ振興（65.4％）という社会的効果が多いものの，経済的効果

(54.3%) も目立っていた.

　以上のように 2000 年調査と 2003 年調査を比較すると, キャンプ候補地段階での目的と実際にキャンプが終了した時点での目的は異なり, キャンプ候補地段階では 54.3% もあった経済的効果は, キャンプ終了後には 12.5% を占めるのみであった. また, キャンプ候補地段階で 14.8% であった青少年の健全育成は, キャンプ終了後には約 2.5 倍の 37.5% に, 同様に地域アイデンティティの醸成は 7.4% から約 2.8 倍の 20.8% となるなど, 社会的効果に関わる項目のポイントが増大していた.

　これらの結果から, キャンプ候補地とキャンプ地というように対象が異なってはいるものの, 当初は主に地域情報の発信, 地域のスポーツ振興および経済的効果を期待して立候補した自治体が, キャンプ後には経済的効果はその目的ではなかったとし, 青少年の健全育成, 地域アイデンティティの醸成やスポーツのまちづくりなどの社会的効果に関わる項目や, 既存施設の利・活用などを新たな目的としてあげてきたところが多くあったことが明らかとなった.

②キャンプ地における効果の認識

　キャンプ地自治体が認識しているキャンプ地の効果を 12 項目あげ, 項目別に効果の程度について 5 段階で回答を求めた (図 3).

　この結果, 青少年の健全育成, スポーツ振興, 地域アイデンティティの醸成, 地域の国際交流の促進, 地域情報の発信, ボランティア・NPO 組織の育成という社会的効果に関わる 6 項目については, 6 割以上のキャンプ地が「大いに効果があった」と「効果があった」の合計としての「効果あり」と認識していた. 特に, 地域情報の発信については, 79.2% と 8 割近くのキャンプ地が「大いに効果があった」と認識していた.

　一方,「効果はなかった」とするキャンプ地が多かった項目は, 道路等のインフラ整備 (50.0%), 街並み・景観整備, 環境美化の促進 (25.0%) およびスポーツ施設の整備 (20.8%) のいわゆる経済的効果に関連する項目で, 特に道路等のインフラ整備という経済的効果に直接的に関連する項目については, 半数のキャンプ地において「効果がなかった」と認識して

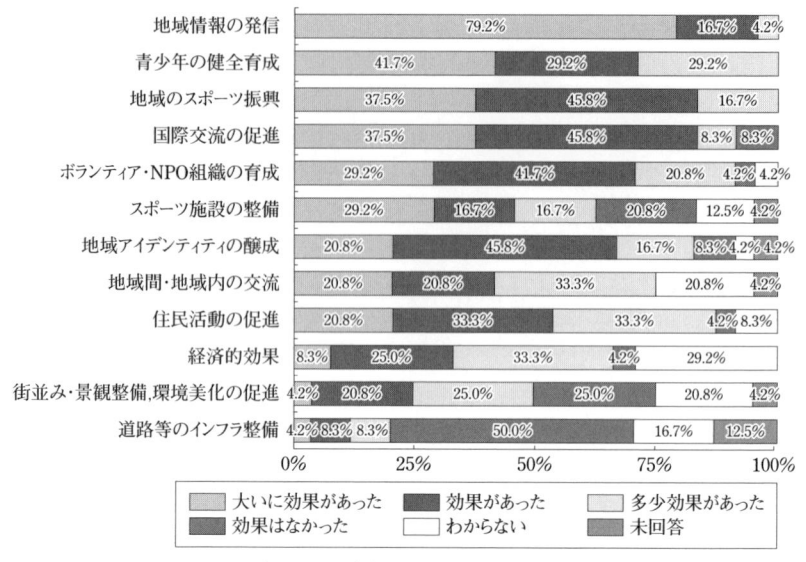

図3 キャンプ地が認識する効果内容等

いた.

ここで, キャンプ地立候補時点では, その目的としてあげておきながら, 終了時点ではそうした回答が少なかった各種経済的効果についてみると, 前述した「効果あり」のキャンプ地は33.3%（8.3%＋25.0%）で他項目と比べて少なく,「多少効果はあった」は33.3%で他項目と比べて多く,「効果はない」としているところは4.2%と少ないものの,「分からない」と回答したキャンプ地が29.2%と他項目に比べて多くなっていた.

これらからキャンプ地における効果としては, 当初予想された経済的効果は少なく, むしろ社会的効果に関わる項目である地域情報の発信, 青少年の健全育成, 地域のスポーツ振興, 国際交流の促進, ボランティア・NPO組織の育成, あるいは地域アイデンティティの醸成などが多く認識されていたことが明らかとなった.

2.4 アンケート調査結果のまとめ

アンケート調査結果から明らかとなった事項を整理してみよう.

・キャンプ地となった自治体規模は，100万人規模から1,000人程度までとさまざまな自治体において行われていた．
・キャンプ地を対象とした調査におけるその立候補目的は，地域情報の発信，地域のスポーツ振興，国際交流の促進，青少年の健全育成，スポーツのまちづくりおよび既存施設の利・活用が主となっていた．これらの項目はいずれも社会的効果に関連する事項であった．
・しかしながら，キャンプ候補地を対象としたその立候補目的では，地域情報の発信は変わらないもの，「経済的効果」を期待していたところが多かった．これは，当初フランス大会での日本代表チームのキャンプ地における経済的効果が大であるという報道に影響を受け，経済的効果を期待していたものの，キャンプ地となり，活動を行っていく過程において社会的効果の重要性を認識してきたものだと考えられる．
・キャンプ地であったことの効果についてのキャンプ地自治体の認識は，社会的効果と仮に定義した「青少年の人材育成，スポーツの振興，地域アイデンティティの醸成，地域コミュニティの形成，交流の促進，あるいは地域情報の発信等に関わる効果」の5項目と「ボランティア・NPO組織の育成」において6割以上のキャンプ地が「効果あり」としている．

3. 日本大会の開催と効果

3.1 日本大会キャンプ地における効果発揮の方向

　日本大会の開催は，地域の活性化という視点からみると経済的効果と社会的効果の2面から捉えることができた．
　しかしながら，日本における多くの国際的スポーツイベントの開催においては，関連インフラの整備やその波及効果などから経済的効果に焦点があたり，効果測定や範囲の定義がしにくい社会的効果については，二の次となっていた．それは，本来スポーツイベントの開催は，地域の活性化と

は直接的に関係のないものであったことによるものであり，近年のマスメディアの発達や情報通信機器の発展がスポーツ大会に経済的効果だけでなく，社会的効果をももたらしたと言っても過言ではない．したがって，比較的計測や評価が可能な経済的効果は，曲がりなりにも数値として示されてきたものの，スポーツの有する機能の多様性から，近年になってスポーツイベント開催において発揮されてきている社会的効果は，評価が難しいことも重なってこれまで明確に定義されていないし，評価手法も明確となったものは少ないと言える．

これは，日本大会においても同様で，開催地においては，道路整備をはじめとしたインフラ整備を行うとともに，多くの開催地ではスタジアムの整備をも行ってきており，その整備に関連した経済的波及効果を期待していたし，開催中における世界各地からのサポーターの来訪による経済的効果をも期待していた．しかしながら，多くの海外からのサポーターは観光に訪れたのではなく，試合の観戦に訪れたこと，あるいは国土交通省が予測した海外からの来訪者が大幅に下回ったことなどから，経済的効果は少なかったと言える．

しかしながら，これまで分析してきた結果から，日本大会の開催は，キャンプ地においても大いに社会的効果があったことが明らかとなってきており，今後は，この社会的効果を如何に発揮させていくのか，について視点をあてていくことが重要と考える．

むしろ，現在のような経済状態のもとにおいては，新たな公共事業による経済的効果を期待するのではなく，社会的効果をより発揮させるような施策や活動を展開していくことが重要ではないかと考える．

3.2　今後のキャンプ地等における地域活性化に向けて

これまでは，2002年のワールドカップ日本大会のキャンプ地における効果，特に社会的効果について分析を行ってきたわけだが，ここでは，今後の国際的スポーツイベントの開催において，出場する選手等が，練習し，宿泊するところとしてのキャンプ地における地域活性化に資する活動について整理してみよう．

まず，ここでの基本は，あくまでも地域の活性化，地域づくり・まちづくり，といった視点から行政や地元住民がスポーツイベントを活用する，ということであり，スポーツ関係者の視点で捉える，ということではない，ということである．

　そのような視点に立てば，バブル期のような過大なイベントの開催とかそれに合わせたキャンプ地ではなく，身の丈にあったキャンプ地の招致から運営およびそれを活かした地域活性化に資する活動の展開が重要だということである．

　それには，現状のような財政的に苦しい時代においては，これまでのような公共投資に裏づけされた経済的効果を目指すのではなく，比較的経費が少なくて済む社会的効果を如何に発揮させていくか，という視点を前面に立てていくことである．

　すなわち，地域情報の発信などは，その後のキャンプ地の観光振興という経済的効果に資する活動となるし，住民の積極的な活動などへの参加により，地域アイデンティティの醸成や地域の新たなコミュニティの形成に資するものとなり，キャンプ地という地域の活性化やまちづくりに展開してくるであろうし，それが地域産業の振興にもつながってこよう．さらには，キャンプ地を体験した子どもたちは，地域アイデンティティが醸成されるだけでなく，その後の人間形成にも多いに資することになることから，子どもたちを対象としたその後の継続的な，交流などの活動は大いに人材育成や地域活性化に資するものとなると考える．

　また，キャンプ地として機能していくために何らかの公共投資を伴う場合においても，これまでのような投資ではなく，今後の地域のインフラになりうるような投資とすべきであるし，インフラになりうるような施策推進，あるいは社会的効果を発揮させ，社会的効果を拡大させるなかで経済的効果も大きくさせていくようにすべきである．

　その事例としては，「観光地」での公共投資はその後の観光振興に活用できる可能性は大きいし，「スポーツ都市」においては，施設整備などの投資は，その後の地域住民のスポーツ活動に大いに活用できるものとなる．

　これまで述べたことを整理すると，国際的スポーツイベントの開催に際

しキャンプ地などに立候補し，招致し，かつ運営して，地域の活性化に資するものとしていく，ということは，従来からその自治体において，「観光」を重視しているとか，「スポーツ都市」として活動を行っているところにおいて大いに効果を発揮するものであり，すべての自治体において効果を発揮できるものではない，ということである．

第10章

持てる力をいかに活かすか

十日町市の試み

上村良一

1. 国際イベントの誘致における既存施設の有効利用とその効果

1.1 既存施設とは

　十日町市は新潟県の南端に位置し，長野県境に近い人口約6万4,000人の地方都市である．約1500年の歴史を持つ絹織物，魚沼コシヒカリの主産地であり，そして毎冬2.5mもの雪に埋れる自然豊かな里山のまちでもある．

　絹織物の生産額は，昭和50年の約650億円をピークに，生活様式の変化と並行して減少を続け，平成17年度は100億円に満たないほどに減少している．このような状況のなか，歴代の市長は企業誘致による雇用の確保を最重要課題として取り組んでいたが，近隣の越後湯沢や六日町が，旧新潟3区の故田中角栄元首相の選挙区であり，新幹線や高速道路が早々と整備されているのに，旧新潟4区の十日町市は高速交通から全く取り残されている状況のため，大きな企業が進出することはほとんどなかった．

　一方，昭和50年代後半から60年ごろにかけてわが国では「働きすぎ」を理由に先進国からいわゆるジャパンバッシングを強く受けていたこともあり，昭和62年にリゾート法（総合保養地域整備法）が制定された．

　十日町市は，このリゾート法の指定を受けたリゾート開発を企業誘致の

重要施策と位置づけ、昭和63年に当間高原リゾート開発のプロジェクトを発足させた．筆者は平成元年から510 ha のリゾート開発用地のとりまとめのキャップとしてこのプロジェクトにかかわることとなった．

この開発プロジェクトの概要は次のとおりである．

開発主体	十日町市，新潟県，鹿島建設，東京電力，NTT，三井住友銀行，地元銀行，地元経済団体など27社・団体で構成する（株）当間リゾート．資本金10億円（後に40億円に増資）
開発面積 開発費用	510 ha（代替農地50 ha 含む） 約430億円
施設概要	ホテル・コテージ（合わせて定員300名） 平成14年ホテル別館完成（定員200名） トリムコース，テニスコート（10面），ゴルフコース（18H） 野外劇場，フォーラムセンター（クア・プール・アリーナ） ハーブガーデン，天文台など 他にリサーチヴィレッジ（企業誘致）ゾーン，リゾートヴィレッジ（保養所）ゾーン，ファームゾーン（集落の移転先）

以上の内容の事業が平成4年12月に約4年の開発用地のとりまとめ期間を経て着工され，平成8年10月に当間高原リゾート「ベルナティオ」が開業した．

このベルナティオは，東京から上越新幹線利用で約100分，関越自動車道で約3時間の距離にあり，首都圏の客（ファミリーが主体）に好評となり，開業3年後にはキャンセル待ちの数が年間3万人を超えるほどになった．このため，平成12年にホテルの別館（定員200名）を建設することになり，2002 FIFA ワールドカップ日本大会開催の時期と別館の開業がタイミングよく重なったことは非常に有難いことであった．この別館の整備が後述するキャンプに大いに役立つこととなった．

1.2 ワールドカップ・キャンプ地としてのねらい

平成10年8月，オリンピックを凌ぐ規模の観客動員を誇るワールドカップ日本大会のキャンプ地として十日町市は手を挙げた．しかし，当時日本のなかでワールドカップ日本大会のキャンプ地とはどのようなものか，どうすればよいかなど，客観的に知っている人間はほんの一握りしかいなかったと記憶している．

第10章 持てる力をいかに活かすか

写真1 当間高原リゾート ベルナティオ

　十日町市としても，何をどうやってやったらよいのか全く手探りの状態でのスタートであった．ただそのなかで筆者は，1つだけこだわりを持っていた．それは400億円もの投資をしたリゾート施設をキャンプに活用することであった．幸い，これは当時の市長と同じ考えであり，その後の業務に非常に心強いものを感じた思いがあった．また，キャンプ施設の勉強に行ったある市で，施設の視察後に宿舎で市サッカー協会の理事長をはじめとした関係者と活発な議論を交わしたことが，その後のキャンプ誘致からキャンプの受け入れ，そしてキャンプ後の活動に大きな力となっていることを特筆しておきたい．

　手探りのなかでキャンプ誘致の組織づくりと並行して，新潟県や国土庁の開催するセミナーには必ず出席し，1つでも多く後に役立つ正確な情報を得るべく努めた．国土交通省と静岡県が主催した静岡市での国際シンポジウムでは，フランス大会のときのキャンプ地の責任者の方から直接話を聞けたのも，後に大変参考となった．

　いろいろなセミナーに出席して情報を得ると，それらを参考に具体的にキャンプ地としての受け入れ体制やキャンプ期間中の仕掛け，キャンプ終

了後のまちづくりに向けた構想などに何の抵抗もなく取り入れられたことは，間違っていなかった証しと思っている．いかに正しい情報を正確に得て実行に移すことが重要であるかを改めて実感した．

　忘れてはならないもう1つのことは，行政担当者や一部の関係者だけが情報を得ていても，事はうまく運ばないことである．専門家やワールドカップを体験しているサッカー関係者を招いて市民を対象とした講演会を重ねて開催し，情報の共有に努めたことが後々の仕事にフォローの風となってくれたことは有難いことであった．

1.3　キャンプの誘致

　2001年，ワールドカップの前年になると，十日町市へはイタリアをはじめスペイン，ポーランド，エクアドル，コスタリカなど8ヵ国が相次いで視察に訪れた．視察したどの国も非常に高い評価を口にして帰って行ったことから，ここベルナティオは国際的に十分通用する施設であるとの自信をさらに深め，必ずキャンプが実現すると確信していた．しかし，そのころ日本のなかでは信じられない現象が起こっていた．ある日，ある県庁所在地の市長から電話が有ったが，その内容は「十日町市はキャンプするチームにいくらのファイトマネーを考えているか」というものであった．十日町市では「とても財政的に苦しいし，たとえ金があってもそんな金は税金から払えるものではないと思う．そんなことをされては財政規模の小さな市はキャンプを誘致できなくなる．そういうことは止めましょう」と言ったら，「もうファイトマネーは日本では当たり前となっています．昨夜の別の県庁所在地の市長さんとの話でも〇〇千万円にするとの話があった」．この電話では，日本人はオリンピック誘致合戦で世界のマスコミから大きな批判を受けたことを経験として活かしていないと思い，大変残念な気持ちになったことを覚えている．

　十日町市は，結果的に，一銭のファイトマネーもなしに，クロアチア共和国とキャンプについて合意することになったのだが，そのクロアチア共和国が十日町市でキャンプすることになるまでのエピソードを少し紹介したい．

第10章 持てる力をいかに活かすか

　8ヵ国がキャンプ地の視察に相次いで訪れて間もなく，まずスペインが2回目の視察に訪れ，キャンプの仮予約を交わした．その後ポーランドからも2番目でよいので仮予約をしたいとの申し込みがあり，市長をはじめキャンプ誘致の関係者と市民は大喜びで，さらにキャンプの準備に拍車がかかり，市内のキャンプ地としてのムードは大変盛り上がっていた．
　しかし，2001年12月1日に韓国・釜山で行われた抽選会で，仮予約をしていたスペインとポーランドは韓国で試合をするグループになってしまった．十日町市内では，多くの市民が市の施設のホールに集まり，パブリックビューイングの大画面で固唾を飲んでスペイン・ポーランドの抽選を見守っていた．どちらかの国が必ず決まるとの思いで大きなクス玉を2つも用意し，今にもヒモを引くばかりに大変盛り上がっていたのである．しかしながら，何とスペインもポーランドも韓国での試合となり，多くの市民は天国から地獄へ突き落とされた気持ちになって，もうキャンプ誘致は終わったとのムードが支配的となった．筆者は市長とともに釜山の抽選会場にてさらに強いショックを受け，ホテルに帰っても朝まで眠ることができなかった．翌朝早く，各国のサッカー協会長や代表が宿泊しているホテルに行き，日本で試合をするチームの代表とロビー外交ならぬロビー国際交渉を必死で始めたが，各国のチームには日本国内における過熱したキャンプ誘致合戦の情報がすでに知れ渡っており，「いくらファイトマネーを出してくれるのか」などと売手市場の状況で，全く交渉にならなかった．夕方近くまで交渉に努力したが相手にされず，財政力のない自治体のみじめさを味わう結果となった．翌日，やりきれない無念の重い気持ちで市長と帰国し，夜8時過ぎに自分のデスクに着いた．すると，何と，キャンプ推進室のスタッフと市サッカー協会の幹部が嬉しそうな顔で私の到着を待っていた．クロアチア共和国から視察のオファーがあったというのだ．しかし，クロアチア共和国の知識も全くなく，どこにあるのかも判らなかった．ただ，前回のフランス大会で日本と対戦したことと，第3位になっている国であることくらいの情報しかなかった．私はどこの国でも，われわれの施設を視てさえくれれば必ずキャンプに来てくれるはずとの思いを改めて強くした．

写真2　抽選会時の市民

写真3　クロアチアの視察

思ったとおり，クロアチア代表のサッカー協会長と事務局長は，視察を終えると「キャンプ地として満足であり，全て問題はない」とのコメントを市長に伝え，ほぼその場でクロアチアチームのキャンプが内定した．

1.4 既存の地元資産の有効活用による効果

リゾート法により重点整備地区と位置づけられたベルナティオの施設は開業後，まちがいなく十日町市の迎賓館として国内外の重要な来訪者の滞在施設としての役割を果たしてきている．また，開業により新規の雇用も200名を超え（地元の若者が創設した管理会社の雇用を含む），さらに地元からの資材，飲食料品等の調達で年間3億円の取引が生まれ，固定資産税1.2億円と200人の雇用人件費を合わせると年間約14億円を超える経済効果を生み出し，まさに十日町市の重要な資産の1つとなっている．

この地元の資産をさらに全国的，いや世界的に情報発信させ，施設の魅力づくりや付加価値をつけることもキャンプ誘致の大きなねらいの1つであった．既存の施設の活用によって行政は新たに投資をしなくて済み，第三セクターの会社としてもほとんど経費がかからずに全国や世界に施設が紹介されることになる．このようなことから，お互いに効果が期待されるとの判断で第三セクターのトップと行政のトップが協力しあうことを確認し，キャンプが実施されることになった．

その代表的な効果の1つめとしては，クロアチア共和国の代表チームがキャンプ地として視察したときからキャンプが終了するまでの間のマスコミによる取材の量は物凄いものがあり，さすがにワールドカップの注目度は大変なものであると強く実感した．ほとんど毎日テレビや新聞，ラジオ等の取材があり，その対応に専任しなければならないほどであった．この露出効果は，金銭に換算すれば大変な金額になることはまちがいない．

2つめの効果は，当間高原リゾートの名前が全国的に知れたことで，第三セクターの営業担当はクロアチア代表チームのキャンプ後は格段に営業がしやすくなり，入込客も5％強増加することとなった．

さらに3つめの効果として，次節で細かく述べるが，Jリーグのチーム（F・マリノス，アルビレックス，レイソル，ヴェルディ）やU19，U20

写真4　キャンプ時の交流

写真5　学校訪問

第10章 持てる力をいかに活かすか　　　　　　　　199

の日本代表チームがキャンプをするようになり，それに合わせてリゾートの入込みも増加することとなった．

このようにワールドカップ・キャンプを地元資産の有効活用の視点からも捉え実践したことで，想像以上の相乗効果がもたらされた．

また，ここで忘れてはならないのは，キャンプ期間中にクロアチア代表チームの選手たちや同行したマスコミ関係者と市民との交流が多く行われたことである．まずその1つは，キャンプ中に合計9回もの公開練習を行い，そのなかで子どもたち120名を対象に選手・スタッフ全員でサッカースクールを開いてくれた．小学生を中心とした子どもたちに大きな夢を与えてくれたことは，キャンプ誘致効果のなかでも大きな部分を占めると思う．

次に，多くの市民との交流があったことである．キャンプ期間中9回の公開練習に約4,000名の市民が訪れ，サインをもらったり，声援を送った．また，マスコミ関係者とスタッフの小学校訪問や市民主催の歓迎パーティに積極的に参加し，多くの市民と日本酒を酌み交わし，魚沼コシヒカリのおにぎりを食べ，十日町小唄を踊るなど，日本文化にふれながらの交流は，市民に国際交流のすばらしさを再認識させるものであった．

以上のように，経済的な効果もさることながら，人とひととの心の交流や子どもたちへ大きな夢を与えられたことが，クロアチア代表チームのキャンプで得られた大きな効果だと感じている．また，（株）当間高原リゾートの全面的な協力がなければこのキャンプの成功はなかったことを強調しておきたい．

2. イベント終了後の活動継続とその仕掛けの必要性

2.1　イベント終了後の活動継続は事業の仕掛けが重要

オリンピックをも凌ぐ観客を動員するワールドカップの実態は，多くの国民ましてや小さな地方都市の十日町市民には詳細な情報はほとんど得られていなかったと思う．そこでまず，キャンプ地に手を挙げたときから市

第III部　スポーツを活かす多様な試み

写真6　事務所前の飾りつけ

写真7　アーケード内の短冊

第10章 持てる力をいかに活かすか

民に対し，ワールドカップとはどういうイベントなのかについて広報やマスコミを通して周知を図った．次に，クロアチアのキャンプが内定した時点では，クロアチア共和国についての情報を在日クロアチア大使館の全面的な協力のもとに全市民へ提供した．次の段階として，いよいよワールドカップ開催年の2002年に入ってからは，ワールドカップのムードづくりや市民が気軽に立ち寄って，キャンプ地としての準備の進行状況や人の動きが判るようにするためと，市民が参加しやすい環境づくりのため，市役所にあったキャンプ誘致事務局を市のメインストリートに面したビルの1階に移した．事務所前には①（アイマーク）の大きな看板を立ててクロアチアの国旗等を飾りつけたり，商店街のアーケード内やショーウインドウにバナーや選手の顔写真を貼るなど，商工会議所の協力を得てワールドカップの雰囲気づくりに努めた．

クロアチアのキャンプが内定した時点では，正直，市民の関心は関係者以外はそれほど高いものではないと感じていたが，事務局を市街地の中心地に移動し，保育所・学校給食にクロアチア料理を数回提供し，また，クロアチア語の勉強会の開催，選手全員の顔写真入りのポスターを全世帯に配布したことなどにより，日増しに関心が強くなり，ボランティアの申し込みも順調に増えるようになった．クロアチアの来日が近づくと，事務局に「何かをしたいけれど，どうすればよいか」と言ってくる市民や激励の言葉や寄付金を届ける人が現れ，また，自発的に国道沿いにクロアチア国旗や歓迎のポスターを飾る市民も多く出てきて，事前のムードは非常に良い状況になっていた．

このような多くの市民の盛り上がりが，スポーツイベント終了後の活動に大きく影響することになる．

2.2 キャンプ期間中に熱くなった市民の組織化への誘導とイベントの開催

クロアチア代表チームのキャンプが終わり，さらに日韓共催のワールドカップの全日程が終了した7月の初旬，次の仕掛けとして，キャンプ費用の節約の効果もあり，クロアチアチームのキャンプ記念碑を制作することにした．同時にキャンプで使用したピッチの愛称を市民から募集すること

も決定し，市の広報で周知を図った．すると，すぐに 50 名を超える市民から応募が寄せられ，そのなかで最も多かったのが「クロアチアピッチ」であった．早速愛称を「クロアチアピッチ」と決定し，広報・地元マスコミにより市民に知らせることにした．1 つの愛称が決定することにより，多くの市民がキャンプ期間中の熱い想い出を共有できることになった．このことが大きな要因となって，「あの良質の芝のグラウンドを長く存続したい」との考えが市民のなかに芽生え，キャンプの翌年の春に会員約 120 名の「クロアチアピッチサポーターズクラブ」が誕生した．

ワールドカップの翌年から十日町市では，キャンプ記念事業の予算化 (200 万円) を図り，「クロアチアピッチ活用事業」を立ち上げた．この事業の源資は「十日町市国際交流・文化スポーツ基金」と称し，寄付金等を積み立てて活用するもので，キャンプ時の経費の余剰金 (約 740 万円) もこの基金に入れて活用している．

また十日町市は，クロアチアピッチ活用事業の実施にあたり，クロアチアピッチサポーターズクラブや市サッカー協会，(株) 当間高原リゾートで構成する実行委員会組織を立ち上げ，キャンプの各種メモリアルイベントがスタートすることとなった．

その最初の事業が J リーグ J1 の平成 14 年の優勝チームである横浜 F・マリノスのキャンプであった．クロアチアのキャンプで細かな部分までノウハウを体験したため，岡田武史監督 (当時) もびっくりするほどスムースに 10 日間のキャンプが終了し，ボランティアで参加した市民やスタッフはさらに自信を深めることとなった．さらに，クロアチア U18 代表チームの受け入れや，柏レイソルサッカースクールの開催，そして，クロアチアサッカー協会より贈呈された 6 基のトロフィーを目ざして行われた第 1 回クロアチアカップサッカーフェスティバル (参加 360 名) と続き，最後は地域活性化に関するワークショップの開催まで，多くの事業を実施した．以降平成 16・17・18 年と多くの J1 チームのキャンプ受け入れや各種イベントに多くの市民が関わるようになっており，地域づくりに関わりを持つことの意義を少しずつ認識しつつあることは嬉しい限りである．そして，ここで忘れてはならないのは，前述したように，大きな国際的イベン

第10章　持てる力をいかに活かすか　　203

写真8　横浜F・マリノスのキャンプ時の観客

写真9　第1回のクロアチアカップ

トを開催する前段でいかに多くの市民に理解を得て参加してもらえるかが，イベント終了後の活動の成功のポイントではないかということである．

2.3 活動の継続と本物の施設づくりの大切さ

クロアチア代表のキャンプで熱くなった市民の組織「クロアチアピッチサポーターズクラブ」の活動により，平成15～18年の4年間にJ1のチームが7回，L1チームが2回，日本代表のU19が2回，U20が1回，クロアチア代表U18が1回，アメフトチームが4回と，日本のトップクラスのチームが十日町市でキャンプをするようになってきている．このような有名チームや選手のキャンプをサポートすることを通じて，多くのスタッフは自分の住むまちや当間高原リゾートに対して自信と誇りを持つようになってきている．

平成16年10月23日に起きた中越大地震は，地域に大きな災害をもたらした．しかし，直後には，十日町市でキャンプを実施した縁で横浜F・マリノスと多くの横浜市民から多額の義援金と支援物資が寄せられた．このようなことから，震災から1年が経過しようとしているころに「クロアチアピッチサポーターズクラブ」の会員のなかから"震災時にいただいたありがたい気持ちを何らかの行動でお返しできないものか"との話が起こり，平成17年11月に「横浜F・マリノス応援ツアー」として，横浜日産スタジアムへ200名の市民が御礼と感謝の気持ちを伝えに訪れた．このことは，キャンプを通じて多くの市民との交流が新たに生まれたことを示しており，改めて活動の継続の重要性を痛感した．

ここで，日本トップクラスのチームや外国のチームがベルナティオやクロアチアピッチのある十日町を何故高く評価してくれているかについて少しふれておきたい．

まず1つめは，自然環境のよさである．標高400～700mに位置している当間高原リゾートは，貴重な動植物が多く生息しており，四季を通じて自然に親しむことができる．2つめは，住環境のよさである．リゾートホテルのため，部屋は広くホテル周辺にもくつろぎ感ある施設が配されており，そのことがリピーターを多く増やしている．3つめとして，食の満足

度である．魚沼米の本場であるコシヒカリや，グリーンアスパラをはじめとした地元産の野菜，日本ソバに地酒，そして日本海直送の魚介類は四季を通じて楽しめる．最後に，良質の芝とコンディションに優れた「クロアチアピッチ」がホテルから徒歩で3～4分の距離にあり，サッカーコート2面半の広さで，緑に囲まれた好条件のなかにあることである．

このように，中途半端ではなく本物の居住環境づくりと芝グラウンドの良さがマッチし，位置的にもコンパクトにまとまっており，使い勝手の良さが高い評価につながっている．もちろん，キャンプ中のボランティアスタッフによる細部のケアは，評価に欠くことのできない重要なソフトの部分であることは言うまでもない．

3. 行政の役割とスタンス

3.1 行政の役割とその反対側にあるもの

地方の小さな都市にとって大きな国際イベントの開催は，ある面ではまとめやすいかもしれない．しかしながら，開催後，そのイベントのいろいろな効果やイベントによって変化した市民意識をしっかり把握し，開催前の基本的な構想に活かすことは，担当者のみでは到底できるものではなく，市政の重点施策の1つとして位置づけるとともに，予算面での理解が得られないとうまく事が進められない．

また，イベントに参加することによって熱い気持ちになった（活性化した）市民は，何かにつけて積極的な話や行動を多く行政に寄せると思われる．ここでは，何をどうやってやりたいのかを正確に把握することが大切である．行政が考えていることと違う考えも多く，市民の立場に立ち，いかに正確に把握するかは，数多く議論することと，行政の持っている情報をいかに早く知らせるかがポイントになると考える．

3.2 求められる行政の基本的なスタンス

リゾート開発や新しい鉄道の開業，そして，ワールドカップのキャンプ

地誘致と，一生に一度体験できるかどうかの仕事を幸運にも担当させてもらってきた．そのなかで，いずれの仕事でも非常に多くの立場の違う人間と議論や協議を重ね，そこで共通して強く感じたことがある．それは，このまちに住む住民だけでまちづくりや活性化の計画づくりをしてもうまくはいかないということ，そして，そこに長く住み続けていると必ずしも自分のまちを正確に客観的には見ていないということである．

　計画づくりのなかには，よそのまちに住んでいる方（よそ者）にも数名入ってもらうことも重要で，その人たちは相当正確に客観的なまちの見方をしてくれるはずである．2つめに，JC（青年会議所）や商工業団体等の若い人たち（若者）のパワーとアイディアが必要である．これが欠けると活気がなく，せっかくの素晴らしい企画も中途で息切れしてしまう．3つめに，自分のまちは自分たちで何とかしようという情熱をもって少しはめをはずすくらいのこだわりを持った人間（ばか者）が大切である．まとめると，まちづくりには，「よそ者」，「若者」，「ばか者」が人の構成として大切になると思う．

　行政サイドとしては，つねに背骨の部分には基本的な構想をしっかり持ちつつ，まちづくりに必要な三要素を持った人間の調整役やコーディネート役が自らに求められていると改めて痛感している．

4. おわりに

　国内外の専門家の方々との6～7年間のお付き合いのなかから世界規模の情報や多様な事例等を学んだが，大きな国際イベントでは事前の正確な情報把握が，その終了後にいかに重要となるかを最後の一言として改めて強調しておきたい．このプロセスで得られた人のネットワークは生涯の財産である．

　この小さな地方都市がさらに輝くために，人がひとを動かしながら，スポーツによるまちづくりと交流人口の増大による地域活性化を目ざし，人びとに感謝しながら微力をささげたいと念じている．

第 11 章

小さな県の大きな挑戦

大分県の試み

斉藤 哲・渡辺 均

1. 大分はなぜワールドカップを誘致したのか

　大分県は日本の中位の小さな県である．人口は約120万人，高速道路は未完成，鉄道は一部単線，山が多く平地が少ない農業県であるが，工業は比較的進んでいる．

　このような県が21世紀にしかるべき地位を得るためには，一方で時代を見通した確かな戦略を基礎に，県や国の境を越えて広域化，多様化する時代として21世紀を捉え，日本のみならずアジア，世界をにらんだ国際化戦略と，他方で地域振興の代名詞ともなっている一村一品運動の成果を活かし，多様化，個性化の推進という地域戦略の2つの戦略が並行して進められることが求められた．

1.1 一村一品の地域戦略

　大分県のワールドカップ誘致時に当時の平松守彦知事が第1に取り組んだことは，「ヨダキイイズム」の払拭である．ヨダキイイズムとは，「そげんことをしてもヨダキイ」「そげんことを考えてもヨダキイ」「そげんこと言ってもヨダキイ」というもので，何かを考え，議論し，行動する前に，すべてを否定し，何もしない言い訳をくどくどと述べ立てる「何もしない症候群」のことである．この「ヨダキイイズム」払拭政策のひとつが「一

村一品運動」であった．これは県民に誇りとやる気を呼び起こさせる目的で市町村ごとに特産品を産み出させ，自信を生み出すことで意識変革を行おうというものである．その具体的な手段として県内各地に「むらづくり塾」を立ち上げ，「夜鍋談義」を精力的に繰り広げた．その成果は一村一品運動が地域づくりの代名詞にもなって，各地で各様な形で活かされている．

1.2 ローカルにしてグローバル

自分の町や村に誇り得る何かを見つけだし，その成果を体験した後に人びとが目ざすものは，「もっと広い世界へ」ということになる．いったん開かれた耳や目は，際限なく広がるものである．ここから世界をにらんだプロジェクト取り込みの機運が盛り上がってくる．大分県にもそうした試みがいくつかある．1つはAPU（立命館アジア太平洋大学）構想で，もう1つはワールドカップであった．

前者は一村一品運動の推進力が人材育成に帰着することの認識に立脚し，世界中から人材を集めて，世界に通用する人材を育成することが大分の振興につながってくる，と判断した結果である．それに応えてくれたのが京都の立命館大学であった．APUには現在世界約100ヵ国から総勢約200名のスタッフと国内外合わせて約5,400名の学生が集い，各国の地域文化を持ち寄り，多様化と個性化を織り交ぜた交流が，学ぶことに加えて，さまざまな地域振興との兼ね合いのなかで展開されている．

1.3 ワールドカップ

世界を目ざす第2のプロジェクトは，ワールドカップの誘致であった．誘致の背景には，2008年の国民体育大会の開催を控えて，メイン会場となる総合運動施設の整備が急がれていたことがあった．ワールドカップの誘致には最低4万人収容可能なスタジアムが必要であり，3万人の収容が必要とされる国体用のメインスタジアムを増築し，ワールドカップにも使用していくことで，ワールドカップ開催費用の大宗を占めるスタジアム建設費が，国体用の施設整備費に追加する分だけで賄えるメリットがあった．

第 11 章　小さな県の大きな挑戦

写真1　大分スタジアム・ビッグアイ

　もうひとつのメリットは，国際間における競争と共存の方策を県民自らが学びとることにあった．大分に限らず，九州は近隣のアジア諸国との交流を抜きに振興は考え難い．アジアを舞台に世界の国々と渡りあい，そのアジアのなかで日本を，そして九州・大分を考える，という構図のなかで，どのように振興を進めるか，そのノウハウを学び取る必要があったのである．

2. ワールドカップ開催の意味するもの

2.1　"国際"戦略の習得

　ワールドカップ開催にあたって，日韓で激しい誘致合戦を展開したことは周知の通りである．アジア地区への誘致という面では日韓の共闘が求められたが，日韓間では，双方が自国への誘致を，という競争が展開され，誘致運動を複雑化させた．結果として日韓共同開催で，アジア初の開催を勝ち取るが，「国際」と銘打たれた事業の開催には，このような複雑な構

図を避けては実現できない．実はこのときの大分県の対応は，その後の開催地の決定に，重要な役割を果たすことになる．

当時の大分県と韓国との関係は，一村一品運動と韓国のセマウル運動との交流が継続的になされていたことから，きわめて友好的なものであった．それは，日韓共同開催が発表されたとき，ほとんどの自治体が予定していた日本単独開催のための祝賀会やイベントを中止したなかで，大分県は直ちに共同開催祝賀会に切り替えて，盛大なイベントを実施したことに示される．このような下地があったからこそ，そして，競争しつつも共存共栄を図ろうとする世界やアジアを意識した長年の実績があればこそ，大分県は国内10の開催地の1つに選定されたのである．地方の国際化とは，国が窓口となって，という従来の方法から，市町村や都道府県が直接事業を取り仕切り，自治体主導で進める時代に入っていることを意味している．この第1ステップがワールドカップ開催で，ここで培われたノウハウは，大きな資産として県の振興に活かせることになる．

2.2　県民意識の発揚と地域の誇り

戦国時代の大分県は大友宗麟などに代表される大友家に統治され，九州の大国であった．しかし大友氏滅亡後は，小大名に分割統治され，県としての統一性や強烈な郷土意識の欠如した特色のない県になったと言われていた．とはいえ小藩林立の歴史は小藩なりの地域文化を育んでおり，多様化や個性化の風潮のなかで，これらをプラスの要素として活かし得る時代が到来した．ワールドカップ開催は，このような大分県民の意識を変える絶好の機会を提供した．

大分にはおよそ1,500人の世界各国の報道陣が押し寄せ，世界中に膨大な質・量の情報を送り出した．彼らは試合の状況は言うに及ばず，後述する中津江村（現在は日田市中津江村地区）のカメルーン騒動など，ことほどさように県内地域の隅々の情報を詳細に世界に発信し続けた．この過程で取り上げられたものが，実は一村一品運動で培われた地域の個性的な特産品であり，それを担った地域ごとの個性を活かした人びとの暮らしや生業そのものの姿である．県が一体となって，という場合，それは画一化を

第 11 章　小さな県の大きな挑戦

意味するのではなく，個性を活かした多様性こそが大分県の個性であるという認識が，世界から見たときに，より鮮明に意識されたのである．このことは，地域住民に自らの土地を誇りとして捉える契機を与え，それを世界が評価することで，やれば世界にも通用するという自信を持つことにつながっている．

このような自信と勇気，そして何より連携の絆は，例えば国体開催の準備活動においても，これが単にスポーツ文化事業にとどまらず，環境問題やごみゼロ運動の推進活動などとの連携のなかで，県民の共通の課題として捉えられ，相互に関わりながら推進するという業際活動を生み出し，県政の施策推進をより協力で，幅広なものにしている．

2.3　大分トリニータ

サッカーに馴染みの薄い大分に，ワールドカップを誘致する際，「サッカーとは何か」を，県民に知ってもらう必要があった．そのため県（民），企業，行政が三位一体となって設立したのが，プロサッカークラブの「大分トリニティ」である．ほとんどのJリーグチームが，メインスポンサーを母胎に誕生したなかで，金も，選手も，グラウンドもない，まさに「ゼロからの出発」であった．以来，大分トリニティは，大分県サッカーリーグ，九州サッカーリーグを2年足らずの史上最短記録で駆け登り，1996年には日本リーグ（JFL）に昇格と，まさに躍進した．1999年にはJ2入りを果たして大分トリニータに改称し，毎年J1への昇格争いに最後まで絡む試合を展開した（ワールドカップ開催後，2002年11月のホームでの最終戦で，劇的なJ1昇格を勝ち取った）．

現在，大分トリニータは大スポンサーを持たない地域密着チームとして，J1有数の毎試合平均2万人近い観客数を誇るチームに成長している．これは，小さな県の厳しい経営環境のなかで，大きな夢を，絶えることなく追い求め続けている選手やスタッフの努力と，それを支える県民の支援の賜物であり，それらはいずれもワールドカップで培われた"やればできる"という自信と"やってみよう"という勇気に支えられているとも言える．

3. 大分のワールドカップ

ここで大分県はどのようにワールドカップを迎え入れたか紹介しよう．

開催にあたって初めに重視した事項は，①安全・安心，②ホスピタリティ，③アフターワールドカップの3原則である．①は当然のこととして，②では，「大分らしさを身の丈で」を基本とした．その顛末は中津江村の例でお解りいただけると思う．③については県政の理念，戦略，戦術を具体化する第一歩であり，これを一過性のイベントで収束させないで，そこで得たノウハウや自信，誇り，協調性や共働の精神等を今後の大分県づくりに活かしていくことこそを最大の要点として考えた．

3.1 交通・輸送対策

ワールドカップの成否を左右する最大の課題は，交通・輸送対策にあると言っても過言ではない．会場のビッグアイ（現在は，ネーミングライツにより「九州石油ドーム」という）には，鉄道，地下鉄等の公共輸送機関が隣接していない．ここに1試合あたり4万人を超える観客等をスムーズに送り込み，送り出さねばならなかった．2001年に開催されたキリンカップ大会では，基本的にはシャトルバスの輸送としたが，タクシーの場内乗り入れを認めたために，混乱が生じた．ワールドカップは梅雨時で，夜間の試合も想定されていた．また，選手，役員，マスコミ，VIP等には，観客とは別コースを設定する必要があった．このような問題を限られた輸送ルートのなかで解決していくために，大分県警，県バス協会，県タクシー協会，JR，陸海空の輸送関係者，警備関係者，ボランティア等で，概ね4年間をかけて万全の体制を確立した．その結果，「大分の大会運営は大会随一」と関係者から評価されることとなった．大分駅，別府駅，高城駅等から1試合あたり600台から700台のシャトルバスを，遅滞なく，安全，快適に運行し得たノウハウは，大分の知恵，協力の成果として，現在も大分トリニータや大きな大会に引き継がれている．

第 11 章　小さな県の大きな挑戦

写真 2　ゴミ拾いをするボランティアの人びと

3.2　ボランティア

　ワールドカップに限らず大きなイベントの運営には，多数のボランティアの協力が必要である．ワールドカップ時大分県では，当初 1,600 人の参加を予定していたが，最終的には 2,100 人を超える応募があった．

　大分県内外から多数の方々の応募があり，ワールドカップへの関心の高さに驚かされた．これらの人々には，インフォメーション，イベント補助，案内，救護，大会運営等多くの業務を担当してもらったが，国際感覚を身につけた素晴らしいボランティアスタッフの笑顔が街中に見かけられ，多くの観戦客から高い評価を得た．また，大分市の明野地区や松岡地区等では自発的なボランティアグループが結成され，花一杯運動や語学研修などを展開し，国内外の観戦客を温かく迎えてくれた．

3.3　県民の交流と参加

　ワールドカップは，観戦客に試合を観てもらうだけではなく，多くの大分県民が共にふれあい，交流し，大分を楽しんでもらうものでもある．観

写真3　大分カラープロジェクト

戦客が降り立つ大分駅や別府駅，会場周辺，大分，別府市内等，多くの場所で多数のイベントを展開した．

　主なイベントとして，例えば大分市内の城址公園等で開催された「KONNICHIWA・FESTA」には，10万人の予定に33万人もの観客が押し掛けた．チケットが手に入らなかった人々のために，大型スクリーンを設置したパブリックビューイングには，3万を超える人々が集まり，老若男女を問わず日本チームの奮闘に共鳴し，興奮のるつぼと化した．
　また特筆すべきは，県民の英知による手作りの仕掛けである．代表的なものは，大分カラープロジェクトで，市民からの応募により選んだブルーとオレンジの大分カラーで県庁，大分市役所，大分駅，日本銀行大分支店等200箇所以上もの建物を飾り，圧巻の光景を演出した．さらには，真多呂人形展がある．手作り人形のグループが，サッカーの試合をする人形をはじめとして，各国の衣裳を着た観客等実に800体もの人形を2年以上かけて作成し，人々に深い感銘を与えた．この人形は現在もビッグアイのワールドカップ記念コーナーに展示されている．

4. 小さな村の大きな試み

　日韓ワールドカップと聞いて忘れられないものの1つに，中津江村（現日田市）とカメルーン代表チームの温かい交流の1コマがある．

　人口わずか1,000余名，大型バスでは自在な運行もままならないような山村が，こともあろうに世界を熱狂させるワールドカップのキャンプ候補地として名乗りを上げ，しかも並み居る他都市との競争を勝ち抜いて誘致に成功したことは多くの人々が知るとおりである．

　加えて本番では選手の到着がなんと5日も遅れ，それも深夜12時をまわっての到着となったにもかかわらず，村民の多くが長旅の選手を温かく迎え入れた光景は，今度は国内のみならず国際的にも報道され，その温かいもてなし振りが世界中の人びとに周知されることとなった．ワールドカップの誘致に奔走した市町村のなかで，その成果を広く内外に知らしめ，地域の売り出しに最も成功したのは，中津江村をおいて他には見当たらないだろう．

　しかしことの本質を，このようなめぐり合わせによってもたらされた効果に求めるわけにはいかない．ここでは，小さな村のある面では無謀とも言える試みを紐解き，地域振興という側面で，何が，どのように発想され，仕掛けが用意され，実行されたのか，その一連の過程を追いながら，小さな村でも"成せば成る"ことの意義を確認し，地域づくりの一助としたい．

4.1　"何もないこと"が資源

　筆者（渡辺）は，誘致の成果を以降の地域振興にどのように活かすか，その検討のために，主だった村の方々と懇談する機会を得た．そこで，なぜカメルーンは中津江を選んだのだろうか，と質問してみたが，村人からは適切な答えが返ってこない．解らない．曰く，「こんな山の中の交通が不便なところで，確かに村営のサッカーグラウンドこそ用意してきたが，グラウンドなら他にもいくらでもあるのに」と村人自身が思案顔である．そこで筆者は，カメルーンが中津江を選んだことは紛れもない事実であり，それはある面で，何もない地域であるからこそ選ばれたのではないか，と

考え，かく発言した．「地元の皆さんには当たり前で評価の対象にならないモノが，中津江にはある」ということ，それは「サッカーに専念できる環境がある」ということに他なりません，と．

4.2　合併前の一工夫

　日田市となった今でもこの地域は中津江村の名称を残している．実は平成の大合併で新たな市などに統合された町村で，町村名を地区の呼称に残すところは多いが，旧村名をそのまま，「村」を残したまま継承しているケースは極めて稀である．村を引率してきた坂本休村長（当時）は，物腰のきわめて低い，柔らかな語り口ながら，実業家でもあり，その行動力や決断力には人並み優れた力量がある．推測の域を出ないが，たぶん村長は合併前の一仕事として，中津江村を永久に語り継ぐ何ものかを探していたに違いない．そこにワールドカップが県をあげてのイベントとして降り注ぎ，それ幸いとばかりに飛びついた，と考える．

　なぜ語り継ぐ何ものかが必要なのか．それは，村民自らが中津江村住民であること，いま流行の言葉で言えば，アイデンティティを確認することが必要だからである．合併で行政エリアが広域化し，自身の拠って立つ場所，基点が曖昧化することが，住民を不安に苛める．地域社会のあるべき姿，住民の安心・安全・健康な暮らしには，相互に見知り同士が，肝胆相照らす関係のなかで培われる，と判断したに違いない．そのためにキャンプ地の誘致という一大事業に乗り出したと考えている．

　このような計画を立て，それを実現しつつ，しかし何かを語り継ぐにはコンテンツが必要である．何もない中津江村で，何を語ればよいのか，ここから先はさすがの村長も見通しは難しかったと思うが，結果として"5日も待って，それでも温かくもてなした村民の心"がコンテンツの格好の材料として取り上げられた．意図していない分，それは想像以上の効果をもたらすこととなった．

4.3　経済基盤の確保

　いくら世界にその名を馳せても，それは時の推移とともに薄れていく．

一過型の経済効果として，カメルーン饅頭やカメルーン弁当，カメルーンハットなどが売れはしたが，それはいつまでも続くものではない．このような一過型のものでなく，何らかの形で継続して語り継がれる事業が用意される必要があり，それは実はしっかりと用意されていたのである．

それは住民が共同出資して設立した（財）中津江村地球財団である．この財団は，それまで一応独立的な運営形態をとりつつも，結果として行政支援を得て運営されてきた3つの事業を一括して管理運営する団体であり，合併後の中津江村独自の経済基盤を支える事業体として設立されている（施設などの財産は日田市に移管）．

1つは言うまでもなく，キャンプ地として使用された鯛生スポーツセンターの管理・運営で，もう1つは長年，村の観光資源として寄与してきた鯛生金山事業である．これに交流事業として森づくり事業を加味した三位一体事業を推進する母体がこの財団である．通常，合併などで処遇が問題視される第三セクターは，その収支見通しの厳しさから，受入側はこれを拒み，逆に運営側では赤字を薄めようという思惑を持って合併を進めるケースを多々耳にする．しかし中津江村では，毅然としてこの事業を自らの命運をかけた事業として取り込み，これを核に，日田市中津江村として，地域の振興を果たそうとしているのである．

4.4　地域振興のあり方

地域社会を情緒的な面を含めた広い意味合いを込めた言葉としてコミュニティと表現すれば，コミュニティは一方で固有の文化（生活）を持ち，他方で，これを支える自主・自立的な経済基盤の確保が不可欠である．しかし，中津江村を含めて全国各地の山間地では，経済基盤の脆弱化により，地域社会の崩壊が叫ばれ，地域文化の崩壊に晒されている．これに対抗する1つの方策として，住民あげての継続的な"協働関係"の構築があり，この契機として，カメルーン招致活動が発意され，地域づくりに応用された，と考えることができる．

キャンプ地誘致で固有の地域資源・文化を確認し，その文化基盤を活用して合併後も自主自立の旗のもとで，経済的自立を獲得し，協働関係を築

写真4　旧中津江村での歓迎風景

く絆をしっかりと締め直した中津江村の地域づくりは，合併によって地域社会の崩壊が叫ばれるなかで，新たな地域づくりの格好のモデルとして考えられる．

　小さな村だからこそやれたこと，できたことがある．国際的イベントといっても，最後は1対1，人対人の関係に尽きる．実はカメルーン代表チームが福岡空港に到着したとき，中津江村か，他所のキャンプ地に向かうか，決めていなかったそうである．旅行代理店の添乗員のように，税関を出た一行を真っ先に出迎え，引率したのが坂本村長で，そのまま中津江行きのバスに乗り込ませた．大きな都市の首長さんではできない芸当である．情報化が叫ばれても，最後は面と向かった人間同士のコミュニケーションの威力にはかなわない．

5. 大分スピリッツ

　これまで述べてきたように，ワールドカップという世紀の歴史的大イベントの成功は，大分県の21世紀の地域戦略の具象であるとともに，大分

県民のそれぞれの分野での英知や，力の結集によりもたらされたものである．ワールドカップは，県民の心を1つにするとともに，それを見事にやり遂げる過程で，県民に自信と誇りを生み出すことができた．何よりも，未来を担う青少年にかつて経験したことのない感動を与えるとともに，広く大きな世界を意識させ，大きな夢や希望を抱かせることができた．これらを総括するために大分県は，ワールドカップ大分開催成果継承委員会を立ち上げ，次のようにワールドカップ大分宣言としてまとめている．

ワールドカップ大分宣言

世界中を，感動と興奮の渦に巻き込んだ，2002 FIFA ワールドカップ^{TM}，その開催地のひとつとなった大分は，「安心・安全」と「大分らしいホスピタリティ」を基本目標として全県を挙げて準備にあたり，大会をすばらしい成功へと導いた．

全世界へ発信された OITA の豊かな文化と暖かい心，県域，国境を超えた様々な人々との出会いと交流，すべての県民が共通の目標に向かって心をひとつにした得がたい体験を通して，大分県民は，故郷（ふるさと）・大分のすばらしさを再確認し，自ら未来を切り拓く確かな自信，「大分スピリッツ」を得た．

大分開催を通じて得た，この輝かしい成果を次世代へと継承し，明日の豊かで活力に満ちた大分づくりを推進するため，大分県民は「大分スピリッツ」をバックボーンに，次の3つの目標を掲げ，ワールドカップ大分宣言とする．

1. 私たち大分県民は，2002 FIFA ワールドカップ^{TM}開催のために準備し，創り上げた様々なしくみやネットワークを継承，発展させ，明日の大分をつくる礎としていきます．
1. 私たち大分県民は，2002 FIFA ワールドカップ^{TM}開催会場となったビッグアイを有効活用し，世界へと視野を広げ，国際的な観光交流拠点・OITA を創造していきます．
1. 私たち大分県民は，大分トリニータを地域の財産とし，世界共通言語であるサッカーをはじめ，スポーツを心から愉しめる地域づくりを目指します．

第 12 章

スポーツを利用した都市再生戦略

ソウル市の事例

韓泳奏・木田 悟

1. はじめに

　ソウルでのワールドカップの成功は，地域を開発し，都市の持つ潜在成長力を極大化すると同時に，国家のイメージを向上させたという点において，世界的な成功事例として評価されている．また，他の競争都市との差別性を明確にし，都市としての競争力を増大させ，地域の活性化をもたらしたという点で，非常に大きな意味を持っている．
　ソウルのワールドカップ競技場は，2002 FIFA ワールドカップ^{TM}コリア・ジャパン開催時には，前夜祭を皮切りに，オープニングセレモニーと開幕戦，一次リーグ戦と準決勝戦の全部で 4 回の行事が開催されたが，ワールドカップ終了後の経営収支は，27 億 8,500 万ウォンの赤字であった．しかし，ソウル特別市（以下，ソウル市）とワールドカップ競技場事業団による大会後のワールドカップ競技場の活用に対する積極的な努力により，2003 年度には 59 億 8,200 万ウォンの黒字を計上し，赤字運営から抜け出すことに成功し，それ以降一貫して収益増大を成し遂げてきた．ソウル市とワールドカップ競技場事業団は，ワールドカップ競技場の活性化と，国際的スポーツ・マーケティングの成果を極大化するために，努力を続けているのである．
　このように，国際的スポーツイベントは，都市を再構築する契機となり，

都市のマーケティングの手段として定着し，地域活性化の重要な戦略として認識されてきている．これは，国際的スポーツイベントを準備する過程で，大規模な投資がなされることによって，後背地域の定住空間が新しく整備されるとともに，文化空間としての資産が創造されることにより，都市の生命力と商品化が推進されると同時に，メディアの視線が向けられるようになり，開催都市のイメージを全世界に発信することが容易になるからである．

以上をふまえ本章では，ワールドカップ開催の前後における周辺空間とそのイメージの再構築やソウルのイメージと空間構造の変化などを通じて，ワールドカップの開催が地域活性化にいかなる影響を与えたのかを述べることとする．

2. ワールドカップを活用した地域の活性化

2.1　場所的特性と地域混合型戦略

国際的スポーツイベントの開催において，その場所的な価値は，地域成長の核心的要素であるといえる．イベント開催の場所は，都市の文化や制度的要素だけでなく，価値や成長をもたらす核心的役割を果たす．また，生産や消費活動を展開させる具体的な場所であるだけでなく，場所そのものが商品化と消費化が可能な対象として認識される．そのため，ソウルのワールドカップ競技場の場所的価値は，新しいスポーツの中心地としてのイメージの形成，インフラの構築，あるいは競争力をもたらすという点において，重要な意味を持っているといえる．

このワールドカップ競技場は，ソウルにおいて非常に独特な地理的特性を持っている．第1に，ワールドカップ競技場周辺地域は，ソウルの西北部，漢江北辺の湿地という地理―地形的特性を持っている．ワールドカップ競技場の位置する蘭芝（ナンジ）島は，ソウルの発展過程において発生したゴミなどを埋め立てた地域であった．第2に，ソウルワールドカップ競技場が位置する蘭芝島をはじめとするソウルの西北地域は，南東地域に

比べて発展の遅れた地域であったが，仁川の新国際空港建設以後，ソウルの国際的玄関としての機能を持つようになった．第3に，漢江の河口に位置しており，秀麗な自然環境と共に，海運にも活用可能なソウルの要衝地である．

このような地理的特性と潜在力にもかかわらず，蘭芝島はワールドカップ競技場建設以前において，ソウル市内で最も開発が遅れた地域に属していた．蘭芝島は「ゴミの山だ」という否定的地域イメージが存在するのみならず，ワールドカップ競技場周辺地域は，都市の低所得層居住地が密集する経済的貧困地域という，別の否定的イメージが存在した．このように，西北地域は，住民生活において必要な中心地機能が非常に立ち遅れていた．大規模商業施設や業務施設の面においても，相対的後発性を免れ得なかった．このような地域を，ワールドカップ競技場の建設を通じてスポーツの中心地として形成させたことは，地域活性化の模範的事例として評価を受けている．ワールドカップ競技場を中心とする周辺地域では，地域イメージの改善を通した投資的誘致，地域資産の積極的開発など，地域のマーケティングを通した活性化戦略が展開された．

一方，ソウルのワールドカップ競技場の整備にあっては，場所的特徴だけでなく，地域住民と国家発展という2つの考え方を同時に行う戦略を選択した．すなわち，ワールドカップを通じて地域を活性化すると同時に，国家の均衡ある発展と全国民の祝祭空間を創造するという，地域混合型戦略を樹立したのである．この地域混合型戦略とは，ソウルを中心としたワールドカップの開催ではなく，国内それぞれの地域の位置づけや文化などを活かし，分散的に開催（10ヵ所で開催）することであり，結果的にワールドカップを成功裡に遂行することができたのである．

2.2 地域活性化の段階別過程

ワールドカップの開催には，単なる開催場所としての位置づけと，都市競争力確保のためのマーケティング機会だけではなく，地域の発展と活性化の基礎となる文化や観光の活性化，イメージの向上，地域住民の生活の質の向上などを土台として，地域の本質を確立し，これを基礎として地域

発展を図ろうとする積極的な計画とその実施が求められる．

　地域の活性化は，計画樹立と実施だけで遂行されるものではなく，持続的な管理と運営を通して，連繋性が確保されなければならない．この地域活性化の段階は，ビジョンと計画段階，実行段階，持続的発展段階の3段階に区分することができる．

　①ビジョンと計画段階　ワールドカップは，地域の活性化を図り，都市の発展を推進し，スポーツイベントの効果，特に空間的効果を理解する良い事例である．したがってソウル市は，ワールドカップをソウルの未来発展戦略と関連付けて構想した．ソウル市では，ワールドカップのビジョンを「新千年・新ソウル建設」とし，ワールドカップを成功裡に開催することによって，市民の生活の質を向上し，イメージを改善して，先進市民意識を高揚させることを目標として設定した．また，ワールドカップが有する経済的，社会的，あるいは文化的波及効果を超えて，ソウルの未来を拓くための中心軸として機能するように設定した．このような原則を前提に地域の活性化を図り，世界都市としての競争力を備えるために，以下のような3つの戦略を考案した．

　第1に，東北アジア地域への玄関としての役割である．位置選定過程において，それまで発展が遅れていた西北地域開発の拠点とするだけでなく，世界に向けて門戸を開放した中国などの東北アジア地域へ進出する玄関としての役割を果たすことができるようにした．

　第2に，都市発展の戦略的拠点としての役割である．ソウルワールドカップ競技場とその周辺地域は，単なるスポーツ競技場としての役割を超えて，商業・レジャー・文化空間としての機能を持ち，ひいては先端知識基盤産業と親環境住居団地というソウル発展の「戦略的拠点」としての役割が付加された．

　最後に，ソウルのイメージ変化とマーケティングの主要対象となるように考慮した点である．ソウルワールドカップ競技場は，都市発展拠点としてのイメージを浮き彫りにする重要なマーケティングのポイントとしての役割を果たすように考慮された．ワールドカップ競技場に対しては，競技場に付与された場所的特性とイメージを活用して，都市マーケティング戦

第12章　スポーツを利用した都市再生戦略　　225

写真1　ソウル上岩（サンアム）ワールドカップ競技場

表1 2002ソウルワールドカップ地域活性化の連係と戦略

競技場建設および周辺整備	ソウルワールドカップ競技場の建設	・ソウルワールドカップ競技場の建設
	競技場周辺の非適合施設整備	・韓国電力送電塔の地中化，石油備蓄基地の移転，麻浦農水産市場の整備，集団居住施設の移転，その他施設物の整備
	競技場アプローチ道路の拡充	・加陽大橋北端連結道路の建設，上岩宅地地区郊外周辺道路の建設，江辺北路連結道路の建設，繪山地下車道IC～城山ICの道路拡張，上岩橋～城山ICの拡張，合井路の拡張
	競技場周辺河川の整備	・佛光・弘濟川の整備，蘭芝・向東川の整備
文化ワールドカップの推進	ワールドカップ文化行事の開催	・ソウル世界花火祝祭，ソウルワールドカップ競技場竣工記念市民音楽会，ソウルワールドカップ競技場竣工記念韓日国家代表親善サッカー大会，ソウルドリームフェスティバル，2002ワールドカップ決戦大祝祭，2002 World Cup Plaza・韓民族の光と色・Media City Seoul 2002・2002 Flag Art Festival，ワールドカラーコンサート，Happy World Rock Festival 2002，上岩パフォーマンス，競技開始前の文化行事，上岩チアショー
	観光・宿泊対策	・ソウル観光名所の特化育成，観光案内の機能強化，効果的な観光広報・マーケティング，ワールドカップ宿泊対策，食堂サービスの水準向上
市民ワールドカップの推進	ワールドカップキャンプ地の誘致	・キャンプ地の誘致
	市民の力量の強化	・施政参加指定公募事業の推進，ワールドカップ市民参加教育の実施，国民運動団体および職能団体の接客応対実践，市民参加の雰囲気醸成および拡散
環境ワールドカップの推進	新ソウルボランティアの活性化	・新ソウルボランティアの活性化
	競技場周辺の環境改善	・競技場周辺悪臭低減の総合対策，ワールドカップ噴水台の設置，埋め立てガスのリサイクル
	環境水準の向上	・大気の質改善対策，天然ガスバスの導入推進，化粧室文化水準の向上
	ワールドカップ公園の造成	・蘭芝島埋立地の安定化，平和公園の造成，ハヌル（空）公園の造成，黄昏公園の造成，蘭芝川公園の造成，蘭芝漢江公園の造成，蘭芝島斜面の緑化および樹林帯の造成
交通・安全・広報などの支援対策	交通の利便性向上	・道路案内表示の一斉整備，タクシーサービスの改善，大会期間中大衆交通輸送能力の拡大・国内外の地域間輸送能力の向上
	屋外広告物の特別整備 ワールドカップ安全対策	・屋外広告物の特別整備 ・2002ワールドカップ安全総合対策の推進，ワールドカップ期間中の医療支援対策
	ワールドカップの広報	・2002ワールドカップ広報総合対策の推進，ソウルワールドカップ競技場広報館運営の活性化，サッカーを通したワールドカップブームの創出 ・メトロポリス総会の開催

略を中長期的に立ててソウルのイメージ変化を図り，世界都市としてのイメージを設定するようにした．これにより，ソウル市はワールドカップの際にソウルを訪問した外来訪問客に対して，戦略的マーケティングを行うという「観光戦略地区」として選定した．この「ワールドカップ観光戦略地区」とは，ソウル独特のイメージと文化を広く PR するための地域として，普段から多くの外国人が訪れ，ワールドカップ開催時に多くの訪問客が予想される地域を意味する．また，ソウル市では，ワールドカップ観光戦略地区を整備して，新しい観光商品開発だけでなく，その地域固有の文化を再生し，ソウルを豊かな文化都市にしようと試みた．すなわち，ワールドカップ観光戦略地区は，ソウルの文化がその歴史的持続性を失わずに生命力を持ち続けることができるように，その根本となる文化を発展させるための基礎となり，さらには競争力のある観光商品としての潜在力を持ち，発展していく地域を意味するのである．

②実行段階　ワールドカップの実行段階には，ワールドカップ運営の成功と体系的管理・執行過程において派生する波及効果や場所の象徴性体系化などの内容が含まれる．

i. 都市インフラの拡充

　ソウル市は，国際的スポーツイベントを成功裡に開催することによって，国際的な規模の競技施設とインフラを拡充することができた．また，ソウル市は，観客が安心して競技観戦を楽しめる競技場施設をそろえ，観客が短時間内に入退場可能な道路・橋梁施設を整備・確保した．さらに，選手と役員，マスメディア，あるいは政治家などの競技関係者の安全な滞在と移動を保障するための宿泊施設と運送手段も整えることができた．

　国際的なスポーツイベントが開催される期間，ソウルはマスコミを通して，全世界の注目を集め，観客の目の前に晒された．したがってソウル市は，都市の景観とイメージが海外からどのように捉えられるのかに対して，大いに関心を持った．人々が安心して来韓できるように，都市を開放的な空間にしようと努力し，そのために莫大な資金を短期集中的に投資した．マスコミのための通信設備の改善，新空港の建設や航空機増便など，都市

空間を開放的に変化させて,機能と接近性を向上させた.それと共に,ワールドカップは,ソウルの都市空間とインフラをワンランク向上させる機会を提供した.その具体的な内容は,次のとおりである.

新しい大規模スポーツ・文化イベント施設の創出；高級アパート,宿泊施設の供給；空港・競技場・主要宿泊施設間の道路整備と拡張；空港拡張などの機能改善,地下鉄の建設,大衆交通手段の確保,シティツアーバスの確保など,都市交通ネットワークの機能向上；新しい通信手段と通信容量の拡張；都市環境の改善と道路の装飾（city dress-up）を通した景観の向上；主要観光地区の整備を通した空間の開放性・文化的多様性の強化.

ii. 地域イメージの構築

都市のイメージは,国際化の時代において,都市間の競争力を決定する重要な要件である.場所のイメージとは,人々がその場所に対して持っている信念,アイディア,印象の総合体である.場所のイメージは,都市の国際的位置づけと投資,あるいは企業の誘致決定に重要な要因として作用する.そのため,世界中の都市は,競争力強化のためにビジネスと生活環境の改善と共に,都市のイメージ・マーケティングと広報に力を注いでいる.

ソウル市政開発研究院・ワールドカップ支援研究団（2002）の調査結果によれば,ワールドカップ以後,外国人の抱くソウルのイメージが多少改善されたことが分かった.ソウル訪問以前には,ソウルに対して否定的イメージを抱いていた人が28％にも達していたが,ソウル訪問とワールドカップ観覧以後は14％に減少したのである.一方,肯定的イメージは72％から86％へと増加した.このことから,外国人来訪者にとって,ワールドカップは非常に感動的かつ印象的なイベントであり,それまで彼らが持っていたソウルに対するイメージを肯定的に変化させる契機となったことを読み取ることができる.

ワールドカップを通じて,ソウルは対外的に認知度を向上させたのみならず,従来の漠然とした否定的イメージを解消して,具体的で肯定的なイメージを強化したことが分かった.具体的には,まず,冷たく不安げな都

第12章　スポーツを利用した都市再生戦略

表2　各部門別ソウルの詳細イメージ

○ソウルの雰囲気：親密で印象的な驚異の都市・ソウル
○ソウルの都市位相：発展する韓国の中心，首都ソウル
○ソウル市民の性格，態度：親切で活気に満ちた，躍動的なソウル市民
○ソウルのアメニティ：清潔だが混雑して無秩序な都市・ソウル
○ソウルの魅力：面白くて美しい都市・ソウル
○ソウルの象徴（事件や象徴物）：ワールドカップと「赤い悪魔」の都市・ソウル

資料：ソウル市政開発研究院・ワールドカップ支援研究団（2002）のアンケート調査による．

市イメージを脱却し，独特の文化を持つ親しげな都市イメージに転換することに成功した．次に，不親切で無秩序な市民のイメージは，親切で活気あふれるイメージに変化した．3つめに，外国人はソウルをおいしい食べ物が豊富な都市，伝統と現代が調和した都市，美しくて面白い都市，清潔な都市として認識するようになった．4つめとしては，分断と戦争，オリンピックの都市から，ワールドカップと「赤い悪魔（レッド・デビル，韓国代表チームのサポーター）」の都市へのイメージ転換が起きた．最後に，急成長を遂げた繁栄の都市としてのイメージが強化された．

　これらの結果を総合すれば，ワールドカップ以後におけるソウルの代表的イメージは，「多様性（Diversity）」と「躍動性（Dynamics）」そして「親近性（Friendship）」であるということができる．躍動性（Dynamics）は，活気に満ちて面白く動的なイメージであり，多様性（Diversity）は，伝統と現代，多様な人種と階層が交わる調和の意味を持っているといえる．さらに，ワールドカップ当時におけるソウル市民たちの暖かい接客態度や熱情的な応援文化，成熟した市民意識によって，親近性（Friendship）がソウルの新しいイメージとして位置を占めるようになった．

iii. 都市空間構造の変化

　都市の空間構造の変化は，対外的側面と対内的側面から分析することができる．

　対外的側面においては，ワールドカップ大会の誘致とワールドカップ競技場の建設が，ソウルという巨大な都市の発展史において，非常に重要な転機をもたらしたといえる．その内容は，次のとおりである．

　まずは，都市開発パラダイムの転換（開発時代から成熟時代へ）である．

ソウルワールドカップ競技場と周辺地区の造成は，国家主導の開発政策によって進行された近代産業化と都市化の副産物であるゴミ埋立地を，新しい文化・レジャー空間へと劇的に転換させ，開発時代の終焉と成熟時代の開始を告げる象徴的事件となった．2つめは，都市開発方向の転換（江南の時代から江北の時代へ）である．ワールドカップ競技場の建設によって弾みがついた「上岩新千年新都市」の開発は，ソウル西北地域の新しい拠点として成長することが期待されている．ソウルワールドカップ競技場とその周辺地域は，これまで20年以上にわたって進行してきた江南中心の発展に対する均衡政策としての役割を求められている．この地域の成長は，江南に偏重した都市発展の方向を，江南と江北の両方向に転換する契機となったのである．3つめは，都市の対外関係転換（冷戦（一国中心時代）から脱冷戦（開放型空間構造）へ）である．江南地域には，京釜高速道路の出発点であり，朝鮮半島中部，南部地域における人間活動の中枢管理機能地域としての役割が与えられているが，西北地域のワールドカップ競技場と周辺のDMC（Digital Media City）は，都市空間を対外指向的空間構造へと転換して，統一と東北アジア中心時代に，ソウルの玄関のみならず物資と情報の集約基地としての役割を果たすことになると思われる．

　一方，対内的側面においては，都市再生を通じて地域の活性化をもたらしたという点を挙げることができる．都市の再生（Urban renewal）とは，公共部門の主導のもとに行われる都市内部の未整備地域の復興（Rehabilitation）のことをいう．そして，その復興のためには，適切な動機の附与と財源，そして多様な形態で公共部門に参加する主体が必要である．蘭芝島ゴミ処理場にソウルワールドカップ競技場を建設して，ゴミの山をテーマパークへと変貌させ，その周辺に先端マルチメディア産業地区と親環境住居団地を開発する「新千年新都市プロジェクト」は，わずか数年の間に実行に移された劇的な地域再生事業であった．ソウルワールドカップ競技場地域の空間的機能は，次のように整理できる．

　まずは，ソウルの新名所の誕生である．ソウルワールドカップ競技場は，全世界の観光客が訪れるだけでなく，市民がゴミの山から復元された自然環境の体験を通して環境の重要性を学習できる文化と環境時代のソウルを

率いていく新名所として誕生した.

　第2に，ソウル西北圏域におけるレジャー・文化・商業中心空間である「第五副都心」の成長である．ソウルワールドカップ競技場は，ソウル西北地域で唯一の大型複合レジャー・ショッピング空間としての機能を備えた新しい中心地として登場し，この地域が今後ソウルの永登浦，明洞，清涼里・往十里，龍山に続く5番目の副都心として成長する契機をもたらした．

　第3に，ソウルの未来産業拠点であり，マーケティング先進地としての成長である．ソウルワールドカップ競技場は，ソウルの未来産業を育成するインキュベーターであり，成長の拠点として推進されているデジタルメディア・シティ（DMC）をマーケティングする重要なポイントとしての機能を持っている．ワールドカップを通じて，蘭芝島地域が持っていた否定的イメージを払拭させ，文化とレジャー，ショッピングの中心地として，高い認知度を得ることになった．このように，ソウルワールドカップ競技場地区の認知度の上昇とイメージの向上は，隣接しているDMC地区のイメージと認知度上昇にも寄与し，開発計画の現実化を加速化させるに違いないだろう．ソウルワールドカップ競技場は，新たな業務地区と公園整備によって象徴性を持たせ，認知度をアップさせるという，先導的開発の典型的な例ということができる．

　第4に，統一と東北アジア時代に向けての，ソウルの拠点地域化である．ソウルはこれまで，分断された朝鮮半島南部における各背後都市を管理する中心都市としての機能を果たしてきたため，空間的発展もまた，南東と南西方向にのみ行われてきた．このような都市の偏向的発展方向は，ソウル内部においても地域間の不均衡を産み出したのみでなく，都市が持っている地理的潜在力を効率的に活用するのに大きな障害となった．これからはソウルワールドカップ競技場とその周辺地域が，近い将来，統一と東北アジア時代を迎えた際に，ソウルの玄関として，そして対外交流の拠点としての役割を果たすであろう．

iv. ワールドカップを通した経済的効果

　ワールドカップによる経済的効果は，韓国開発研究院（以下 KDI）が，すでに大会前に2回（1998年と2001年）算出し，発表したことがある．KDI では，ワールドカップを行うのに必要な支出を推定・算出して，韓日産業関連表に依拠して経済的波及効果を分析した．それによれば，2002年のワールドカップにおいて，韓国全体で3兆4,707億ウォンの直接経費支出がなされ，これによる付加価値は5兆3,357億ウォン（2000年度経常 GDP 517兆ウォンの約1％）で，35万人の雇用が創出されるものと推定している．KDI が分析した投資支出は，ワールドカップと直接関連がある開催都市の競技場と附帯施設建設費（投資支出）が2兆3,882億ウォン，組織委員会の経常支出が4,000億ウォン，外国人観覧客の消費支出が6,825億ウォンであった．大会終了後，組織委員会支出と外国人観光客の観光消費支出内訳の新たに算定・発表された内容と，韓国チームのベスト4入りという変数が発生したことを勘案して，投資と消費支出の内訳を調整すると，次のようになる．

　外国人観客（一般観客＋FIFA Family）の数は，232,800人にとどまり（韓国観光公社・メディアリサーチ，2002），チケット購入費を除く観光消費支出額は5,340億ウォンで，2001年の推定値よりも約1,485億ウォン減った．これは，海外でのチケット販売実績が低調で，実際の観客が予想した外国人観客数の31万9,000人に届かなかったために生じた現象である．また，組織委員会の消費支出も，予想よりも22.1％少ない約3,100億ウォンと発表された．

　2002年ワールドカップサッカー大会韓国組織委員会（以下，KOWOC）では，大会運営基金として約4,770億ウォンを準備し，そのうち3,118億ウォンを使用して約1,662億ウォンの収入超過を記録した．この剰余金額は，1994年のアメリカワールドカップ大会の約660億ウォン，1998年のフランスワールドカップ大会の約880億ウォンを大きく上回り，2002年ワールドカップ大会の持つ商品性の高さを認識させてくれる事例であるとみることができる．収入の内訳は，入場券販売額は総計約1,798億ウォンであり，このうち，海外入場券販売額は624億ウォンで約35％に達する．

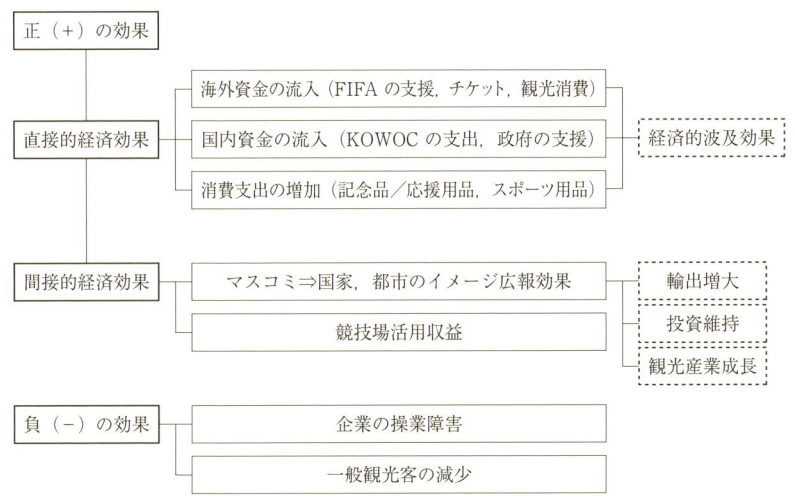

第12章 スポーツを利用した都市再生戦略

```
正（＋）の効果
  ├─ 直接的経済効果
  │    ├─ 海外資金の流入（FIFAの支援，チケット，観光消費）
  │    ├─ 国内資金の流入（KOWOCの支出，政府の支援）      ─── 経済的波及効果
  │    └─ 消費支出の増加（記念品／応援用品，スポーツ用品）
  └─ 間接的経済効果
       ├─ マスコミ⇒国家，都市のイメージ広報効果            ─── 輸出増大
       └─ 競技場活用収益                                   ─── 投資維持
                                                          ─── 観光産業成長

負（－）の効果
  ├─ 企業の操業障害
  └─ 一般観光客の減少
```

図1 ワールドカップの経済面における肯定的効果と否定的効果

一方，共同開催国だった日本の場合は，総収入662億5,100万円，支出は607億6,800万円で，剰余金（純収益）は，54億8,300万円（541億9,000万ウォン）であった（適用レート 988.33ウォン／100円，2002年6月1日基準）[1]．

しかし，ワールドカップは，肯定的な経済効果だけでなく，否定的な経済効果を発生させもした．大会の進行につれて業務に対する集中力が落ち，企業の生産性が低下したという問題である．実際に，ワールドカップが行われている時間帯には，全国的な操業障害が発生したものと思われる．このことは，2002年に実施した中小企業庁の調査において，19.4％もの中小企業で操業障害が発生したと回答したことをみても分かる．このような否定的な影響は，サービス業や事務職より製造業で，大企業より中小企業でより大きな影響を及ぼしたものと判断される．

---

1) 平成14年12月17日時点での見込額（JAWOC公式報告書による）．

第Ⅲ部　スポーツを活かす多様な試み

```
┌─────────┐      ┌─────────┐      ┌─────────┐
│ 戦略目的 │      │ 成果目標 │      │ 主要産業 │
└─────────┘      └─────────┘      └─────────┘
```

顧客維持の強化
├─ 多様なイベント施設の提供
│   ├─ 雪そり場の設置
│   └─ 映画試写会の開催
└─ 広報・マーケティングの強化
    └─ 関連業種の共同

経営効率性の提供
└─ 収益性の提供
    ├─ 観光事業の推進
    ├─ 新規収入源の発掘
    └─ 競技場活性化研究の実施

効率的な施設管理
└─ 基盤施設の整備
    ├─ 無人島入場システムの設置
    ├─ 補助競技場の音響設備の設置
    └─ 花樹ベルトの造成

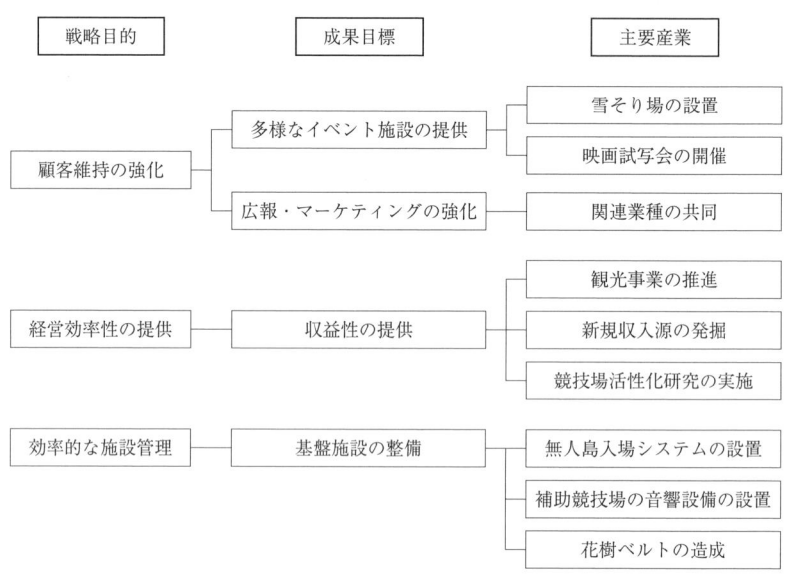

図2　成果計画推進体系

2.3　持続的発展段階

i. 地域とのネットワーク形成を通した計画の推進

　ワールドカップ競技場事業団は，地域とのネットワークを形成し，ワールドカップ事後の運営管理のための戦略を立案し，推進している．

　ワールドカップ競技場事業団は，複合スポーツ・文化空間の造成による競技場の利活用促進のために，顧客誘致の強化，経営効率性の向上，効率的な施設管理の三大戦略を目標として，多様な娯楽の提供，広報・マーケティングの強化，収益性の向上，基盤施設の整備の4つの成果目標を設定した．現在は，ゲレンデ（そり遊び場）の設置，映画試写会の開催，関連業種共同マーケティングの推進，観光事業の推進，新規収入源の発掘，競技場活性化研究の実施，無人入場システムの導入，補助競技場音響設備の設置，花と木によるベルト地帯の造成などの10種類の主要事業が推進中である．

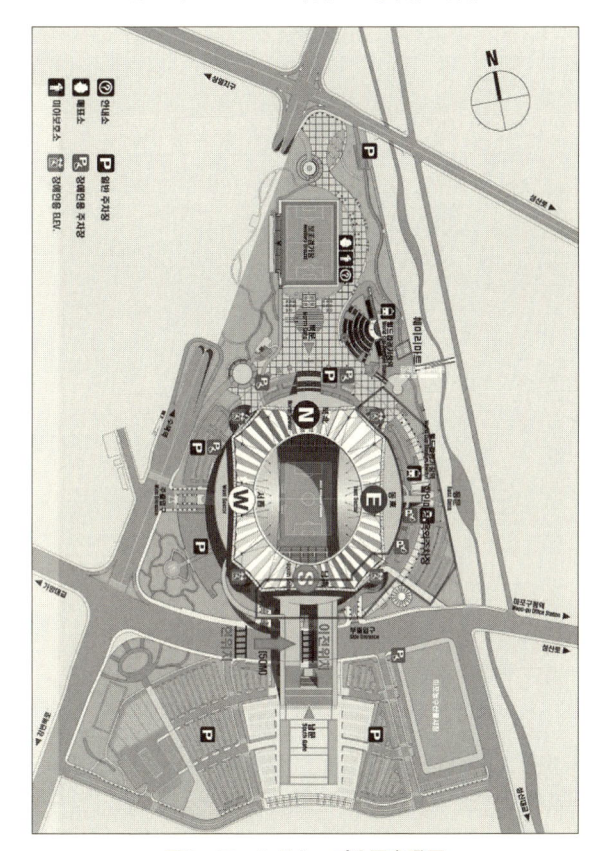

第12章　スポーツを利用した都市再生戦略　　235

図3　ワールドカップ公園鳥瞰図

ii. ソウルワールドカップ競技場の品質管理推進

　ソウルワールドカップ競技場の運営方向は，メインスタジアムの場合，サッカーの試合を中心に運営しつつ，試合がなく使用可能日を利用した収益性の高い大規模行事を誘致することを基本原則としている．補助競技場の場合，主競技場を利用するサッカーチームの練習球場として運営すると同時に，サッカーの発展という側面から，幼・少年チームへの優先的貸与や，草サッカーへの活用など，市民への便宜を考慮した活用を基本運営方向として定めている．

　ソウルワールドカップ競技場の管理と活性化の事例として，競技場やワ

表3 行事別収入金と観覧人員の総括 (2004年度)

区分	総計	サッカー競技			文化行事	一般行事
		計	国家代表チーム	プロサッカー		
開催回数	28	25	7	18	2	1
収入 (千ウォン)	1,597,840	1,297,892	718,643	579,249	266,548	33,400
観客 (人)	508,645	394,467	197,734	196,733	47,372	66,806

資料:ソウル特別市施設管理公団,ワールドカップ競技場事業団.

ールドカップ・モールなどのISO認証を取得して,国内的にも国外的にも客観的な信頼度を確保すると同時に,各種マスメディアや海外視察団,観客などに対する広報を通じて,競技場活用成功事例の世界的ブランドとしての地位を確保すべく努力を行っている.なお,認証獲得分野は,品質経営管理システム国際標準規格認証のISO 9001と,環境経営管理システム国際標準規格認証のISO 14001である.

iii. ワールドカップ競技場の活性化推進

地域住民と競技場を利用する人々のための施設を拡充・整備すると同時に,ワールドカップ競技場駅からワールドカップ公園までの通行路や公衆トイレを新設するとともに,駐車場出口を増設することによって競技場利用車両の出庫時間を短縮することに成功した.これらによる成果として,ワールドカップ大会以後,行事観客162万人,競技場観客158万人を合わせた320万人を超える観覧客がここを利用するようになった.韓国を訪問した外国人観客数におけるソウルワールドカップ競技場観覧客の比重も増大して,2002年には51万人中16万人 (31%),2003年は63万人中28万人 (44%),2004年は45万人中25万人 (56%),そして2005年には69万人まで達した.

一方,ソウルワールドカップ競技場を活用して開催された行事別の収益性を算出するため,2004年度におけるサッカー競技と文化行事,一般行事の開催結果を集計して整理すると,表3のようになる.

まず,サッカーの試合でも,国家代表チームの試合は,全7回の開催で

第 12 章　スポーツを利用した都市再生戦略

表4　ワールドカップ競技場で開催された行事の潜在的経済性（2004年度）

区分	サッカー競技		文化行事	一般行事
	国家代表チーム	プロサッカー		
1人あたり観覧料平均単価（ウォン）	1,955	1,070	4,870	200
平均収入（千ウォン）	102,663	32,181	133,274	33,400
平均観覧料（千ウォン）	55,224	11,695	115,351	13,361
平均観客（人）	28,248	10,930	23,686	66,806

資料：ソウル特別市施設管理公団，ワールドカップ競技場事業団．

写真2　国家代表チームの試合風景

総観客数が197,734人，約7億19百万ウォンの収入を得た．プロサッカーの場合は，全18回の開催で観客数196,733人から，約5億79百万ウォンの収入を得た．文化行事は，2回の開催で47,372人の観客から約2億67百万ウォンの収入を，一般行事は1回の開催で66,806人の観客から約33百万ウォンの収入を得た．

以上を集計すると表4のようになる．行事あたり平均観覧人員は，代表チームの試合は28,248人，プロサッカーの試合は10,930人，文化行事は23,686人，一般行事は66,806人と算出された．そして，行事別1回あた

り平均収入金は，国家代表チームの試合は約1億3百万ウォン，プロサッカーの試合は約32百万ウォン，文化行事は約1億33百万ウォン，一般行事は約33百万ウォンとなる．ワールドカップ競技場事業団が算出した行事別1人あたり観覧料平均単価にもとづいて算出した行事別1あたり平均観覧料収入は，国家代表チームの試合の場合は約55百万ウォン，プロサッカーの試合は約12百万ウォン，文化行事は約1億15百万ウォン，一般行事は約13百万ウォンである．

これらによって，ソウルワールドカップ競技場の活用において，一般的利用を増大させるためには，一般行事の誘致を活性化させ，国家代表チームのような国民的な期待と関心を集める試合を周期的に開催しなければならず，競技場の収益性を高めるためには，平均収入金や平均観覧料の水準が相対的に高い文化行事の開催を積極的に誘致する努力が必要であることが分かる．

2004年度における主要実績を調べてみると，競技場とワールドカップ・モールの活性化において，75億ウォンの支出と162億ウォンの収入があり，87億ウォンの黒字を達成し，2年連続黒字経営を維持することに成功した．これによって，主・補助競技場の活性化と附帯施設の賃貸，ワールドカップ・モール活性化が推進されることになった．また，競技場使用料を現実化するために関連条例を改正して1億50百万ウォンの収入を増大し，週末にはビヤホール広場を運営して695人の利用客から2百万ウォンの収入実績をあげた．さらに，競技場内で映画の試写会を開催して，4千人余りの参加者と7百万ウォンの収入をあげた．他にも2004年11月から競技場訪問スタンプを有料化して，2005年1月10日時点で355枚を販売したり，伝統遊戯公演の一環として，北側広場に伝統遊戯三国志を誘致したりすることによって，2億61百万ウォンの収入を創出するなど，経営革新を推進して競技場活性化のアップグレードを成し遂げた．2004年度のワールドカップ・モール活性化努力によって，2005年度のワールドカップ・モールの賃貸料が約119億95百万ウォンに増加した．賃貸料の増大と関連した細部の内訳は，シネマコンプレックスの運営で約1億86百万ウォン，サウナ運営で約970万ウォン，結婚式場などの附帯施設運営で

第12章 スポーツを利用した都市再生戦略

表5 ワールドカップ競技場の経営収支の変化

(単位:百万ウォン)

年度	2002	2003	2004	2005
収入	2,356	12,966	15,971	18,111
支出	5,141	6,984	7,577	7,738
損益	-2,785	5,982	8,394	10,373

資料:ソウル特別市施設管理公団,ワールドカップ競技場事業団.

表6 2005年度ワールドカップ・モール賃貸料の細部内訳

(単位:百万ウォン)

賃貸料総収入	ショッピングセンタースポーツセンター(韓国カルフール)	シネマコンプレックス	サウナ	結婚式場	食堂	銀行
11,995 (100%)	9,369 (78.1%)	677 (5.6%)	226 (1.9%)	1,107 (9.2%)	606 (5.1%)	10 (0.1%)

資料:ソウル特別市施設管理公団,ワールドカップ競技場事業団.

約260万ウォン,ショッピングセンターなどの運営を通じて約50万ウォンの賃貸収入の増大をそれぞれ成し遂げた.

黒字に転換した2003年度以後,2004年度には経営収益が前年比40%上昇した83億94百万ウォンを記録し,さらに2005年度には,前年比24%増の103億73百万ウォンにまで達した.これに比べ,支出はそれほど大きく増加しなかったことが分かる(表5).

このワールドカップ・モール利用の活性化のために,ワールドカップ競技場内に大型ショッピングセンターやスポーツセンターが増築され,その各施設が賃貸されることで遊休空間が追加利用されるようになり,それによって追加賃貸収入が発生したものと分析される.また,賃貸料は入札金額を最低額にし,顧客駐車システムの改善や映画試写会などの各種イベントを開催するなど,ワールドカップ競技場事業団やワールドカップ・モールの営業活性化努力によってワールドカップ・モール映画館の売上実績が増大した.さらには,売上実績に連動した貸付料増額方式契約条件によって,2004年度に比べ貸付料が約1億85百万ウォンも増加した.また,ワールドカップ・モールの認知度が高まるにつれて,利用車両が持続的に増加し,これに対応するために競技場近隣に駐車場を追加整備し,これを弾力的に運営することによって,駐車台数が前年同時期比1日平均180台増

表7　年度別観覧人数　　　　　　　　　　　　（単位：人）

年度	合計①	1日平均	韓国人	外国人						行事観覧客②
				小計	中国	日本	東南アジア	ヨーロッパ	その他	
2002 (総843,545人) (①+②)	486,382	3,118	325,270	161,112	84,589	26,737	40,750	3,698	5,338	357,163
2003 (総1,382,221人)	629,316	1,743	347,415	281,901	111,859	27,631	133,563	4,711	4,137	752,905
2004 (総960,337人)	451,692	1,241	196,321	255,371	94,565	15,497	139,414	1,972	3,923	508,645
2005 (総1,257,762人)	260,146	713	91,957	168,189	77,791	9,215	74,784	2,906	3,493	992,616

資料：ソウル特別市施設管理公団，ワールドカップ競技場事業団．

表8　近年の行事別開催頻度と観覧人数，収入の現況
（単位：回，人，千ウォン）

区分	競技（行事）数		観覧人員		収入金額	
年度	2004	2005	2004	2005	2004	2005
国際競技	7 (26.9%)	8 (28.6%)	197,734 (50.2%)	387,986 (54.0%)	718,643 (54.0%)	1,447,722 (63.3%)
プロサッカー	18 (69.20%)	18 (64.3%)	196,053 (49.8%)	330,749 (46.0%)	579,249 (43.5%)	745,578 (32.6%)
一般行事	1 (3.80%)	2 (7.1%)	—	—	33,400 (2.5%)	92,162 (4.0%)
合計	26 (100%)	28 (100%)	393,787 (100%)	718,735 (100%)	1,331,292 (100%)	2,285,462 (100%)

資料：ソウル特別市施設管理公団，ワールドカップ競技場事業団．

え，金額にして49万ウォンも収入が増加した．2005年度1年間の全駐車料金収入は，ワールドカップ競技場入場料収入の7倍にも達する1億81百万ウォンだった．

　しかし最近は，長引く景気沈滞による演劇界の全般的な不況によって，大型公演の企画が減少し，大型行事を企画する場合にも，行事の興行が不透明となり，以前とは異なって文化行事に対する投資が減少している．例を挙げれば，2005年にロイヤル・フィル・ハーモニー・オーケストラやロマンコンサート，エンリオモリコーネ・コンサートなどの行事が興行許可を受けたが，準備中に資金事情などの理由で取消しになったことがあった．入場料収入が減少した理由としては，観客の導線が単調，観客の利便

設備である冷暖房が未整備，展示物や広報映像物などが不備であるなどの理由が内部的要因として挙げられている．外部的には，長期的な景気沈滞と時間の経過によるワールドカップ効果の低下によって入場率の減少が加速しており，2003年度の63万人が2004年度には45万人に減少した．また，2004年6月の条例改正によって，入場料が200ウォンから5倍の1,000ウォンに増加した以後は，入場者は急激に減少した．減少率において，韓国人入場者が外国人に比べて相対的に落ち幅が大きいことは，韓国人が興味を失っているということを示しており，単純な「施設観覧」という観光商品だけでは，遠距離からの集客力が落ちるほかないということが分かる．

観覧使用料の詳細内訳を，前年同時期との対比によって分析してみた結果，競技数や行事数には大きな差は存在しなかったが，観客数と収入金額において，国際競技もプロサッカーも大幅に増加した．

このような観客数の増加と，観覧料と使用料の収入増大は，2006年に行われたドイツ・ワールドカップへの国家代表チームの出場による国民的関心の高揚や朴柱泳（パク・ジュヨン）選手のFCソウル入団効果などによるサッカー観覧客増加，そして2004年度よりも1試合多くAマッチ[2]が誘致されたことによって発生したものと考えられる．

3. まとめ

これまでみてきたように，ワールドカップという国際的スポーツイベントの誘致とその開催過程によるソウルの地域活性化の意味と効果は，以下のように整理することができる．

まず，ワールドカップ参加国と観客を対象にしたソウルのマーケティングの意義は，大陸別・国家別特性に合わせたマーケティング戦略の実験であったということができる．観光客は大陸別・国家別に，それぞれ異なる文化観光的嗜好を持っている．そのため，参加国の経済水準や旅行文化，

---

[2] FIFAが認める代表チームが戦う国際試合．

地理や環境，国家間や都市間の外交関係を綿密に分析することによって，各国別に特化した「文化観光商品」を開発し，広報チャネルを構築してこそ，都市マーケティングの充実を期することができるといえる．ソウル市がワールドカップに対応して参加国対策を樹立し，具体的なマーケティング戦略を樹立したことは，大量生産方式の都市観光戦略から，相対型（多品目・少量生産）観光マーケティングへの政策転換を意味する．

次に，ソウル市民たちの大会参加国に対する理解と関心誘導を挙げることができる．競技参加国の社会や文化的特性，地域性や韓国（ソウル）との関係など具体的な情報を提供することによって，ソウル市民がより多くの国々に対して理解と関心を拡大することができたといえる．特に，来韓観光客数が相対的に少ないであろうと予想された国に対しては，市民らが自発的にサポーターとなり，ワールドカップの熱気を一層高めて，民間交流を活性化するという成果をあげることができた．

さらに，参加国との文化交流の促進とネットワークを構築できたことである．ワールドカップ期間中，参加国の文化を紹介するさまざまな行事が開催され，ソウルと参加国との間の文化交流が大いに促進された．フランスの「ロイヤル・ドゥ・ルックス」公演や中国の「中国料理エキスポ」，トルコの「トルコ文学の夜」やセネガルの「セネガルの日」公演などが，ワールドカップ期間中に開催され，市民たちの注目を大いに集め，参加国の文化を理解するのに大いに役立った．このように，ワールドカップを契機として生まれた国家間の文化交流は，ワールドカップ以後にも都市間，国家間ネットワーク構築の基礎となり，特に，ソウルの広報チャネルを安定化するという点において，今後とも持続させていく必要がある．

参考文献

2002年ワールドカップサッカー大会韓国組織委員会，『2002 FIFA ワールドカップ韓国／日本™公式報告書』．
大韓商工会議所（2002），『ワールドカップの経済効果と今後の展望（調査報告書）』．
三星経済研究所（2002），『ワールドカップ以後の経済社会課題』．

三星経済研究所（2002），『ワールドカップ以後の国家イメージ変化と示唆点』.
ソウル市政開発研究院（2002），『2002 FIFA ワールドカップ期間中にソウルを訪問した外国人を対象にしたアンケート調査結果報告書』.
ソウル特別市（2003），『1509 日の大長征，2002 FIFA ワールドカップ　韓国／日本™ ソウル特別市レポート』.
ソウル特別市施設管理公団（ワールドカップ競技場事業団）（2005），「2004 年度経営実績報告書」.
ワールドカップ競技場事業団（2006），「ソウル・ワールドカップ競技場総合現況」.
ワールドカップ競技場管理事業所（各年度），「各年度　主要業務成果および次年度業務計画」.
ワールドカップ競技場引受団（2001），「2002 年度　主要事業計画報告」.
KOTRA（2002），『ワールドカップ以後の国家イメージ変化と示唆点』.
韓国開発研究院（1998），『2002 年韓日ワールドカップサッカー大会の国家発展的意義と経済的波及効果』.
韓国開発研究院（2001），『ワールドカップ大会開催の経済・社会的波及効果の極大化方案』.
ハン・ヨンジュ（韓泳奏）＝イ・ムヨン（李武鏞）（2001），「2002 ソウル・ワールドカップと都市マーケティング」『韓国都市問題』　第 39 巻第 394 号.
Hahn Yeong-Joo. & Hae L.（2001），"The 2002 World Cup and City Marketing", *Journal of the Korean Regional Science Association*, vol. 17, no. 1.
Hahn Yeong-Joo., Lee J. H. & Lee. B. S.（2002），"City Marketing Strategy for Successful Mega Sporting Events : A Case Study of 1988 Olympics and the 2002 World Cup in Seoul", *Applied Geography*, vol. 23, pp. 113-126.
ソウル市ワールドカップサイト（http://www.worldcup.metro.seoul.kr）
文化観光部ホームページ（http://www.mct.go.kr）
ソウル特別市施設管理公団（http://www.seoulworldcupst.or.kr/）

第 13 章

「伝統文化都市」の復活へ

地方都市・全州市の事例

蔡秉善

1. 全州ワールドカップにかけた期待

1.1 全州ワールドカップ開催の背景

　1996年6月30日，第17回 FIFA ワールドカップ™（以下，ワールドカップ）が韓日の共同で開催されることが決まった．韓日20都市で開かれるという内容に対し，全州市は競技を誘致するか，やめるか悩むことになった．

　全州のような地方都市でわずか3試合を開催することがどのような効果をもたらすか．市民，市と道（県），あるいはマスメディアによってさまざまな論議がなされたが，最終的には政治的な側面もあって，韓国のワールドカップは，地域均等に1つの道（県）の1都市において開催するものと決まった（1997年12月19日）．

　一般の人々は，韓国チームがワールドカップでより良い成績をあげることを期待し，政治家たちは，全国10ヵ所で競技が開催されれば，地域ごとの不満はないだろうと考えた．しかしながら全州市では，ワールドカップを開催する目的と効果はどのようなものであるか，という難題に話題が集中した．むろん，このワールドカップ開催の目的と効果はどのようなものであるか，という命題は都市によって異なるものであった．

全州は，近代化の過程において第二次産業が発達せず，他の都市よりも基盤整備が遅れていたことから，ワールドカップを開催するには，以下のような課題があった．

　1つめは，ソウルから交通の便が悪いことである．ソウルからは，主に高速バスや列車を利用することとなるが，3時間もかかったのであった（現在は2時間半）．また，国際空港もなく（現在建設中），海外からの交通の便が非常に悪い道（県）庁所在地なのである．そのため，3試合を観るためにどのくらいの観客が訪れるかが心配であった．内心全州市は，イタリアのような人気チームの試合が全州市で行われることを期待した．

　2つめは，全州市が単独で競技場と基盤施設を整備するときの費用と，競技が終了した後の競技場の維持管理費をどうするかが問題であった．ワールドカップが終了した後，競技場の維持管理費が年間1億5,000万円程度はかかるだろうということで，マスコミからは「ワールドカップ競技場は"水を飲むカバ"（際限なく費用がかかることのたとえ）になることは間違いない」と開催を否定する論調さえあった．

　3つめは，人口62万の全州は「芸術文化都市」と呼ばれているが，ソウルや慶州と比べると有形文化財が少なく，光州，大邱，釜山と比べると経済力や宿泊施設などの基盤整備の面においても競争にならないことは周知のことであった．

　4つめは，全州市は国内レベルでのイベントの経験はあったが，国際的イベントの経験は全州市と茂州郡（人口は約3万）が1996年に開催した冬のユニバーシアード競技のみであった．この競技も道（県）が主催し，スキー会場は全州から約70キロ離れた茂州のリゾートで，全州では室内競技だけが行われ，実際，全州市単独での国際競技の経験はないのと同じであった．

1.2　全州市におけるワールドカップへの対応の方向

　一方，他の都市に比べて，全州市が自信を持っていたのは，長い歴史のなかで育まれた韓国一を誇る伝統芸術と食文化（石焼ビビンパ発祥の地として知られる），市民の活発な芸術文化活動と高いホスピタリティ意識で

あった．韓国人にとって，全州は「味の都」としてよく知られており，周辺はもとより，わざわざソウルからも全州の味を味わうために旅行客が訪れる都市となっていた．また，全州は歴史都市で中心街に文化財が残っているが，ちょうどこの頃，中心街の空洞化問題が提議された時期であった．旧城郭に隣接する700戸の韓屋マウル（伝統韓国式家屋密集地）の保存整備が始まったばかりで，その可能性が見え始めた頃だった．このように全州市では，成功の確信を持っていない状況でワールドカップ開催を決定したのであった．そして，市民参加と競技準備，文化を活かすことと広報活動，競技場と基盤施設整備の3つの分野で準備チームをつくり，積極的に活動を始めた．

　一般的に，ワールドカップのような国際的イベントで得られる効果としては，都市整備効果，文化観光効果，広報と国際交流効果，経済効果などが挙げられるが，全州市では経済効果を除いた3つの分野の効果に狙いをつけた．

　具体的には，まず，ワールドカップを契機に伝統文化都市の基盤を確実に整えて，将来，韓国を代表する伝統文化都市へ発展することである．

　2番めは，国際的イベントを契機に，全州の文化財や韓屋ばかりではなく，味と芸術，市民のホスピタリティなどを世界に広めることである．

　3番めは，課題になっていた中心街の衰退に対応しながら，将来，広域都市として発展するための都市基盤の整備を行うことであった．

　そこで本章においては，筆者が所属する大学の都市計画研究室で直接・間接的に関与したワールドカップ関連事業と研究論文，シンポジウムなどの資料を参考にし，ワールドカップの準備期間を含めて概ね9年を経過した現時点において，ワールドカップ準備の取り組みと，得られた成果を振り返ってみる．

2. 全州の現在：ワールドカップは全州の都市問題解決の契機

2.1 都市空間の変化と都市問題

　世界の各都市の有する文化は異なるが，都市問題は同じ道を辿っているようである．産業革命以来，各国の都市化は時期の違いとそのスピードの差こそあれ，類似した傾向を見せていると言える．

　1960年以後，韓国では近代化と産業の高度化に伴い，ソウル市をはじめとする首都圏に経済と産業が集中し，人々は地方から首都圏へと流れ，地方の小都市では過疎化現象も見られた．他方，全州のような地方中心都市でも人口が集中することによって，市街地が拡大されていった．

　全州も他の都市と同じように都市化が急速に進行したため，早急な住宅供給が要求され，郊外の宅地開発などが優先課題になった．このように大量の共同住宅（アパート）を供給する方法をとった結果，市民の生活様式は，アパートの利便性を追求する方向へと変わっていくことになった．住宅供給形態の時系列的な傾向としては，70年代は低層，80年以後は高層，90年以後は超高層アパートが急速に増えることになる．1970年までの市民の住生活は，一戸建て住宅が中心であったが，1980年以後はアパート生活様式に変わり，現在は約60％の市民がアパートで生活している．しかし，郊外の面的な住宅地開発とアパートの大量供給によって都心部の定住人口は急激に減っているのが現状である．

　一方，既成市街地は地価が高く，道路などの基盤施設の不足，地権者の合意を取りつけることの難しさなどにより，再開発が行われずそのまま残されることになる．このような傾向は，1990年からの核家族化の進行を起因とする市街地の拡大激化によって増大し，市の予算は郊外の基盤施設の整備に注がれたため，中心街の空洞化現象は一層進んだ．また，商業形態の変化などの問題が重なり，中心街の問題は深刻さを増した．このような過程で，地方の都市計画においても問題が現れた．すなわち，地方の核都市においてソウルなどの大都市の都市計画と同じように生活圏を区分し，副都心を育成したために，開発地に新しい商業施設などが供給され，旧市

第 13 章 「伝統文化都市」の復活へ

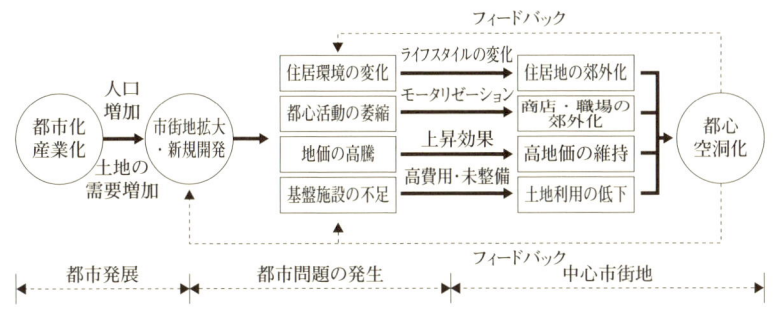

図1　都市空間構造変化のメカニズム

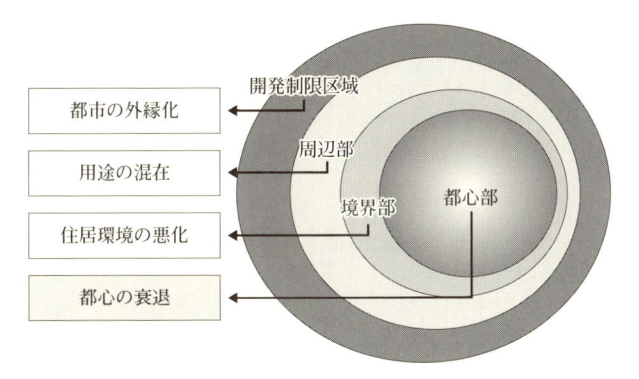

図2　都市空間構造変化の図

街地には人が足を運ばなくなる現象が起こったのである．

2.2　中心街の衰退対策とワールドカップ

　全州の中心街の衰退過程は図1のようなサイクルで循環し，他の国と同じように進展したが，異なる点は非常に速いスピードで都市化が進行したことによって複数の問題が重なったことである．

　つまり，中心部の商業地域は衰退し，中心部を取り巻く旧市街地（住宅地）では，住宅の老朽化と道路の未整備などで住居環境が悪化した．また，市街地の周辺部で新しく開発された宅地においても，アパート用地は高密度で開発されていく一方，戸建て住宅地は用途の混在（住宅と近隣商業施設）が起こり，居住環境の悪化が問題となった（図2参照）．

特に，全州を含め城郭都市として発達した歴史都市の中心地の衰退問題は，深刻であり，中心地に残る文化遺産は開発を妨害するものと認識されたりもしたのである．このような都市問題を解決するため，全州市が文化遺産の保全整備を通した中心地活性化の政策を進めているとき，全州でのワールドカップ開催が決まった．

全州市は，ワールドカップという国際的イベントの開催を，都市整備の良い機会であると捉え，集中投資によって早い期間に効果を得ることができると判断したのである．また，全州市は，ワールドカップを契機として，韓屋マウルと市内の「歩きたい通り」を整備する機会に恵まれたとも言える．

3. ワールドカップによってもたらされた都市整備事例と効果

3.1 ワールドカップ競技場建設とその効果

全州市では，ワールドカップ開催が決まった直後から積極的に準備を進めた．準備委員会が組織され，ワールドカップ開催決定以前に選定した競技場の位置（ワールドカップの開催申請時に提示した位置）を再検討することから始まった．ワールドカップ競技場の位置選定の過程と建設効果をみると以下のようになる．

①広域スポーツの拠点を目ざしてワールドカップ競技場の位置を選定

ワールドカップ競技を誘致する最初の段階から市の予算だけでは問題があり，国からの補助金が得られることを前提に検討が進められた．当初，ワールドカップ競技を誘致する際に申請した競技場の位置は，都市の発展軸から離れていたため，次の3つの理由で競技場の位置を再び選定することになった．

まず1つめは，競技場は市の発展軸に位置すること．

2つめは，競技場建設のために必要な道路，上下水道などの基盤施設が周辺整備に最大限に活用されるような場所．

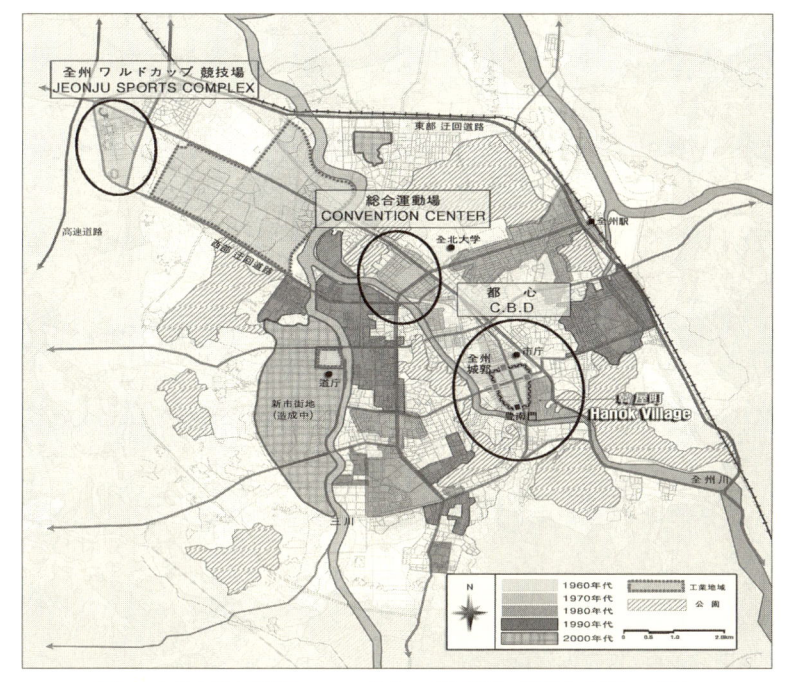

第13章 「伝統文化都市」の復活へ　　251

図3　全州の都市発展とワールドカップを契機に整備する新しい拠点

　3つめは，その当時，市街地の地理的中心に位置した総合運動場と野球場が老朽化し，機能上の問題ばかりでなく維持管理費が高いことや市の中心にあるにもかかわらず土地利用の問題（4万9,000坪もの敷地があるにもかかわらず競技場などの施設空間以外は市民が利用できない）があり，将来，この施設を移設できる環境が備わっていることなどであった．

②ワールドカップ競技場の位置選定から発生する効果

　このような検討を経て競技場の位置を変更し，建設した結果，次のような効果が得られるようになった．

　選定した競技場の位置は，市の発展軸上にあったが，他の都市への玄関口であったため交通渋滞が激しい地域であった．この交通問題を解決するため，高速道路のインターチェンジの位置変更と渋滞路線の地下道建設な

どを行うと同時に，約29万坪の敷地を囲む外郭幹線道路を整備した．この結果，市外から進入する車による交通渋滞は発生しなくなった．また試合の当日は，市内からの交通渋滞が心配されたが，市民が自発的に自家用車の利用を減らしたこと，市内バスやシャトルバスを利用することで，普段よりも交通の流れはむしろスムーズだったことに関係者たちは驚いた．現在では，競技や大規模イベントがあるときには自家用車を利用しても交通の問題はない．

このような基盤整備を行い，ワールドカップ競技場に隣接して総合運動場や野球場などのスポーツ施設をクラスター化し，周辺が広域スポーツの拠点（Sport Complex）になるように計画した．そして，この計画は着々と進んでいる．また，多様なスポーツ施設をクラスター化して配置することで，国内外の競技の誘致が可能になると同時に，市民の総合的利用を促進し，管理費を減らす効果も得られると予測している．

この計画によって，現在，ワールドカップ競技場を含む幹線道路に囲まれた約29万坪の敷地は，都市計画上の体育施設に指定されている．

一方，総合運動場があった4万9,000坪の敷地は，2004年まで道（県）の所有であったが，全州市に移管され，市街地の中心に新しい拠点を造成する目的から，現在はコンベンションセンターと公園，広場，ホテルなどの複合施設の計画が進められている．この地区は，市街地の中心で交通の便が優れていること（8車線，6車線の幹線道路と2つの12mの道路で囲まれている）や周辺にオフィスビルが多く，国立の全北大学（学生数は2万5,000人）などがあり，新しいイベントの拠点として発展するものと考えられる．

③ワールドカップ競技場の特徴と活用

全州のワールドカップ競技場は，市の玄関口である全州 I. C. から約500mの距離に位置し，高速バスターミナル，ホテルなどからも15分以内で到着できる位置にある．競技場の形態は，全州の工芸品である合竹扇のイメージを形にし，屋根を支える4つの柱は，その昔村の入り口に立っていた「ソッテ」[1]をイメージ化したもので，鉄骨の構造物をつなぐケー

第13章 「伝統文化都市」の復活へ　　　253

写真1　ワールドカップ競技場

写真2　ワールドカップ競技場の夜景

ブルは，韓国の伝統楽器である伽倻琴の12弦を象徴化して，全州が「音の街」であることを表現している．規模は，地下1階，地上6階で総42,477席，駐車場は3,998台分あり，2001年9月に完工した．付帯施設としては，出会いの広場（64,503 m²），歩行者メイン通路，広場，道民和合公園（全羅北道14の郡・市の地域的特性を活かした象徴的庭園）などがあり，市民の憩いの場となっている．

　利用状況をみると，競技場は天然芝のサッカー専用球技場であるため，12月から2月までは寒くて利用が難しいという問題を抱えている．芝の管理のため，1週間に2回の利用が限界である．プロサッカーチーム（全北現代）が年16回利用することと国際親善競技や小・中・高校大会の決勝ゲームなどを除けば，一般の人々の利用できる日は殆どないと言える．その代わり，主競技場に隣接している補助競技場は市民らによって頻繁に利用されている．

④ワールドカップ競技場の管理運営

　ワールドカップ開催中は，韓国チームの大活躍と韓国民の熱狂的な応援に世界は驚き，成功裡に幕を閉じた．しかし，大会終了後，ソウルを除く各開催都市は，競技場等の管理費用の問題に頭を悩ますことになった．ソウルワールドカップ競技場は，度々国際的な競技が開かれるとともに，内部施設の複合利用に成功し，何の問題も発生していない．しかしながら，地方の開催都市では，ワールドカップ以後にその施設管理運営に成功しているところはない，といえる．

　このような状況ではあるが，ワールドカップによる効果を評価しないまま，管理費だけを問題にすること自体に問題がある．マスコミは，ワールドカップ開催期間中からその効果と管理費問題に疑問を呈する質問を多く投げかけた．本書の共同執筆者である木田悟氏がワールドカップ期間中に全州市を訪れたおり，テレビ局の記者からワールドカップ開催効果に関する質問があった．しかし彼は逆に，「今回のワールドカップのときよりも

---

1) お祝いがあるとき，まちの入り口に立ってる細長い棒．

海外からのお客さんが多く全州を訪れたことがありますか？」という質問をし，記者を驚かせたことが記憶に新しい．筆者も討論会で「公民館，あるいは図書館などの文化施設のなかで利益をあげる施設があるか，市民の税金はどこに使うべきか？」と質問したことがある．ワールドカップ競技場は，スポーツ文化のための施設であるから，市民の税金で維持管理するのは当然のことである，とも言える．そのため，「維持管理費がかかっても施設を有効に利用することが大切であり，可能であれば収益を得ることができる施設を入れて管理するのが良いのではないか」と述べたが，それでも関係者たちの不安を払拭することはできなかった．

一方，マスコミと議会，市民の世論は異なっていたが，市民世論調査などを経て，ゴルフ場を建設し，運営することが望ましいという結論に至った[2]．

ゴルフ場からの収益　全州のワールドカップ競技場に隣接するゴルフ場の建設と運営は民間に委託し，年間使用料収入により競技場の維持管理費を捻出する，ということで問題は解決した．韓国では，ゴルフが流行っているが，都市から離れたところにゴルフ場があるため，移動に時間がかかる．しかし，このゴルフ場は，市街地に隣接しているために時間が節約でき，かつ料金が安いことから利用者が多い．

プロサッカーチームのフランチャイズによる収益　全州は，プロサッカーチーム（全北現代）の本拠地で，年間16試合が行われ，その管理費収入がある．しかし，韓国の代表チームにはサポーターが多いものの，プロサッカーに対する関心は低いのが実情である．

ワールドカップ競技場の下部空間の利用　競技場の管理運営のために競技場の下部空間の利用を民間に委託し，現在は収益施設である結婚式場やサウナとして利用されている．将来的にはワールドカップ競技場を中心にスポーツコンプレックスが造成されれば，下部空間の利用はより活性化されることは間違いない．

---

[2] 「ワールドカップ競技場と競技後の評価と対策」報告書，全州市，2002年．高齢者施設などの意見が多かったが，このような施設を入れると，一層管理費がかかり，二重負担になるという問題から，収益性のあるゴルフ場を建設することになった．

また，韓国の結婚式は日本と異なり，招待状を受け取った人だけが参列するのではなく，他の知人にも連絡して，大勢の人が結婚のお祝いに足を運ぶような習慣がある．競技場の下部空間は広く，一般の式場にはないような大型駐車場があるので，結婚式場にはもってこいの場所となっている．

これまで，競技場のために投入された国や県や市の予算も莫大ではあったが，それに対する効果もまた，計り知れないほどに大きいものであった．国際的スポーツイベントであるワールドカップが全州で開かれることによって，競技場周辺が広域スポーツの拠点として発展していくための基盤を整えることができたことの意義は大きく，さらに総合運動場があった地区を活性化する新たな機会が訪れた，という見方をすると，今後さらにどのくらいの効果が派生するかは，計り知れない．

3.2 ワールドカップを活かした韓屋マゥル保存とその効果

①ワールドカップは韓屋マゥルの保存整備を促進

　全州市の中心部は，点的に文化遺産が残っているものの，連携性がなく，空洞化による衰退が問題であった．また，文化遺産の連携軸には約700軒の韓屋が残っており，市ではワールドカップ開催が確定する前の1996年から歴史環境を活かした「伝統まちづくり」を始めていた．

　全州市では，ワールドカップ開催を中心地の活性化と韓屋マゥルを保存整備する絶好の機会であると判断した．韓屋マゥルを保全整備することは伝統的な町並みを活かして伝統文化都市の基盤を確保することであり，この政策が成功すれば中心地に残っている文化遺産の連携による中心街の活性化が可能であると判断した．しかし，市が単独で中心地と韓屋マゥルを一挙に整備するには予算の面で限界があった．ワールドカップという国際的イベントの開催は，国の補助金を得ることができるだけでなく，住民との合意形成が容易で，短時間で効果を挙げることが可能である．全州市は伝統文化を活かして「文化ワールドカップにする」ことを目ざし，道（県）と国を説得しつつ整備を進めた．

②韓屋マゥルの特性と保全

　韓屋が密集している地区は，旧全州城郭に接する形で存在し，総面積は275,511 m^2，住宅の平均の敷地面積は180 m^{2}で，ソウルの韓屋の平均敷地面積120 m^{2}より大きい．韓国の中部より北に位置する住宅は，コ・ロ字型の配置が多い．一方，全州市の韓屋は一，¬字の配置が多く，敷地の南側は庭園となっている．そして，建物の内部面積は，建築物の部材の大きさと構造の関係から平均18坪で，今日の住宅と比べると非常に狭い．平均の建ぺい率は約45％で，ソウルの韓屋の65％より低く，広々とした開放的な景観を有している．

　日本の伝統的住宅と比べ，韓屋は保全が難しいと言える．そのため，韓屋の形態は一階建てであり，建築物の美観も一階建てを基準に評価されている．気候の寒い韓国では床暖房の問題があるため，韓屋は一階建てにせざるを得ない．また，二階建てにすると柱などの部材が大きくなり，屋根

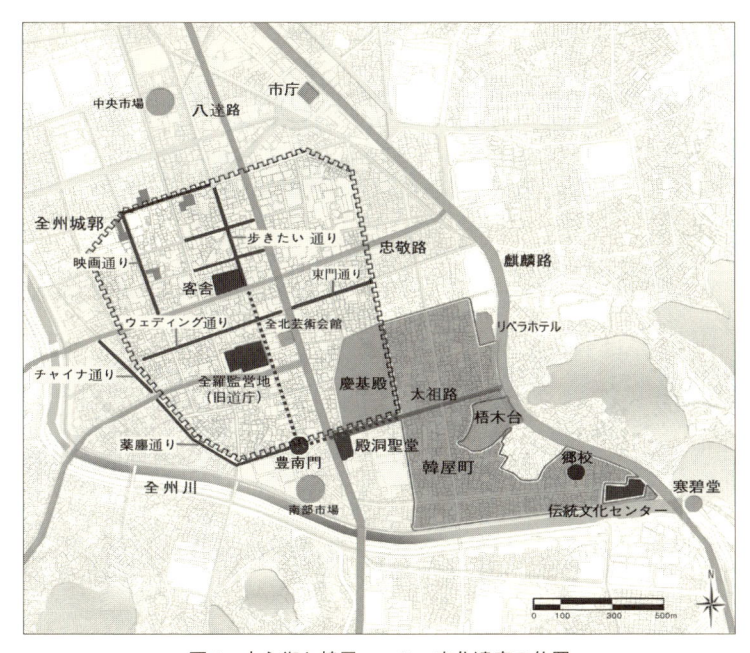

図4　中心街と韓屋マゥル，文化遺産の位置

写真3　韓屋町並み

写真4　韓屋町並み（冬）

構造が難しくなるという点もある．韓屋の美的評価基準も，柱と屋根の軒先が成す角度（30°前後）と屋根の曲線を基準にして評価されるのである．もう一つは社会的側面で，朝鮮時代が終わるまで商業従事者は農業従事者より社会的身分が低かったことなどから，住宅地は商業施設がほとんど存在しないのが一般的であった．また，二階以上の建物は寺院や王宮のみに許されたのであり，個人の家からは城内を見ることができないようにしたという説もある．多くの韓国の家族構成は，1970年以前には5～8人の大家族で，家が狭くなると別の建物を建てるか，内部を塀まで広げて生活した．しかし，1980年代以後は核家族化が進み，現在韓屋マウルの平均世帯人数は3人となっている．結果として，住民の生活を維持しながら韓屋の保存が可能になったのである．このように韓屋を保全するためには，変化していく社会文化的な特性や形態および空間的問題を理解したうえで，保全にかかる費用の問題などを解決しなければならなかったのである．

③ワールドカップを機に韓屋保存対策が加速化する

　全州の韓屋は，農業社会を基盤として形成された伝統家屋が都市社会の空間構造に適した形態で発達し，韓国の都市住居文化へと継承されたものである．ソウル，大邱，慶州，水原などで韓屋地区が広く形成されていたが，建築物の老朽化と近代化によりその伝統的な町並みは失われ，今ではソウルの北村に韓屋群が一部残っているのみである．全州市の韓屋は，個々の建築物の形態や構造的価値はもとより，地区の形態，路地などが保存されており，その価値が認められている．

　全州の韓屋保存の必要性は，コンクリートによる戸建て住宅が急速に増える1960年代に提議された．その後，1970年代から行政の力で韓屋を保存するため，この地域では伝統韓屋以外の建築物は建てられないように「韓屋保存地区」が指定されたが，住民の反対で1985年には美観地区に変更され，建物の形式とは関係なく高さが二階建て以下に制限されるようになる．また，1995年には美観地区まで解除され，2年間は保存政策がなくなったが，高層アパートが一般化するなかで，居住環境は改善されず，韓屋マウルの人々は街を離れていくようになった．

表1　公共文化施設別の訪問客の推移

年度	伝統文化センター	名品館	工芸品展示館	韓屋生活体験館	伝統酒博物館	合計
2002	86,688 (1,733)	40,256 (607)	74,804 (561)	33,200 (256)	3,586 (184)	238,534 (3,341)
2003	283,345 (5,950)	56,913 (209)	259,158 (186)	54,766 (92)	7,456 (66)	661,638 (6,503)
2004	238,418 (5,483)	44,316 (160)	204,709 (149)	72,277 (95)	53,362 (395)	613,082 (6,282)

注：（　）の中は外国人．伝統文化センターの訪問客が多いのは，伝統音楽の公演場，伝統結婚式場，飲食店や喫茶店などがあり，一年中文化行事が行われているためである．

しかし，1997年から全国的に文化保存の重要性が唱えられ，全州の韓屋を保存すべきだという世論が高まって，自治体では本格的な調査研究を始めた．1999年には行政による強制的な保存ではなく，住民と専門家，行政が論議し，保存の基本計画と住民支援の条例を備えたうえで，本格的な保全対策を立てることになった．保存対策の制限と解除が4回も繰り返されたことから，住民の反対運動が2ヵ月間続いたこともあった．しかし，全州市でのワールドカップ開催が決まったことにより，韓屋マゥルを「文化ワールドカップ」に合わせて整備することに住民が同意し，その整備が加速化することになった．

④韓屋町の保全整備の効果（訪問客の増加）

公共施設と街路の整備，老朽化した韓屋の修理または新築によってまちの環境は改善された．市民をはじめとした来訪者が訪れることにより飲食店や喫茶店ができ，活気のあるまちに変化してきている．2002年のワールドカップ時には，国内外から約24万人の観光客が訪れ，そのうち外国人は3,341人であった．さらに，ワールドカップ翌年の2003年以後には，観光客が2倍以上になったとのことである．

このような結果は，ワールドカップを契機として，韓屋マゥルが国内外に広く知られるようになったことに起因している．

⑤韓屋マゥルの保存整備の課題

　一定の成果を収めることに成功した韓屋マゥルであるが，その後，新たな3つの大きな問題に直面することになった．

　1つめは，飲食店や喫茶店などの施設が増えた結果，住民生活のまちであった韓屋マゥルが観光地へと変化していったことである．

　2つめは，次々と新しい公共施設を設置した結果，住民生活との摩擦が起きていることである．

　3つめは，日本の伝統的建造物群保存地区においてもすでに指摘されているように，地価が以前の2倍以上に高騰した結果，地価に見合う収益性を持つ商業施設が増えていき，住民にとって住みづらいまちとなったこと，土地の買収コストが高くなり，駐車場などの住民生活を支援する共同施設の確保が難しくなっている問題である．

　住民との対話を通して韓屋マゥルを計画するのに3年かかり，韓屋マゥルを観光地のように考えている行政側に対し，住民のためのまちづくりを進めていくことに3年かかったが，現在も韓屋マゥルの整備方法においても行政と住民との間で考え方の差が存在しているのである．

3.3　ワールドカップを活かした都心の活性化の事例と効果

　全州市では，ワールドカップを契機に中心地の衰退に対応するため，中心市街地活性化を企画することになった．全州の中心市街地は1970年に城郭が撤去された後に開発が進められたが，人口減少や公共行政機関の郊外移転，業務機能の低下や大規模商業施設の郊外進出などによって，商店街を中心にその衰退は著しくなってきている．中心地における商店街活性化の関連事業は，2002年のワールドカップ開催に先立って，2001年から街路環境と公営駐車場の整備が始められた．現在はその効果が認められ，多様な整備が行われている．ワールドカップ直前に実施された商店街活性化の背景，整備内容とその効果をみると次のとおりである．

①商店街の動向と地区の特性

　人口62万の全州市には，大型マーケットが5つあるが，そのうち1つ

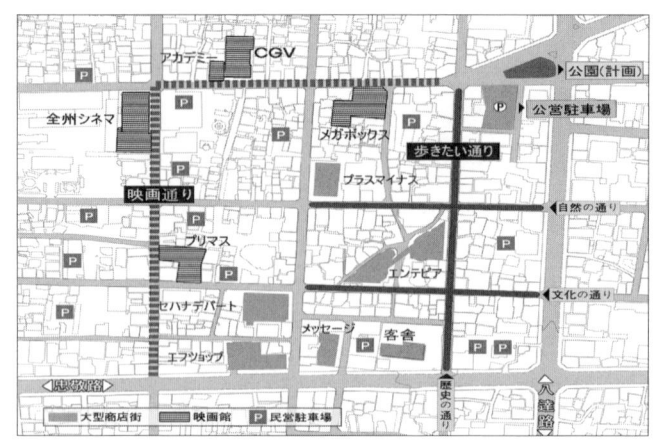

図5 中心街の「歩きたい通り」と「映画通り」の位置

が中心地にあり，残りは周辺の新市街地の交通の便が良い所にある．城郭都市として発達した全州市では，1970年までは旧城郭の中が繁華街であり，門が位置した地域の周辺には市場があった．しかし，中心地の道路の幅は8～10 mと狭く，内部の不整形な敷地には路地で接近するように構成されていて，車社会には適していなかった．そのため，1990年から大型店舗や業務施設は郊外に移転し，都心部は著しく活気が失われ，市場と中心商店街は衰退の一途をたどっていた．

「歩きたい通り」は，2つの幹線道路に面して，多くの市内バス停留場が位置し，公共交通の便が良い所である．商店街の入り口には歴史文化遺産である客舎（来客用宿舎）が位置し，各種イベントや市民の憩いと待合わせの場になっている．街路パターンは8～10 mの格子型で形成されており，店舗は160軒で，小売りが大部分であり，中規模の商店は2つある．店の種別は衣類が40％，そのほか飲食サービス，雑貨，美容などが主で，利用者は20歳前後の人が約80％，運営者は40～50歳が多い．

②街路整備の内容とその影響

事業の対象地では，商業の活性化と快適な歩行環境創出のため，電線を地中化し，路面は石で舗装した．椅子などの街路施設物も設置し，人と車

が共存可能な道路として整備した．車の通行禁止時間帯は，平日は昼2時から夜10時まで，休日と祝日は朝9時から夜11時までになっている．公営駐車場は，商店街の北側入口に198台を収容できるように整備されている．

全州市では，ワールドカップが終わった2003年に，「全州市旧都心の活性化条例」を設けて，補助金の支援を通した商店街の活性化を行っている．この条例は旧四大門のなかにある店舗に対して新築と改修の費用を一部支援するというもので，現在まで65件の実施例が存在している．

一方，1999年まで行政と住民は，中心街の衰退に対し何の対策もとってこなかった．韓国の地方都市はどこでも同じような傾向であったが，最初に中心市街地活性化の対策に取り組んだのは全州市と大田市であり，街路整備を先に始めたのは全州市であった．

距離にして830mに及ぶ3つの路線を一度に車が通れないように制限することは，店の経営者から売上が減少するのではないかと懸念され，反対も強かった．このような政策は，住民との合意がなければ実行できないのは当然であり，本来なら長時間がかかるはずであった．そこで全州市では，ワールドカップこそが中心地の街路整備に最適な時期であると判断し，住民と一般市民の意見を調べた結果に基づいて，特定の通りを整備することにした．

③映画の通りと映画祭

2002年のワールドカップのときから「歩きたい通り」の効果が現れたことを受け，2003年には「映画通り」が計画され，2004年に整備された．「全州国際映画祭」は，2000年に第1回が開催された．中心街の「映画通り」には1999年まで，3つの大型映画館（スクリーンは各1つ）があったが，映画祭の開催と映画産業ブームの影響で観客の趣向に合う映画館が建設されるようになり，現在は5つの映画館が運営されており，スクリーン数は34にも及んでいる．

④中心市街地活性化の効果と将来の対策

　ワールドカップの際に「歩きたい通り」を整備し，一定の成果をあげた結果，中心地の通りを引き続き整備することになった．「歩きたい通り」を整備した後に，その効果を分析するため中心市街地の地価と住民の評価を調べた結果，全般的に地価は下落傾向を見せているが，整備が完了した通りの周辺は地価がわずかに上がったことを確認した[3]．ワールドカップを契機に始められた中心市街地の活性化であるが，その規模はまだ3分の1に過ぎない．

　このような成果をふまえて，全州市の中心地（旧都心）に残っている客舎や，豊南門，慶基殿，殿洞聖堂などの歴史的建造物と連携させながら中心街全体をどのように活性化するかが今後の課題である．

4. ワールドカップに関わる国際交流

　筆者は2002年のワールドカップが韓・日の20都市で開催されることが決定したときに，競技場の外においても目に見えないうちに激しい競争が起きるのではないかと思った．しかし，ワールドカップの準備方法に違いがあり（国が関与する韓国と自治体が行う日本），競争は起こらなかったと言える．むしろ，マスコミではお互いに両国の文化を紹介することが多かった．

　最近，両国間では政治的な問題はあるものの，一般の人々は自分の国に帰るかのように往来し，映画などを通した文化交流はこれまでにないほど活発であることは否定できないだろう．このような韓日交流はワールドカップの共同開催で促進されたとも言えるだろう．

　前全州市長は，米国への留学の経験はあったが，日本の事情はほとんど知らなかった．市長が日本という国について知ることになるのは，ワールドカップの共同開催都市の市長会議が横浜で開かれたときからである．そ

---

[3] 権大煥・尹恩皓・蔡秉善「中心市街地活性化の支援実態と課題に関する研究」韓国都市設計学会論文集，2005年，pp. 253-263．

第 13 章 「伝統文化都市」の復活へ

の後，ワールドカップの関係で何度も日本を訪問し，日本という国を理解するようになった．そして，ちょうどこのときは全州市が韓屋マウルを整備している時期だったのである．

ワールドカップ開催直前の 2002 年 4 月，全州市と金沢市は姉妹都市となった．金沢市ではワールドカップが開催されなかったが，金沢市と全州市の姉妹都市交流は他のどの国の姉妹都市よりも積極的に行われている．例えば，USA のサンディエゴ市と全州市は，1983 年 1 月に姉妹都市になったが，2005 年までに 11 回の公式的な往来があったに過ぎない．しかも，その大部分は行政関係の交流で，文化活動などを含めた民間の交流は存在しない．また，中国の蘇州市と全州市は，1995 年 2 月に姉妹都市になったが，これまでの交流回数は，21 件で年平均 2 件の交流が行われたに過ぎない．

しかし，全州市と金沢市は 2002 年 4 月に姉妹都市になり，すでに 76 回もの交流が行われているのである．公式的な訪問は金沢市からは 47 回，全州市からは 29 回という統計になっているが，公務員や研究者などの非公式な訪問は，むしろ全州市から金沢市へ行く方が多い．

交流の内容を分野別にみると，文化関連が 38 件，スポーツ関連 12 件，行政関連 16 件などで，活発な交流が行われていることがわかる．スポーツ関連の交流内容はソフトボール，サッカー，バドミントンなどで，チーム構成も少年チームから一般チームまでさまざまである．全州でのワールドカップ開催時には，試合前の文化行事に金沢市関係者が参加し，第 1 試合のスペインとパラグアイ戦には金沢市民 30 人が，第 2 試合のポルトガルとポーランド戦には 23 人が訪れた．また，両市が共に「文化芸術都市」をめざしていることから，頻繁で緊密な交流が行われていると言えよう．しかし，今までの交流はあくまでも行政が中心であり，将来はスポーツ交流ばかりでなく，民間交流に拡大していくべきである．最近では，全州の韓屋マウルで日本語を耳にする機会が増えたように思われる．また，金沢市に全州ビビンパの店が開店するなど，ワールドカップを契機に，その交流は広がりを見せている．

5. 全州のワールドカップでは何を得て，何を失ったか

5.1 ワールドカップが地域社会にもたらした効果とは

　ワールドカップ期間中は，韓国チームの大活躍によって，韓国民の熱い応援はより熱くなり，毎日が祝祭のような雰囲気が続いた．その一方で，競技の準備に関わった行政関係者と専門家たちは，その当初からワールドカップによって何が得られるのか，また，競技が終わって熱気が冷めたときに何をしなければならないのかを考えていた．

　専門家たちが考えたとおり，ワールドカップが幕を閉じて時間が経つと一般市民の熱気はすっかり冷めてしまった．ドイツのワールドカップに対しては，多くの関心が寄せられたが，残念ながら前回のワールドカップにおいて地域社会にはどのような効果があり，地域社会はその効果をどのように活かしていくべきかの論議はない．

　このようなことから，全州では何を得て，何を失ったかを考えてみたい．

5.2 ワールドカップが地域社会にもたらした効果と課題

　ワールドカップという国際的スポーツイベントが全州にもたらした効果を図6のように都市整備効果，文化・観光効果，経済効果，広報および国際交流の効果の4つの視点から考察してみよう．

①ワールドカップ競技場の有する効果

　全州のワールドカップ競技場というハードウェアから派生したソフトウェアの効果は，非常に大きいと言える．全州のワールドカップ競技場は，国内外の競技を開催できる大規模な社会資本であるのみならず，そこから派生する全州のアイデンティティとイメージは，市民の共有する財産となった．

　「全州ワールドカップ競技場」という名称は，ここ全州で「ワールドカップ」という歴史的なスポーツイベントが行われたことを示すだけではなく，市民たちの心に当時の熱い思いを想起させる特別な名前なのである．

第13章 「伝統文化都市」の復活へ

しかしながら，優秀なワールドカップ競技場であっても国際競技の開催回数が少ないと同時に，一般市民の利用がほとんど不可能であるという課題を有している．プロサッカーチームの利用と天然芝の維持管理，管理費などの問題のため，一般市民の利用が制限されているからである．

公民館や図書館を利用するように，学生や市民がワールドカップ競技場でサッカーを楽しむ方法はないだろうか．

②ワールドカップで2つの都市拠点整備が可能

全州にワールドカップ競技場が建設されなかったら，スポーツコンプレックスの造成による広域拠点と，総合運動場にコンベンションセンターを含めた新しい都市拠点の構築は考えられなかったであろう．また，ワールドカップ開催によって全州市が国や道から補助金を受け，自治体だけでは数年かかる都市基盤整備を短期間で実行できたことをみても，ワールドカップ開催が都市発展の大きな機会要因になったことが分かる．

なお，国内の状況は都市間の競争から広域間（地域間）の競争に変わりつつあると言える．ワールドカップ競技場を中心に新しい拠点が整備されることにより周辺都市との関係は強くなり，地域の活性化のきっかけになることが予想される．

図6 全州市における効果

③韓屋マゥルの保全整備と地域イメージ向上による文化観光効果

韓屋マゥルを整備し，観光資源化することは，全州のアイデンティティとイメージを広く発信するという効果をもたらした．

全州は，文化芸術の都市といっても，文化資源が点的に散在しているため，訪問客に文化芸術の都市としての全州市のイメージを植え付けるには限界があった．700戸で形成されている韓屋マゥルを整備し，ワールドカップの際に全州を訪問した観光客に見せることで，文化芸術複合都市としての全州のイメージを印象づけた．全州の韓屋マゥルや伝統料理などは，ワールドカップの前後，韓国内ばかりではなく，広く海外でもテレビや雑誌などを通して紹介され，金額では表せないほどの広報効果が得られた．その結果，訪問客はワールドカップの年以降は急増してきている．

このような成果により，文化観光政策研究所では全州市を韓屋マゥル（家），韓食（味），韓紙（芸）を中心とする韓国の伝統文化中心都市にすべきであることを提案し，基本計画が進行中である．しかし，韓屋マゥル特有の面的景観は，多くの観光客を誘致する結果をもたらしたが，住民が生活する住居地域のなかに公共と民間の非居住施設が増えて，住民生活との摩擦が起こるなどの問題が発生している．将来的には住民生活を優先し，単なる韓屋の保存ではなく，その時代の住民生活に合った韓屋創造に至るための研究を展開することなど，さまざまな課題が残っている．

ワールドカップという国際的スポーツイベントを契機に韓屋マゥルの保全整備によってもたらされた効果は，単一のものではなく，都市整備，歴史保全，中心市街地活性化，広報と国際交流，産業活性化など多方面にわたり，全州にとって非常に大きな資産が形成された．

④国際交流の効果と課題

金沢市と全州市は，ワールドカップ開催の年に姉妹都市になった．金沢市では，ワールドカップは開催されなかったが，伝統建造物や文化芸術を通して活発な交流が行われている．ワールドカップの年には多彩な文化交流事業が催され，金沢市民が来韓して競技を観戦するなどの民間交流も行われた．また，テレビ金沢と全州放送との提携と，共同制作番組による両

市の歴史と文化広報によって両市の交流が促進されることになった．公式訪問だけでも70回を超え，さらに民間や公務員による非公式的訪問の回数も増えている．

このような交流関係をより一層深めていくためには，行政の交流よりも民間の交流を増やしていくべきであり，両都市の市民交流を拡大するためには交流を仲介する民間団体の育成が必要である．民間交流こそが真の国際交流であり，両国の政治と歴史から発生した政治的諸問題の改善にも役に立つであろうと考える．両国の間で政治的な問題が起こるたびに，行政の交流は萎縮してしまうのが常であるが，民間交流はその影響が小さく，交流を持続できる可能性も高いし，そうでなければならない．

⑤中心市街地活性化の効果と課題

全州でワールドカップが開催されなかったら中心市街地整備事業に関する政策推進はもっと遅くなっていただろう．何故ならば，韓屋マウルの整備に対する住民の反対の強さは他の地方都市とは比較にならないほどであったし，中心市街地の「歩きたい通り」などの事業も市民との合意形成に長い時間がかかるものと考えられていた．車の通行を制限して街路を整備することが住民にとって利益になるか，損害になるかの判断が難しく，意見が一致するまでには時間がかかるためである．

しかし，ワールドカップという国際的スポーツイベントの開催が決定した結果，多少の不満はあってもワールドカップ前に整備しようとする市の強い意志に住民たちは同意することになった．街路整備というハードウェアとほんのわずかな住民支援対策というソフトウェアによって活気のある中心市街地整備の成果がもたらされ，次々と街路の整備が行われていたものの，街路整備だけで中心が活性化されるわけではなく，活性化されたのもまた中心市街地の一部に過ぎない．日本の中心市街地活性化の政策とは異なり，国の補助がないまま自治体が単独で推し進めているような状況では，これからどのくらいの成果が得られるか疑問である．

このようにワールドカップによる諸効果を振り返ってみると，全州で

のワールドカップの開催は，都市整備を推進する機会となったと言える．都市整備とワールドカップのタイミングが一致したことで，ワールドカップ競技場とコンベンションセンターの2つの新しい拠点の造成が可能となり，韓屋の保全整備と中心市街地の活性化などの効果を得ることができた．

しかし，ワールドカップの開催を契機に都市整備を行い，大きな成果を得たのはタイミングが合ったという偶然の結果だけではない．市民と行政，研究機関などの合意形成がうまくいったからこそ，ワールドカップとまちづくりの推進が可能であったと言える．文化観光分野においても，全州市は他の都市に比べて歴史と文化の基盤があり，ワールドカップの準備の以前から文化芸術を目ざした自治体の努力が存在した．そして，専門家たちの緊密な計画内容を検討し，推進したリーダーの存在も見逃すことはできない．

5.3 効果がなかったことは失われたことと同じ

全州でのワールドカップは，韓国と日本の20都市で分散開催されたため，単独開催時より効果が弱まったのはやむを得なかったとしても，韓国の地方都市における経済的効果はあまりにも低かったと思われる．ワールドカップで何かしらの効果を得る機会があったのに，何も得られなかったということは，厳しく言うならば失われたと同じであり，得たとしてもそれを活用しないのならば失われたことと同じになる．

①経済的効果

全州のワールドカップにおける産業を通した経済的効果の側面においては，非常に効果が少なかったと言える．ワールドカップの際には飲食や宿泊などのサービス産業面で経済的効果はあったと思われるが，統計的には何も現れていない．しかし，ワールドカップ以後，全州を訪ねる国内外の観光客が増加し，サービス産業と伝統産業に良い影響を与えたことは間違いない．

全州のビビンパは，ワールドカップ以後，金沢に出店し，飛行機の機内食にもなるという成果をあげたが，その他の地場産業や新産業の発生まで

には至らなかった．

②市民のボランティアの活用と課題

　ワールドカップやオリンピックのときには多くの住民が参加し，意識が向上して，地域社会の人的資産になるという指摘がある．全州のワールドカップのときにも大勢の市民がボランティアとして参加，活躍した（観光と宿泊関連366人，交通関連160人，通信通訳関連59人，文化行事関連35人，行政広報関連80人など）．また，行政の統計に入らない活動に参加した市民も多いが，その経験と知識をそれ以後全く活用していない．その人材を活用できる国際的な機会もないが，人材を社会的に活用すること自体を全く考えていないということが，最大の問題であろう．地方都市でワールドカップのような国際的イベントはめったにないが，分野別にボランティア活動が行われるようなシステムの構築が必要であろう．

③まとめ

　全州市は，伝統文化を活かしてワールドカップを準備した結果，経済的効果以外の計り知れない自信と成果を得ることに成功したと言える．都市整備の必要に迫られたちょうどその時，ワールドカップの開催がきっかけになって，大きな成果を収めることができたのである．しかし，将来の課題は先が見えないほどに山積している．全州を韓国の伝統文化の中心都市として発展させていくためには，産学の協力と市民参加が絶対条件になるだろう．

　全州で開かれたワールドカップ競技の具体的内容は忘れ去られても，ワールドカップが開催されるたびに，多くの人は全州の名前とその文化を思い出すであろう．

参考文献

「全州ワールドカップ評価報告書」，全北大学地方自治研究所，2002年．
「2002年全州ワールドカップ総合対策」，全州市，2001年．

「2002年全州ワールドカップの成功的な開催のための討論会」,全州市市役所講堂,2001年.

「全州ワールドカップ競技場の活用方案——市民と専門家の意識調査」,全北大学地方自治研究所,2002年.

全州市のホームページ　jeonjucity.go.kr

財団法人日本システム開発研究所「2002年FIFAワールドカップ^{TM}開催を契機とした日・韓交流に関する国際シンポジウム」,2002年.

国土交通省「国際的スポーツ大会を契機とした住民参加活動の定着化による地域活性化に関する調査」,2002年.

国土交通省「国際的イベント等がもたらす資産を活用した地域活性化に関する調査」,2004年.

蔡秉善「全州市都市韓屋の保全方案に関する研究」,韓国都市設計学会論文集第3巻第1号,2001年.

蔡秉善・張成華「都市韓屋の保全と居住環境確保のための建築物規制の緩和方案に関する研究」,大韓国土・都市計画学会論文集第38巻第4号,2003年.

「伝統文化特区基本及び事業計画」,全州市,1999年.

「伝統文化区域地区単位計画」,全州市,2002年.

あとがき

　本書は，今を去る13年前に国土庁が実施した「スポーツを核とした地域活性化に関する調査——スポーツフロンティアシティ21」に始まる，と言ってよいと思う．この調査は，スポーツやスポーツイベントの開催を経済的効果のみならず，人材の育成，地域アイデンティティの醸成，地域コミュニティの形成，交流の促進，さらには情報の発信などの社会的効果を活かしてまちづくりや地域づくりに展開していくための方策について検討したわが国において最初とも言えるものであった．そして，この調査の検討委員会の座長が，当時東京工業大学の教授でいらっしゃった故渡辺貴介先生であった．

　渡辺先生は，わが国の観光・レクリエーション研究の第一人者であったが，わが国でのワールドカップ開催まで1年を残した2001年の夏に亡くなられた．

　執筆者の一人である東京大学の堀教授とは東京工業大学で師弟関係であったが，筆者とは7年程度の短いお付き合いであった．しかしながら，スポーツとまちづくり・地域づくりに関しては，渡辺先生から多大なアドバイスやお考えを聞かせていただいた．

　渡辺先生との出会いは，前述した調査において，筆者が主担当でお会いしたことが始まりであった．この時の渡辺先生との出会いがなければ，今日の「スポーツとまちづくり」への思い入れはなかったと思う．その後，スポーツ，住民参加，あるいはワールドカップ関連の調査やスポーツとまちづくりの自主研究において，検討委員会の座長や研究アドバイザーとして参画していただいた．

　特に，1998年と1999年にフランスへ出向いて行った現地視察やヒアリ

ング調査は，思い出が残る．1998年の調査は，ワールドカップのフランス大会開催時に渡辺先生を団長として，堀教授をはじめとする関係者8名で出かけた．ワールドカップの現地視察と開催地およびキャンプ地へのヒアリング調査が目的であった．昼は日本キャンプ地のエクスレバンと開催地のサンテティエンヌへのヒアリング調査や，開催地のリヨンとパリ市内の視察，あるいは日本対ジャマイカ戦を観戦するなど，ワールドカップを多方面から体験し，夜は渡辺先生を囲んでワールドカップとまちづくり・地域づくりにかかわる議論を深夜まで交わした．

一方，1999年秋のフランス大会の開催地とキャンプ地へのヒアリング調査，現地調査は，渡辺先生と筆者の2人だけで出かけた調査であった．ハロウィンの夜，ナントの旧市街地にあるビストロのオープンカフェで，先生と都市計画，まちづくり，スポーツ，スポーツイベントを語ったのが昨日のことのように思い出される（ハロウィンがナントであんなに盛んだとは筆者も先生も知らなかったが）．

このように，本書の執筆者たちに大きな影響を与えてくれた渡辺先生は，東京大学で博士号を取られた後，エジンバラ大学や東大を経て，東京工業大学に赴任され，教授となられたが，その過程で相当苦労されたとのことであった．こうした経験もあってか，われわれ在野の研究者にも暖かい目で見守ってくれたとともに，調査や研究に適切なアドバイスをしていただいた．このように渡辺先生は，自らの研究や学生の指導のみならず，都市計画，まちづくり・地域づくりにかかわる研究者の育成にも大いに活躍された方であった．

本書の執筆者をはじめ，堀教授や筆者がスポーツとまちづくりに関する調査・研究を積極的に行っているのは，貴介さん（当時は親愛の情をこめて先生を皆こう呼んでいた）の遺言を実行しているといっても過言でもない．

われわれは先生の遺志を継いで頑張っています．渡辺先生，ありがとうございました！

本書を故渡辺貴介教授に捧げたいと思う．

最後に，本書がこのような形で出版できるようになったことは，ひとえ

に東京大学出版会の黒田拓也氏の粘り強い叱咤激励と適切なアドバイスのおかげである．編者のひとりとして心からお礼を述べる次第である．

2007 年 7 月

執筆者を代表して
木田　悟

執筆者一覧 (執筆順，所属は執筆時，＊は編者)

堀　　繁＊	東京大学アジア生物資源環境研究センター教授
木田　悟＊	（財）日本システム開発研究所主任研究員
薄井充裕＊	日本政策投資銀行関西支店長
藤口光紀	浦和レッズ代表
御園慎一郎	総務省大臣官房審議官（財政担当），内閣審議官（地域再生担当），北陸先端科学技術大学院大学客員教授
渡辺　均	（株）総合市場研究所代表取締役社長
岩住希能	専修大学経済学部非常勤講師
上村良一	十日町市議会事務局長
斉藤　哲	（社）別府商工会議所専務理事
韓　泳奏	ソウル市政開発研究院東北亜都市センター長
蔡　秉善	全北大学校工科大学都市計画学部教授

スポーツで地域をつくる

2007 年 7 月 30 日　初　版
2014 年 10 月 31 日　第 2 刷

［検印廃止］

編　者　堀　繁・木田　悟・薄井充裕

発行所　一般財団法人　東京大学出版会
　　　　代表者　渡辺　浩
　　　　153-0041 東京都目黒区駒場 4-5-29
　　　　電話 03-6407-1069　Fax 03-6407-1991
　　　　振替 00160-6-59964
　　　　http://www.utp.or.jp/

印刷所　株式会社三陽社
製本所　誠製本株式会社

Ⓒ 2007 S. Hori, S. Kida, and M. Usui et al.
ISBN 978-4-13-053015-6　Printed in Japan

JCOPY 〈(社)出版者著作権管理機構　委託出版物〉
本書の無断複写は著作権法上での例外を除き禁じられています．複写される場合は，そのつど事前に，(社)出版者著作権管理機構（電話 03-3513-6969，FAX 03-3513-6979，e-mail: info@jcopy.or.jp）の許諾を得てください．

木田　悟 髙橋義雄編 藤口光紀	スポーツで地域を拓く	A5・3000円
深代千之ほか	スポーツ動作の科学	A5・2400円
深代千之	〈知的〉スポーツのすすめ	4/6・2400円
武藤芳照	子どものスポーツ	4/6・2400円

ここに表示された価格は本体価格です．御購入の際には消費税が加算されますのでご了承下さい．